한경MOOK 한경MOOK는 빠르게 변화하는 사회 흐름에 발맞춰 시시각각 현상을 분석하고 새로운 대안과 인사이트를 제시하기 위한 무크 형태 단행본을 발행하는 한국경제신문사의 새 브랜드입니다.

한경 MOOK

8대 증권사 추천
해외 명품 주식 50선

PROLOGUE

해외주식 투자, 어떻게 하고 있나요?

작년부터 수많은 사람이 해외 주식에 투자하기 시작했습니다. "낮에는 한국 주식, 밤에는 미국 주식에 투자하느라 쉴 틈이 없다"고 말하는 친구도 여럿 봤습니다.
이런 투자자들이 참고할 만한 사이트와 동영상은 차고 넘칠 지경입니다. 좋은 것 같습니다. 아무것도 모르고 투자하는 것보다 글이나 영상을 보며 공부하다 보면 주식시장의 원리, 세계 경제의 흐름을 파악할 수 있다는 점에서 그렇습니다.

하지만 항상 아쉬움이 있었습니다. 한국 기업들처럼 내용을 속속들이 알 수 없다는 점이었습니다. 한마디로 기업에 대한 이해가 별로 없었다는 점입니다. 물론 애플, 테슬라, 넷플릭스, 스타벅스, 제너럴모터스(GM) 이런 유명한 기업은 많은 투자자가 학습을 거쳐 익숙해져 있습니다. 그러나 여전히 미국에 상장된 수많은 기업에 대한 이해는 부족합니다. 주식 투자는 곧 기업의 주주가 되는 것이라는 점에서 기업을 이해하는 것은 필수입니다. 그래서 이 책은 종목, 즉 기업의 내용에 초점을 맞췄습니다.

기업에 대한 이해가 필요한 이유는 또 있습니다. 질문을 하나 해볼까 합니다. 미국 시장이 어떻게 될 것이라고 생각하는지요. 어려운 질문일 것입니다. 그럼 다음 질문. 한국 주식시장은 1년간 상승할까요 아니면 하락할까요. 이것도 마찬가지로 답하기 힘듭니다. "주가가 어떻게 될지는 신도 모른다"는 말이 괜히 나온 게 아닙니다.
미국 시장 시황과 관련한 수많은 정보가 하루 지나고 나면 틀렸다는 것을 확인할 기회는 그간 수없이 많았습니다. 성장주가 오르면 성장주 중심의 시장이라고 주장하다가, 다음날 가치주가 오르면 가치주로 투자자들이 이동하고 있다고 하는 시황은 소모적이라고 판단했습니다. 결국 주식 투자는 성장할 기업의 주주가 되는 것이라는 변치 않는 진실에 집착하기로 했습니다.

*by*_ **김용준** 한국경제신문 증권부장

그래서 한국경제신문은 국내에서 가장 많은 해외 주식 애널리스트가 활동하는 8개 증권사로부터 유망 종목을 추천받았습니다. 이를 50개 종목으로 추렸습니다. 한국경제신문 증권부 및 국제부 기자들과 미국·중국·일본 현지 특파원들은 이들 기업의 탄생, 성장, 미래 전망을 취재해 스토리로 엮어냈습니다. 이들 50개 기업을 살펴본 결과 키워드는 본질과 진화였습니다. 사업의 본질을 꿰뚫고 승부처가 되는 지점을 공략한 기업, 여기서 멈추지 않고 시장의 변화에 맞게 진화한 기업이 리스트에 올랐습니다. 새로운 시대를 열 루키들도 빼놓지 않았습니다.

책의 전반부에는 왜 해외 주식에 관심을 둬야 하는지, 전문가들은 종목을 선정할 때 어떤 방법을 활용하는지도 담았습니다. 하이라이트는 50개 종목 분석 외에 해외 상장지수펀드(ETF)도 포함시켰습니다. ETF를 통해 분산투자를 하고자 하는 독자를 위해 챕터입니다.
기업을 공부하다 보면 산업의 변화를 파악하게 되고, 산업의 트렌드를 파악하는 것은 저절로 우리를 거시경제의 문 앞으로 데려다주곤 합니다. 이 책이 해외 주식 투자자들에게 작은 도움이 되기를 바랍니다.

CONTENTS

004 PROLOGUE
해외주식 투자,
어떻게 하고 있나요?

: Opening

008 INFORMATION
해외주식 투자 동향
한눈에 보기

010 REPORT
서학개미 新 인류 보고서

: Section 01
REASON

014 글로벌 자산이동 시작됐다
016 국내 27% VS 해외 397%
018 아메리칸 드림 꿈꾸는 2030
020 서학개미 10년 변천사
022 망망대해에서, 해외종목 고르는법

074

026

: Section 02
STOCK

앞으로 더 빛날 '대형주'

026 어도비
028 알파벳
032 아마존
036 애플
040 ASML
042 자오상은행

044 페이스북
048 마이크로소프트
052 넷플릭스
054 엔비디아
058 테슬라

다시 눈여겨봐야 할 '추억의 종목'

- 062 캐터필라
- 064 코스트코
- 066 디즈니
- 068 후지필름
- 070 간펑리튬
- 072 GM
- 074 에르메스
- 078 IBM
- 082 JP모간체이스
- 084 기빈그룹
- 086 린데

062

148

새로운 별이 될 '루키주'

- 130 컴패스
- 132 크록스
- 134 디로컬
- 136 가이
- 138 MSCI
- 140 오스카헬스
- 142 로블록스
- 144 소파이
- 146 트레머인터네셔널
- 148 유아이패스
- 150 유니티
- 154 업스타트홀딩스

- 088 나이키
- 092 뉴코
- 094 화이자
- 098 월마트

차세대를 이끌어갈 혁신 '주도주'

- 100 AMD
- 104 크라우드스트라이크
- 106 데이터독
- 108 도큐사인
- 110 메르카도 리브레
- 112 팔란티어
- 114 씨
- 118 서비스나우
- 120 쇼피파이
- 124 스노플레이크
- 126 스퀘어
- 128 트윌리오

- 156 **GLOBAL ETF**
  ETF 전성시대

: Epilogue

- 168 해외주식거래 Q&A
- 170 Website 총정리
- 174 8대 증권사가 전하는 투자 조언
- 178 **SPECIALIST**
  해외 명품 주식 50선을 만든 스페셜리스트

098

해외주식 투자 동향 한눈에 보기

세상은 넓고 투자할 종목은 많다. 국내 투자자들은 더 넓은 무대에서 더 많은 기회를 찾아 나서고 있다. 올해 국내 투자자들이 사고판 해외 주식 거래금액은 300조원을 돌파했다. 서학개미들은 얼마나 많은 금액을 어디에, 어떻게 투자하고 있는지 그 현황을 들여다봤다.

어떤 종목이 인기 있었을까?

해외 주식 결제금액 TOP10 종목

1. 테슬라
2. 게임스톱
3. 애플
4. Direxion Daily Semiconductor Bull 3X
5. AMC엔터테인먼트홀딩스
6. 처칠캐피털
7. 팔란티어
8. 뱅크오브몬트리올
9. 아마존
10. 엔비디아

자료: 한국예탁결제원 ※2021년 상반기 기준

어느 나라가 관심 받았을까?

시장별 해외 주식 결제 규모

미국이 전체 외화 주식 결제 규모의
93.4% 차지

직전 반기(1158억달러) 대비
67.5% 상승

자료: 한국예탁결제원

얼마나 사고팔았을까?

해외 주식 매도·매수 금액

2020년
1983억 달러

2021년
2771억 달러
(약 326조원)

자료: 한국예탁결제원 ※2021년 9월 16일 기준

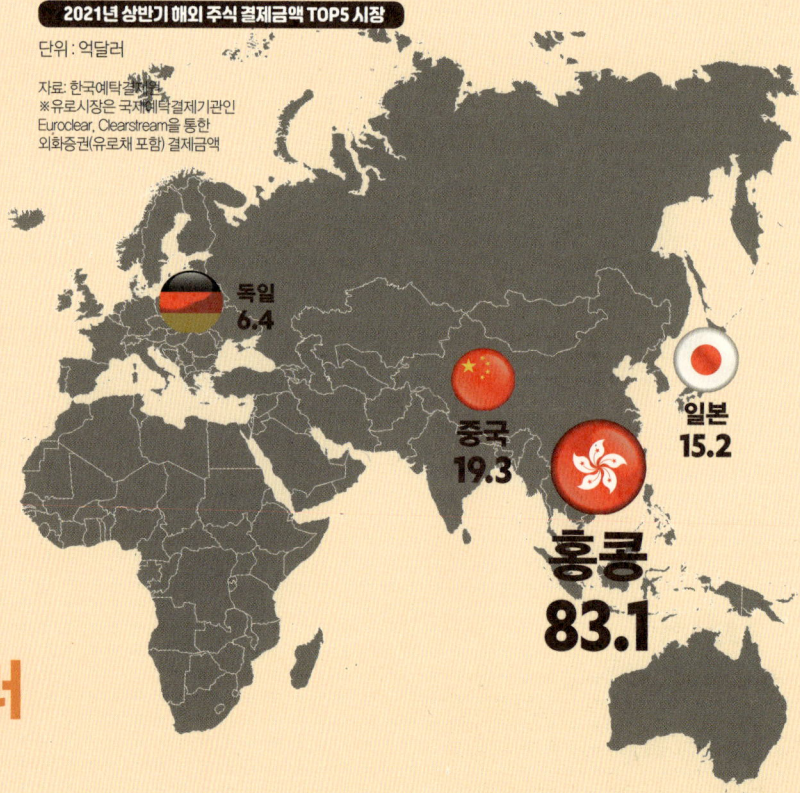

2021년 상반기 해외 주식 결제금액 TOP5 시장

단위 : 억달러

자료: 한국예탁결제원
※유로시장은 국제예탁결제기관인 Euroclear, Clearstream을 통한 외화증권(유로채 포함) 결제금액

- 독일 6.4
- 중국 19.3
- 일본 15.2
- 홍콩 83.1

누가 많이 거래했을까?

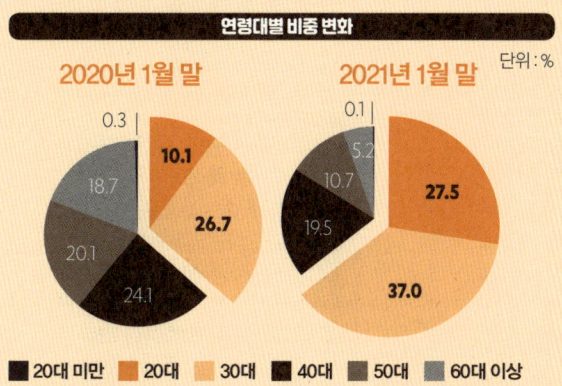

연령대별 비중 변화 (단위: %)

2020년 1월 말: 20대 미만 0.3, 20대 10.1, 30대 26.7, 40대 24.1, 50대 20.1, 60대 이상 18.7

2021년 1월 말: 20대 미만 0.1, 20대 27.5, 30대 37.0, 40대 19.5, 50대 10.7, 60대 이상 5.2

자료: NH투자증권 100세시대 연구소, NH투자증권 해외 주식 보유 계좌 기준

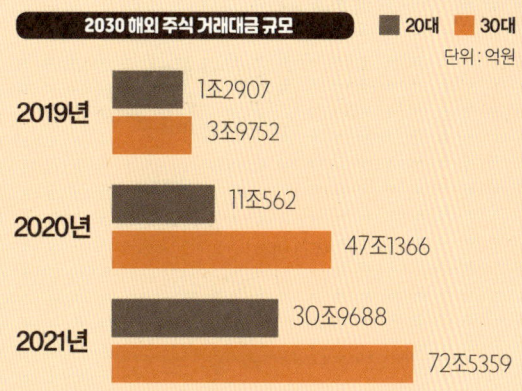

2030 해외 주식 거래대금 규모 (단위: 억원)

연도	20대	30대
2019년	1조2907	3조9752
2020년	11조562	47조1366
2021년	30조9688	72조5359

자료: 10대 증권사(대신·미래에셋·삼성·신한·유안타·키움·하나·한국·KB·NH), ※2021년 8월 6일 기준

소수점 거래와 상품권도 '등장'

해외 주식 상품권

약 2870억 원

- 한국투자증권: 2692억 원
- KB증권: 170억 원
- 신한금융투자: 7억 5000만원

자료: 한국투자증권, KB증권, 신한금융투자, ※2021년 8월 말 기준

해외 주식 소수점 거래

거래액 12억 5000달러 (약 1조4000억원) 집계기간: 2018년 10월~2021년 8월

자료: 금융위원회

월별 1인당 평균 소수점 거래금액

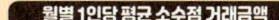

- 2018년: 141달러
- 2021년: 1170달러

자료: 신한금융투자, 한국투자증권, 금융위원회

미국
1939.7

서학개미 新 인류 보고서

'스타벅스 커피 한 잔 대신 스타벅스 주식 한 주'라는 말처럼 이제 해외 주식 투자는 거창하고 어려운 것이 아니다. MZ세대의 주도로 쉽고 간편하게 해외 주식을 사고파는 서학개미들. 그들이 만들어낸 신인류의 모습을 담아봤다.

1 올빼미족
지금 몇 시야, 장 열렸나?

오후 11시 30분, 올빼미족 서학개미가 가장 집중하는 순간이다. 미국, 유럽 지역과의 시차 때문에 밤낮이 바뀌는 것은 예삿일이다. 졸린 눈 비비며 자다 깨서 주가를 확인하는 것이 습관이 돼버린 이들. 혹여 재닛 옐런 미 재무장관이 금융위기를 언급하기라도 한 날이면 아예 불면의 밤을 보내곤 한다.

2 커피 한 잔 대신족
매일 스타벅스 커피 한 잔 대신 스타벅스 주식 한 주.

4100원짜리 스타벅스 아메리카노 한 잔을 30일 동안 참으면 스타벅스 주식 1주를 살 수 있다. 탕비실에 비치된 스틱 커피로 잠을 쫓으며 스타벅스 소비자가 아니라 스타벅스 주주를 꿈꾸는 이들은 소액이라도 매일 새어나가는 돈부터 차곡차곡 모아 종잣돈으로 삼는다.

3 황새 좇는 뱁새족
돈나무 언니가 그 주식을 팔아치웠다고?

투자의 귀재 워런 버핏, 테슬라 주가를 예상하며 '돈나무 언니'라는 별명을 얻은 캐서린 우드 ARK인베스트먼트 최고경영자(CEO), 월가의 '큰손' 조지 소로스 등 유명한 경영자나 투자자의 말 한마디, 행동 하나에 온 신경을 집중한다. 이들에게는 캐서린 우드가 찜한 배당주는 무엇인지, 워런 버핏이 운영하는 벅셔해서웨이가 새롭게 투자한 기업은 어디인지가 초미의 관심사다.

피가 되고 살이 되는 세계 3대 투자자의 투자 명언!

워런 버핏
"책과 신문 속에 부(富)가 있다"
- 오마하 출생의 기업가이자 투자가.

조지 소로스
"좋은 투자는 원래 지루한 것이다"
- 헝가리 부다페스트 출신 펀드매니저.

짐 로저스
"당신이 모르는 분야에 투자하지 말고 아는 영역에 투자하라"
- 헝가리 부다페스트 출신 펀드매니저.

4 밈 주식족

이번에 대박 상승 노립니다.

재무제표와 주식의 가치에 상관없이 입소문에 따라 매수·매입 여부를 결정한다. 특정한 생각과 행동이 이미지와 영상 등으로 전파되는 밈(meme) 현상이 반영됐다고 볼 수 있는 이들은 SNS와 온라인 커뮤니티에서 급속도로 유행을 타는 주식을 사들인다. 최근 비디오게임 전문 체인 게임스톱의 주가가 하루 새 27%나 폭등한 일명 게임스톱 사태 역시 이들의 움직임이 반영된 것이라고 할 수 있다.

5 투자를 글로 배웠어요족

기사 딱 하나만 더 읽고 매수하자.

경제지, 블로그, 관련 도서 등 투자를 하기 전에 관련 글이란 글은 모조리 읽는다. 해외 주식 리서치 자료, 실시간 해외 뉴스, 주요 상장지수펀드(ETF) 정보, 한글로 제공하는 해외 투자 정보 등 서학개미를 잡기 위한 증권사의 서비스 자료까지 꼼꼼히 챙기는 것은 물론 해외 주식 관련 인플루언서들의 콘텐츠까지 모조리 정독한다.

7 소수점 거래족

애플 주식 1000원어치만 주세요.

'적은 돈으로 고가 우량기업에 투자한다.' 말만 들어도 솔깃한 투자를 가능하게 하는 소수점 거래는 1000원 단위로 애플, 아마존, 디즈니 등 글로벌 빅테크 기업 주식을 보유할 수 있다는 점이 가장 큰 메리트다. 소액으로 다양한 포트폴리오를 구성할 수 있어 주머니 가벼운 MZ세대가 주로 속해 있는 부류다.

6 이벤트 헌터족

공짜 주식으로 부담 없이 투자한다!

먹이를 찾아 헤매는 하이에나처럼 증권사 이벤트를 집중 공략한다. 추첨을 통해 테슬라, 넷플릭스, 애플, 스타벅스 등 글로벌 기업 주식 1주를 랜덤으로 제공하거나 신규 계좌를 개설하면 투자 지원금을 최대 100달러까지 지급하는 등 빈손으로 투자할 수 있는 다양한 이벤트를 찾아 증권사를 떠돈다.

SECTION 1
REASON

왜 해외주식인가?

주식투자자 1000만 명 시대, 투자자들은 삼성전자, 카카오 등 국내 대기업으로는 만족하지 않았다. 해외로 눈을 돌려 글로벌 혁신 기업의 주식을 공격적으로 사들이고 있다. 이들은 왜 해외주식을 택했을까? 해외주식 투자 열풍의 요인과 트렌드, 변천사, 노하우 등을 분석했다.

INVESTMENT BOARD

397%
시작된 글로벌 자산 이동

국내 개인투자자가 2011년 가장 많이 사들인 국내와 해외 주식 상위 50개 종목의 10년 수익률을 분석해본 결과, 미국 중국(홍콩 포함) 일본 등 해외 주식 상위 50개 종목 수익률이 397%에 달했다.

1822.35%
국내 수익률 < 해외 수익률

아마존(1822.35%), 텐센트(1434.27%), 캐나디안솔라(1413.16%) 등을 비롯해 BYD, 애플, 나이키, 에스티로더 등은 10년 새 400% 넘는 수익을 냈다.

2030
'아메리칸 대박' 꿈꾸는 MZ세대

국내 20~30대의 올해 해외 주식 거래액은 100조원을 넘어섰다. 한국 증시가 박스권에 갇히자 수익률에 목마른 젊은 층이 미국 주식을 공격적으로 매매한 영향이다.

일본→중국→미국
서학개미 톱픽 10년 변천사

2011년 말 국내 투자자가 가장 많이 보유하고 있던 해외 주식은 일본제철이었다. 2014년부터 홍콩 종목이 무섭게 치고 올라왔고, 2016년 중국 증시가 고꾸라지자 중학개미들은 서학개미로 정체성을 바꿨다.

HOW TO PICK
망망대해에서 해외종목 고르기

글로벌 투자 전문가들은 어떤 노하우를 가지고 해외 종목을 고르고 투자할까. 한국경제신문은 운용사에서 해외 주식 거래를 맡고 있는 전문가 6명에게 종목을 고르는 자신만의 팁을 물었다.

REASON 글로벌 자산이동

왜 해외 주식인가?
글로벌 자산이동 시작됐다

2019년 이후 2년 새 국내 투자 고객이 106% 증가하는 동안 해외 투자 고객은 1265% 늘었다. 국내 투자자가 보유한 해외 주식 종목은 1만 개를 넘어섰다. 최근 운용 규모가 1조원이 넘는 해외주식형 '공룡 펀드'가 속출하고, 서학개미들의 해외 주식 보유 잔액은 100조원을 돌파했다.

주식투자자 1000만 명 시대, 투자는 세대를 아우르는 문화가 됐다. 이들은 삼성전자 카카오 등 국내 대기업의 주주가 되는 데 그치지 않았다. 해외로 눈을 돌려 글로벌 혁신 기업의 주식을 공격적으로 사들이고 있다.

해외 투자의 근거는 분명하다. 지난 10년간 글로벌 시장에 자산을 배분한 투자자와 국내 주식에 집중한 투자자의 수익률 격차는 크다. 최근 국내 증시가 조정을 받자 그 격차는 확대되고 있다. 전문가들은 코로나19 사태를 계기로 문화로 자리잡은 투자의 수준이 '글로벌 자산 배분'으로 한 단계 도약해야 한다고 말한다.

한국거래소와 한국예탁결제원 등에서 국내 개인투자자가 2011년 가장 많이 사들인 국내와 해외 주식 상위 50개 종목을 받아 10년 수익률(올 7월 말 기준)을 분석해봤다. 그 결과 국내 주식의 10년 수익률은 27.26%에 그쳤다. 50개 종목 중 10년 수익률이 마이너스인 종목이 30개나 됐다. 3개는 상장폐지됐다. 같은 기간 미국 중국(홍콩 포함) 일본 등 해외 주식 상위 50개 종목 수익률은 397%에 달했다. 400% 이상 수익을 낸 종목(12개)이 손실을 낸 종목(11개)보다 많았다. 글로벌 시장으로 눈을 돌려 장기 투자했다면 잔액은 크게 불어났을 확률이 높다.

'올빼미 투자', 새로운 일상으로

해외 투자에 일찍 눈을 뜬 건 고액 자산가들이다. 미래에셋증권이 고객 자산을 분석한 결과 10억원 이상 투자자는 자산의 20% 이상을 해외 주식과 펀드, 채권에 넣어둔 것으로 나타났다. 해외 투자 비중이 한 자릿수에 불과한 1억원 미만 투자자들과 큰 수익률 격차를 보이는 이유다. 이런 이유로 해외 투자자는 크게 늘고 있다.

밤잠 잊은 올빼미 투자족

연도	건수
2019년	28만6673건
2020년	167만1740건
2021년	264만2719건

자료 : 미래에셋증권 (7월 한 달간 밤 12시 이후 해외 주식 주문 건)

국내 투자 고객 ▲106% 해외 투자 고객 ▲1265%

※2019년 7월말~2021년 7월말 기준

NH투자증권에 따르면 2019년 이후 2년 새 국내 투자 고객이 106% 증가하는 동안 해외 투자 고객은 1265% 늘었다. 국내 투자자가 보유한 해외 주식 종목은 1만 개를 넘어섰다. 최근 운용 규모가 1조원이 넘는 해외주식형 '공룡펀드'가 속출하고, 서학개미들의 해외 주식 보유 잔액은 100조원을 돌파했다. 2021년 한국인의 재테크 수단이 부동산과 국내 주식에 이어 글로벌 투자 상품으로 확대되는 새로운 시기에 접어들고 있다.

해외 주식에 대한 관심이 커지면서 밤잠을 잊은 올빼미 투자족이 급증하고 있는 것으로 나타났다. 미래에셋증권에 따르면 지난 7월 한 달간 밤 12시 이후 해외 주식 주문 건수는 264만2719건으로 집계됐다. 한국시간으로 0시부터 미국 증시가 마감하는 새벽 6시까지 주문을 넣은 건수다. 이 수치는 7월 기준으로 2019년 28만6673건에서 2020년 167만1740건, 2021년 들어서는 250만 건을 훌쩍 넘어섰다. 30대 직장인 최모씨는 미국 주식에 푹 빠져 있다. 밤낮도 바뀌었다. 뉴욕증시 개장 시간에 맞춰 방송하는 유튜브 채널을 챙겨보는 것은 물론 새벽까지 미국 시장 상황을 보며 주식을 사고파는 '올빼미 투자'가 새로운 일상이 됐다.

과거 미국 투자는 시차 탓에 어려움이 컸다. 보통 장이 열리기 전 주문을 넣어놓는 일이 많았다. 미국 장을 지켜보더라도 밤 12시가 되기 전에 잠드는 사람이 대다수였다. 자는 사이 장이 급변해도 개인투자자가 곧바로 대응하기 어려운 이유였다. 하지만 지난해 코로나19 사태 이후 해외 주식에 대한 관심이 늘어나면서 상황이 달라졌다. 해외 주식이 높은 수익률을 가져다줄 것이란 기대에 밤잠 설치기를 마다하고 투자에 나서는 이들이 늘고 있다.

압도적인 2030 영향력

특히 2030세대에서 그 비중이 급격히 커지고 있다. 이 가운데 2030 여성의 경우 밤 12시부터 새벽 4시 사이 투자하는 빈도가 크게 증가하고 있다. 2019년 7월 0~4시 주문 건수는 2721건에 불과했지만 2021년 7월에는 12만 4117건까지 급증했다. 전체 연령대 가운데 밤샘 투자 건수 증가율은 2030 여성이 가장 높았다. 미래에셋증권 관계자는 "코로나19 사태로 인한 재택근무 증가로 심야시간 사용에 대한 부담이 감소한 데다 프리랜서 2030 여성의 투자 활동이 증가한 영향으로 분석된다"고 설명했다.

새벽 4~6시에는 60대 이상의 투자가 집중됐다. 0~4시 시간대를 주로 활용하는 2030 올빼미 투자족에 비해 60대 이상 투자자는 4시 이후를 선호했다. 회사 관계자는 "노년층은 젊은 층에 비해 다소 빨리 잠드는 대신 일찍 일어나 장 막판 투자에 집중하는 모습"이라고 분석했다.

투자 종목도 다양해지고 있다. '세상은 넓고 투자할 종목은 많다'는 얘기가 나오는 이유다. 미래에셋증권에 따르면 2018년 5638개에 불과하던 국내 개인투자자의 해외 투자 종목이 올 들어 1만3420개로 늘었다.

미국 증시에 상장된 종목에 투자하는 비중이 압도적으로 높았다. 미래에셋증권 고객은 8474개에 달하는 미국 상장 주식에 투자하고 있었다. 홍콩(1342개), 중국(1028개) 등이 뒤를 이었다. 일본(915개) 독일(459개)을 비롯해 베트남(272개) 인도네시아(148개) 등 동남아시아 증시에 상장된 종목도 다수였다. 이들은 미국 등 주요국 증시를 벗어나 베트남 증권사 바오비엣, 인도네시아 통신사 텔레커뮤니카시 등 신흥국 주식에 눈을 돌렸다. 이 밖에 벨기에 스웨덴 프랑스 호주 등에 상장된 종목도 서학개미 포트폴리오에 담겨 있었다.

미국에 투자하더라도 그 종목은 점차 다양해지는 모습이다. 미국 증시 투자 종목은 2018년 3834개에서 올해 8500개가량으로 증가했다. 미국 쏠림현상은 점차 완화되고 있다. 2018년 전체 투자 종목 가운데 70%에 달하던 미국 비중은 올 들어 63%로 줄었다.

REASON 국내 27% VS 해외 397%

10년 수익률
국내 27% VS 해외 397%

국내 투자자와 해외로 일찍이 눈을 돌린 투자자의 수익률 격차는 컸다. 2010년 이후 코스피지수의 연평균 상승률은 6.2%다. 같은 기간 미국 S&P500은 매년 평균 11.5% 올랐다. 해마다 출렁임이 있었지만 장기 투자 수익은 해를 거듭할수록 격차가 벌어졌다.

200억원대 자산가 A씨는 오랜 기간 자신의 포트폴리오 가운데 60%가량을 국내 주식과 펀드로 채워왔다. 나머지는 현금으로 보유하고 있었다. 해외 투자를 여러 차례 추천받았지만 익숙하지 않은 모험을 하기 싫어 피했다. 국내 주식과 펀드도 수익률이 나쁘지 않았다. 하지만 때가 되면 출렁이는 수익률에 늘 불안을 느낀 것도 사실이다.

코로나19 사태 이후 국내 증시가 가파르게 오를 때도 마음이 마냥 편하지는 않았다. '이번엔 다르겠지'라는 생각을 할 때마다 수익률이 곤두박질쳤던 기억이 떠올랐다. 지난해 말 그는 '미지의 영역'이던 해외로 눈을 돌리기로 결심했다. 국내 자산은 차익 실현 후 비중을 29%로 줄였다. 그 대신 해외 주식을 사, 그 비중을 30% 정도로 맞췄다. 자산 배분 효과는 성공적이었다. 최근 국내 증시가 반도체 피크아웃(고점 통과), 테이퍼링(자산매입 축소) 우려에 출렁이는 동안 해외 주식이 안정적인 수익을 내며 버텨줬기 때문이다.

10년 국내 장기투자…마이너스가 수두룩

코로나19 사태 이후 국내 주식 투자가 일상이 된 지난 1년 새 슈퍼리치(고액자산가)들은 글로벌로 자산을 더 분산했다. 미래에셋증권 고객 가운데 10억원 이상을 투자하는 자산가들은 전체 자산 가운데 해외 주식 비중을 1년 새 11.0%에서 17.2%로 늘렸다. 해외 주식 잔액은 1조원에서 2조2000억원까지 늘었다. 1억원 미만 투자자들이 여전히 국내 주식과 펀드에 자산의 상당액을 투자하는 동안 일찌감치 다양한 자산으로 배분한 셈이다.

고액 자산가들의 이 같은 움직임은 그간 쌓인 경험이 크게 작용했다는 분석이다. 류희석 미래에셋증권 VIP솔루션본부장은 "고액 자산가들은 국내 증시가 흔들릴 때마다 글로벌 분산 투자가 성공적인 결과물을 가져다준 경험이 있다"며 "이 경험이 일반 투자자가 국내 주식에 집중할

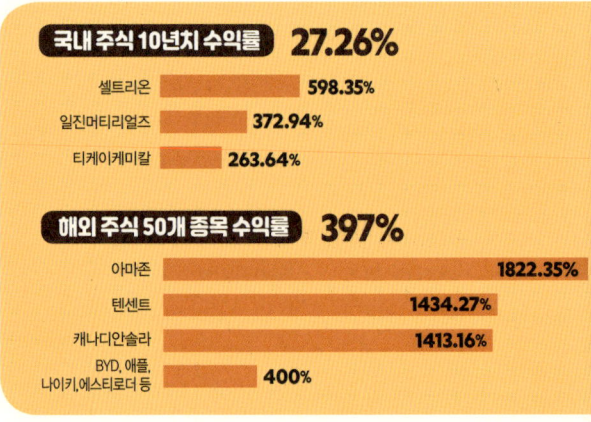

때 과감히 자산을 해외로 분산한 이유"라고 설명했다.
국내 투자자와 해외로 일찍이 눈을 돌린 투자자의 수익률 격차는 컸다. 2010년 이후 코스피지수의 연평균 상승률은 6.2%다. 같은 기간 미국 S&P500은 매년 평균 11.5% 올랐다. 해마다 출렁임이 있었지만 장기 투자 수익은 해를 거듭할수록 격차가 벌어졌다.

10년 전 주식을 사서 보유했다면

10년 전 개인투자자가 가장 많이 사들인 국내 주식 50개와 해외 주식 50개의 10년 장기 수익률 차이는 훨씬 컸다. 국내 주식의 10년치 수익률은 27.26%에 그쳤지만, 해외 주식 50개 종목의 수익률은 397%에 달했다. 아마존(1822.35%), 텐센트(1434.27%), 캐나디안솔라(1413.16%) 등을 비롯해 BYD, 애플, 나이키, 에스티로더 등도 10년 새 400% 넘는 수익을 냈다. 셀트리온(598.35%), 일진머티리얼즈(372.94%), 티케이케미칼(263.64%) 등 국내 주식 중에서도 일부 종목이 높은 장기 수익률을 기록했지만 10년간 손실을 낸 종목(30개)이 훨씬 많았다.

펀드를 통한 간접투자 역시 미국 중국 등으로 눈을 돌린 투자자의 수익률이 높았다. 펀드평가업체 에프앤가이드에 따르면 해외 주식형 펀드 가운데 5년 수익률이 100%가 넘는 펀드(ETF 포함)는 114개로 국내 주식형 펀드(40개)를 크게 웃돌았다.

본격적인 대규모 원정 시작

글로벌 분산투자가 '수익성'과 '안정성'이란 두 마리 토끼를 잡을 가능성이 높다는 인식이 커지자 소액투자자도 본격적으로 원정 투자에 나서기 시작했다. 최근 국내 투자자들이 보유한 외화증권 보관 잔액이 100조원을 넘어선 것도 이 때문이다.

NH투자증권에 따르면 2019년 이후 2년 새 국내 투자 고객이 106% 증가하는 동안 해외 투자 고객은 1265% 늘어난 것으로 집계됐다. 특히 1억원 미만 고객 가운데 해외 투자에 나선 고객은 2019년 1만3684명에서 올해 32만5980명(6월 말 기준)으로 2282%나 급증했다. 해외 투자 열풍이 투자자의 대부분을 차지하는 소액투자자에까지 급격히 확산된 것으로 풀이된다. 같은 기간 10억원 이상 고액 자산가 가운데 해외 투자에 새롭게 나선 이들도 71% 늘었다.

김진곤 NH투자증권 프리미어블루 상무는 "환율과 대외 변수에 영향을 많이 받는 국내 증시 특성상 달러, 해외 투자 자산으로 자산을 분산하는 것이 바람직하다"며 "고액 자산가들이 일찌감치 글로벌 자산 배분에 나섰듯 지금이라도 이를 실행에 옮긴다면 장기적으로 성공적인 결과를 얻을 수 있다"고 조언했다.

REASON 아메리칸 드림 꿈꾸는 2030

'부동산은 이미 늦었다'
주식으로 아메리칸 드림 꿈꾸는 2030

최근 해외 주식 거래에 적극적으로 뛰어드는 건 주로 20~30대 젊은 층이다.
국내 20~30대의 올해 해외 주식 거래액은 100조원을 넘어섰다. 한국 증시가 박스권에 갇히자 수익률에 목마른 젊은 층이 미국 주식을 공격적으로 매매한 영향이다.

서울 봉천동에 사는 31세 직장인 안모씨는 2년 전부터 '내집 마련'을 하고 싶어 매달 잉여자금의 50% 정도를 적금에 넣고, 나머지로 국내외 주식을 사곤 했다. 그러다 올 하반기부터 '100% 미국 주식 매수'로 계획을 바꿨다. 지난해 코로나19 이후 급등장에선 국내 주식으로 재미를 쏠쏠히 봤지만, 올해는 수익률이 신통치 않았기 때문이다. 그는 "미국 주식, 특히 빅테크 종목은 조정이 와도 잠시뿐 결국 어떻게든 오르는 것을 많이 봤다"며 "애플과 구글 주가가 지지부진할 때 조금씩 샀더니 생각보다 수익률이 높았다"고 변심 이유를 말했다. 안씨는 "한국에서 최고의 재테크 수단은 부동산이라고 생각하지만 자금 여력이 안 되는 상황에서 자산을 빨리 불릴 수 있는 최선의 수단은 해외 주식인 것 같다"고 말했다.

"결국 꾸준히 오르는 건 미국 주식뿐"

최근 해외 주식 거래에 적극적으로 뛰어드는 건 주로 20~30대 젊은 층이다. 국내 20~30대의 올해 해외 주식 거래액은 100조원을 넘어섰다. 한국 증시가 박스권에 갇히자 수익률에 목마른 젊은 층이 미국 주식을 공격적으로 매매한 영향이다.

국내 10개 증권사(대신 미래에셋 삼성 신한 유안타 키움 하나 한국투자 KB NH투자)에 따르면 한국 2030세대의 해외 주식 거래액은 지난 8월 초 기준 103조원에 달했다. 작년 한 해 거래액(58조원)을 7개월여 만에 두 배가량 웃돌았다. 2019년과 비교하면 20~30대의 해외 주식 거래액은 20배 급증했다.

30대가 주도했다. 30대의 올해 해외 주식 거래액은 73조원에 달했다. 전 연령층을 통틀어 가장 많다. 코로나19 이전인 2019년과 비교하면 20대의 해외 주식 거래대금은 24배, 30대는 18배 급증했다. 같은 기간 40대는 9배, 50대는 6배가량 늘었다. 젊은 층의 공격적 해외 투자를 보여주는 수치다.

국내 투자자가 올해 주로 많이 산 해외 주식은 테슬라, 애플, 반도체 상장지수펀드(ETF), 마이크로소프트, 엔비디아, 팔란티어 등이다. 대부분 미국 빅테크 종목이다. 2030세대는 중장년층과 달리 '밈 주식(meme stock)'도 많이 사들였다. 20대의 매수 리스트에는 모든 연령층 중 유일하게 '공매도와의 전쟁'으로 유명한 게임스톱이 올해 가장 많이 산 주식으로 이름을 올렸다. 20대를 제외하면 나머지 연령층에선 테슬라가 1위였다. 밈 주식은 실제 기업가치와 상관없이 단순히 입소문에 기대어 오르기 때문에 도박에 가까운 특성이 있지만 청년들은 '밈 놀이'를 하듯 주식에 접근하는 모습을 보였다.

인기 테마 투자에도 적극적이다. 선다이얼그로워스, 틸레이 등 올해 미국에서 랠리를 보인 대마초 관련주도 20~30대만 많이 매수한 종목 20위권에 포함됐다.

'밈주식' 열풍에도 적극 참여

'젊은 개미'의 해외 주식 투자 열풍은 세대 특성을 그대로 보여준다. 공격적인 투자를 통해 높은 수익률을 내는 게 목표다. 성장성 수익률 면에서 해외 기업에 높은 점수를 준 셈이다.

지난해 국내 주식시장이 급락했을 때 삼성전자를 대거 사들인 개미 중 올해 테슬라 애플 알파벳 마이크로소프트 등으로 갈아탄 경우도 많다. 이례적인 급등장 이후 한국 증시가 다시 박스권에 갇히자 답답함을 느낀 것이다. 반면 올해도 미국 뉴욕증시는 26년 만에 가장 빠른 속도로 올랐다는 얘기가 나올 정도로 S&P500, 나스닥지수가 잇달아 사상 최고치를 경신했다. 수익률에 목마른 한국 젊은이들은 이 흐름에 빠르게 적응하며 미국 주식을 공격적으로 매매했다. 27세 직장인 제은정 씨는 "코스피지수는 '박스피'라는 얘기가 많은데 미국 증시는 계속 오르기만 하는 것 같다"며 "각종 대외 여건에 영향을 많이 받아 자주 흔들리는 한국 시장에 지쳐 작년 말부터 해외 주식을 매수하고 있다"고 말했다.

좁은 국내 시장과 달리 미국 중국 등 글로벌 시장엔 다양한 테마로 고를 수 있는 기업이 많아 취향과 관심사가 확실한 젊은 층엔 선택의 폭이 넓다는 것도 장점으로 꼽는다.

"국내 주식에 양도세? 차라리 해외 주식"

2023년부터 국내 주식 거래에 양도소득세가 도입되는 세제 개편도 젊은 층은 예민하게 받아들이고 있다. 지금은

2030 해외주식 거래대금 규모
단위: 억원
20대 / 30대
2019년 1조2907 / 3조9752
2020년 11조562 / 47조1366
2021년 30조9688 / 72조5359
자료: 10대 증권사 ※2021년은 8월 6일 기준

대주주가 아닌 소액주주는 국내 주식 양도세가 없는 반면 미국 등 해외 주식은 이익과 손실을 합쳐 연간 250만원 넘게 벌면 22%(주민세 포함)의 양도세를 내야 한다. 세금 부담 때문에 국내 주식에만 집중하던 개인들도 적지 않았다. 그러나 2023년부터는 국내 주식도 연간 매매차익이 5000만원을 넘으면 20~25%의 금융투자소득세가 부과된다.

30대 직장인 구모씨는 "아직 1년에 주식으로 버는 수익이 5000만원을 넘진 않지만 주식 투자액을 계속 늘려갈 계획이라 세금도 부담이 될 것 같다"고 말했다. 이어 "그동안 양도세가 없다는 장점 때문에 상대적으로 낮은 수익률에도 국내 주식에 집중해왔지만 내년부터는 서서히 미국 시장으로 자산 비중을 높이려 한다"고 했다. 온라인 주식 커뮤니티에서도 국내 주식 양도세는 뜨거운 이슈다. "5000만원 기본공제 기준액도 결국 조금씩 내려갈 것"이라며 "차라리 해외 주식으로 미리 갈아타는 게 낫다"는 목소리도 나온다.

서학개미 '톱픽' 10년 변천사
일본제철→차이나가스→테슬라

'중학개미'가 등장하기 전까지만 해도 국내 투자자가 가장 많이 보유한 해외 주식은 일본 주식이었다. 2014년 말 중국 상하이증시와 홍콩증시의 교차 거래(후강퉁) 제도가 도입되고, 2016년 말부터는 선전증시와 홍콩증시의 교차거래(선강퉁)까지 가능해지면서 중학개미가 급증했다. 2016년 중국 증시가 고꾸라지자 중학개미들은 서학개미로 정체성을 바꿨다.

'강남 큰손들, 중국 소비주 집중 투자.' 2015년 서울 강남의 한 프라이빗뱅커(PB)가 언론과 한 인터뷰 기사의 제목이다. 중국 주식 직접투자에 대한 문의가 빗발쳐 눈코 뜰 새 없이 바쁜 날을 보내고 있다는 내용이었다. 그가 관리하는 고객 중 한 명은 중국 소비주를 집중 매수해 두 달 만에 50% 수익을 냈다고 설명했다.

2014년 말 중국 상하이증시와 홍콩증시의 교차 거래(후강퉁) 제도가 도입되고, 2016년 말부터는 선전증시와 홍콩증시의 교차거래(선강퉁)까지 가능해지면서 '중학개미'가 급증했다. 증권사들은 앞다퉈 해외상품부 조직을 꾸리거나 강화했다.

당시 해외상품부 부장을 맡았던 박진 NH투자증권 이사는 "해외 주식이 본격적으로 대중화되면서 개인투자자를 대상으로 투자 정보를 제공하고 해외 주식 투자 시스템을 구축하려는 증권사들의 투자가 본격화됐다"고 설명했다. 본격적인 해외 투자의 시작이었다.

일본 제치고 선두된 홍콩 주식

중학개미가 등장하기 전까지만 해도 국내 투자자가 가장 많이 보유한 해외 주식은 일본 주식이었다. 예탁결제원에 따르면 2011년 말 국내 투자자가 가장 많이 보유하고 있던 해외 주식은 일본제철이었다. 일본 증시에 상장된 게임업체 넥슨과 정유업체 에네오스는 각각 해외 주식 투자 잔액 2위와 4위에 이름을 올렸다. 이때만 해도 해외 주식 투자자를 찾기가 쉽지 않았다.

황세운 자본시장연구원 연구위원은 "일본 주식은 시차가 없어 접근하기 어렵지 않은 데다 일본 기업 정보는 미국 등에 비해 쉽게 얻을 수 있었기 때문"이라고 설명했다. 투자 잔액 상위 5개 종목 중 미국 주식은 상장지수펀드(ETF)인 '아이셰어즈 실버 트러스트 ETF'가 유일했다. 2014년부터 홍콩 종목이 무섭게 치고 올라왔다. 중국 3대 가스사업자 차이나가스가 투자 잔액 1위, 중국인민재산보험(PICC)이 4위 종목이 됐다. 2014년 말 국내 투자자들의 홍콩증시 투자 잔액은 16억4637만달러로 3년 전보다 네 배 이상 늘었다.

초기 중학개미들은 어마어마한 내수 시장을 기반으로 한 중국 내수 기업에 투자해 큰 수익을 냈다. 국내 기업들이 중국 시장에서 큰돈을 벌어들인 것과 맥을 같이했다. 2014년부터 2016년까지 중국과 홍콩 주식 투자 잔액이 미국과 일본을 제치고 1위를 유지했다.

2016년 중국 증시가 고꾸라지자 중학개미들은 서학개미로 정체성을 바꿨다. 변동성은 작고 성장성은 보장된 미

국으로 시선을 돌렸다.

미국 성장주에 대한 믿음은 지속

코로나19 사태를 계기로 시작된 '서학개미운동'으로 해외 주식 투자의 판이 본격적으로 커졌다. 이들이 집중한 곳은 '망할 일 없는' 미국이었다. 2019년 국내 투자자의 미국 주식 투자 규모는 84억1565만달러였다. 그 규모는 2020년 373억3529만달러가 됐다. 1년 만에 네 배로 성장한 것이다.

대표주자는 테슬라였다. 2020년 말 테슬라 투자 잔액은 78억3462만달러로 압도적인 1위를 기록했다. 전기자동차, 자율주행차 시대에 대한 꿈과 성장성에 베팅한 결과였다. 테슬라는 수익률로 투자자에게 보답했다.

여전히 서학개미 계좌에는 미국 성장주가 높은 비중을 차지하고 있다. 10월 5일 기준 투자 잔액이 가장 많은 종목은 테슬라다. 101억6081만달러로 2위인 애플(38억1952만달러)의 두 배가 넘는다. 10위권 내에서는 아마존(19억2607만달러) 알파벳(18억7122만달러) 마이크로소프트(15억8049만달러) 엔비디아(15억2719만달러) 등 미국 대표 성장주들이 이름을 올렸다.

올해 달라진 점은 개별 종목보다 위험을 분산할 수 있는 ETF 투자가 급증하고 있다는 것이다. 미국 나스닥100지수를 추종하는 '인베스코 QQQ ETF'와 S&P500지수를 따르는 'SPDR S&P500 ETF'는 각각 투자 잔액 7, 8위에 올랐다.

나스닥100지수 상승률 대비 세 배의 수익률을 내도록 설계된 '프로셰어즈 울트라프로 QQQ'는 9위를 기록했다. 여전히 해외 종목에 대한 정보가 부족한 상황에서 특정 종목에 베팅하기보단 ETF 투자에 나서는 이가 늘고 있다는 분석이다.

미국 증시 쏠림 현상은 갈수록 심해지고 있다. 전체 해외 주식 투자 잔액 가운데 미국 주식이 차지하는 비중은 2011년 17%에서 2020년 79%로 급증했다. 올해 들어선 그 비중이 83%까지 늘었다.

REASON 망망대해에서 해외종목 고르는법

해외 주식 투자 노하우
망망대해에서 해외종목 고르는법

한국경제신문은 운용사에서 해외 주식 거래를 맡고 있는 전문가 6명에게 종목을 고르는 자신만의 팁을 물었다. 제일 많이 나온 대답은 '삶의 변화를 부르는 소비 트렌드'를 주의 깊게 관찰하라는 답이었다. 일상생활에 깊숙이 침투해 삶의 변화를 일구고 있는 기업이 결국 실적과 성장성을 모두 담보하는 기업이기 때문이다.

2586개. 2021년 10월 7일 기준 국내 유가증권시장과 코스닥시장에 상장된 기업 수다. 수백 명의 증권사 애널리스트와 펀드매니저는 2586가지 선택지 중 더 나은 기회를 찾기 위해 매일 전투를 치른다. 그래도 애널리스트가 커버하는 종목은 10분의 1도 안 된다. 투자자들이 알고 있는 종목은 더 적다.

해외 시장으로 눈을 돌리면 선택지는 수십 배 더 많아진다. 2021년 6월 기준 미국 뉴욕증권거래소에는 1932개, 나스닥거래소 3361개, 중국 상하이거래소엔 1931개 종목이 상장돼 있다. 국내보다 월등히 높은 수익률을 내고 있는 '서학개미' 행렬에 동참하고 싶지만 선뜻 나서지 못하는 이가 많은 이유다. 망망대해에서 낚시하듯 해외 기업을 하나씩 분석하며 주식을 고르기엔 시간도, 정보도 부족하다.

"구글 트렌드로 소비의 이동을 파악하라"

글로벌 투자 전문가들은 어떤 노하우를 가지고 해외 종목을 고르고 투자할까. 한국경제신문은 운용사에서 해외 주식 거래를 맡고 있는 전문가 6명에게 종목을 고르는 자신만의 팁을 물었다.

제일 많이 나온 대답은 '삶의 변화를 부르는 소비 트렌드'

해외종목 현명하게 고르기

1. "'삶의 변화를 부르는 소비 트렌드'를 주의 깊게 관찰하라"
2. "세계 상위 검색어를 한눈에 알 수 있는 '구글 트렌드'를 활용하라"
3. "부자들이 요새 어디에 돈을 쓰는지 보라"
4. "즐겨 쓰는 상품과 서비스를 제공하는 글로벌 기업을 눈여겨보라"
5. "미국 나스닥지수나 S&P500지수를 추종하는 상장지수펀드(ETF)에 투자하라"
6. "해외 펀드매니저의 어깨에 올라타라"
7. "유망 산업의 해외 액티브 ETF 종목 비중 변화를 실시간으로 확인하라"

를 주의 깊게 관찰하라는 답이었다. 일상생활에 깊숙이 침투해 삶의 변화를 일구고 있는 기업이 결국 실적과 성장성을 모두 담보하는 기업이기 때문이다.

방법론은 각각 달랐다. 이종훈 삼성자산운용 글로벌운용팀장은 "세계 상위 검색어를 한눈에 알 수 있는 '구글 트렌드'를 활용하라"고 귀띔했다. 삼성자산운용에서도 사용하는 방법이다. 이 팀장은 "4차 산업혁명 전환기엔 새로운 트렌드에 알파 수익 기회가 있다"고 말했다. 검색 빈도가 높은 키워드를 통해 사람들의 관심이 어디에 쏠려 있는지 파악하라는 의미다. 그는 이 방법을 통해 한발 앞서 클라우드 컴퓨팅과 메타버스 업종에 투자해 큰 수익을 올렸다.

정석훈 에셋플러스자산운용 본부장은 "부자들이 요새 어디에 돈을 쓰는지 보라"고 조언했다. 그는 2013년 중국 부호들이 공항 면세점에서 루이비통 가방을 쓸어담아 가는 걸 목격했다. 중국 '럭셔리 소비 열풍'의 시작이었다. 운용하던 펀드에 바로 LVMH를 편입했다. 9년간 LVMH 주가는 438.81% 올랐다.

즐겨 쓰는 상품과 서비스를 제공하는 글로벌 기업을 눈여겨보라는 목소리도 많았다. 황우택 한국투자신탁운용 멀티전략본부 매니저는 "자신과 주변 사람들이 최근 자주 사용하고 만족도도 높은 제품을 제조하는 글로벌 기업이 있다면 투자 대상"이라고 했다.

"한국에선 강남불패, 미국에선 지수불패"

자신만의 '해외 주식 투자 노하우'를 공개한 글로벌 투자 전문가 중 상당수는 서학개미에게 의외의 조언을 건넸다. "미국 나스닥지수나 S&P500지수를 추종하는 상장지수펀드(ETF)에 투자하라"는 것이다.

〈해외주식 투자지도〉의 저자 황호봉 전 NH-아문디자산운용 글로벌주식팀장은 "포트폴리오의 최소 40%는 미국 지수 추종 ETF를 담거나 미 시가총액 상위 15개 기업에 투자하라"고 말했

다. 그는 "2011년 초 대비 S&P500지수는 300% 넘게 올랐다"며 "한국 사람한테 투자 불패 신화의 상징이 부동산이라면 미국인들에겐 지수 투자"라고 강조했다.

최근 미국 나스닥지수와 S&P500지수가 연일 최고점을 경신하면서 지수 ETF 수익률도 고공행진하고 있다. 10월 7일 기준 나스닥지수를 추종하는 대표 ETF인 QQQ의 연초 이후 수익률은 16.28%, S&P500 추종 ETF인 SPY는 17.93%였다. 이에 비해 한국 코스피200지수를 추종하는 코덱스200의 수익률은 –2.30%를 기록했다. 성준석 KTB자산운용 멀티에셋솔루션 팀장은 "퇴직연금 계좌를 통해 해외 주식형 ETF에 투자하는 사람들은 변동성이 높은 성장주만 담는 건 위험하다"며 "지수 투자 ETF 비중을 일정 부분 가져가야 한다"고 말했다.

"귀족배당주 통해 안전 수익을"

안전 수익을 추구하는 서학개미라면 '귀족배당주'에도 주의를 기울일 만하다. 이고은 스페이스봄 대표는 "귀족배당주는 전쟁이 나거나 전염병이 돌아도 최소 25년 이상 연속 배당을 했고, 전년보다 배당액을 늘린 기업"이라고 소개했다. 국내 증시에선 찾아볼 수 없지만 해외에는 60여 개가 있다. 3M, 셰브런, 코카콜라, 존슨앤드존슨 등이다. 해외 ETF 투자자라면 ETF가 담고 있는 종목을 꼭 확인하라는 지적도 있었다. 성 팀장은 "많은 투자자가 최근 성장성이 높은 테마에 분산투자한다며 친환경, 인공지능, 자율주행 관련 ETF를 담고 서학개미 순매수 1위 종목인 테슬라를 매수한다"며 "들고 있는 ETF들이 담고 있는 종목을 뜯어보면 막상 본인 전체 포트폴리오 중 테슬라 비중이 40~50%인 경우가 많다"고 했다. 그는 "ETF에 투자하는 근본적인 이유는 분산투자를 하기 위해서"라며 "종목 개수가 많고, 종목을 동일 비율로 담지 않은 ETF, 시가총액이 큰 ETF를 고르는 게 좋다"고 조언했다.

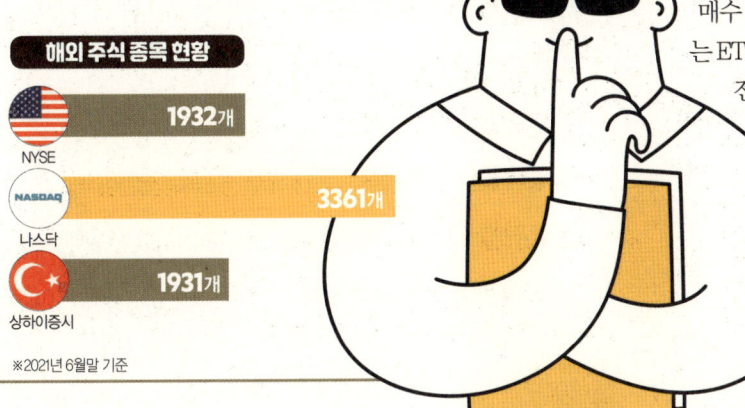

해외 주식 종목 현황

- NYSE: 1932개
- 나스닥: 3361개
- 상하이증시: 1931개

※2021년 6월말 기준

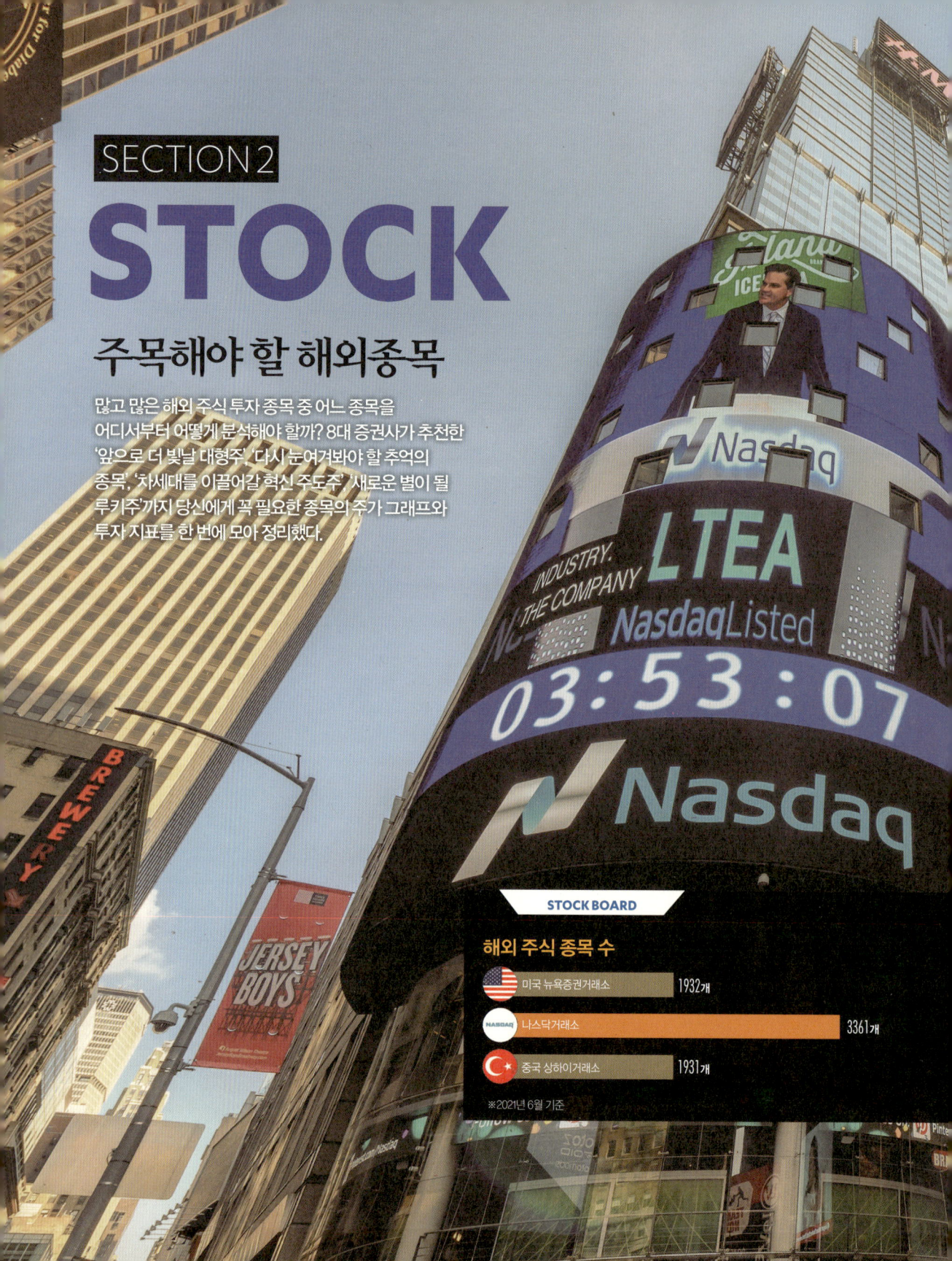

SECTION 2
STOCK

주목해야 할 해외종목

많고 많은 해외 주식 투자 종목 중 어느 종목을 어디서부터 어떻게 분석해야 할까? 8대 증권사가 추천한 '앞으로 더 빛날 대형주', '다시 눈여겨봐야 할 추억의 종목', '차세대를 이끌어갈 혁신 주도주', 새로운 별이 될 루키주'까지 당신에게 꼭 필요한 종목의 주가 그래프와 투자 지표를 한 번에 모아 정리했다.

STOCK BOARD

해외 주식 종목 수
- 미국 뉴욕증권거래소 1932개
- 나스닥거래소 3361개
- 중국 상하이거래소 1931개

※2021년 6월 기준

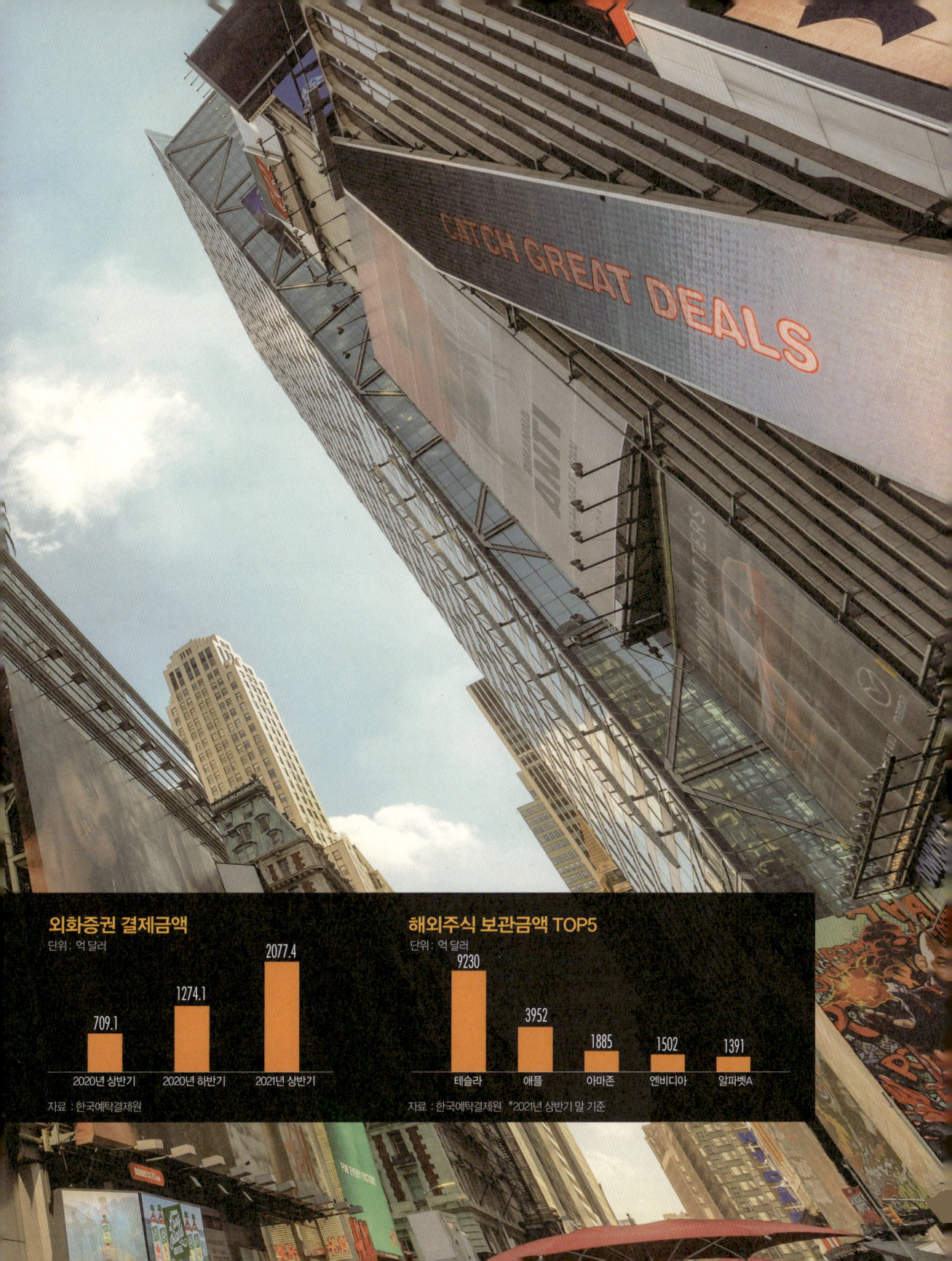

외화증권 결제금액
단위: 억 달러

- 2020년 상반기: 709.1
- 2020년 하반기: 1274.1
- 2021년 상반기: 2077.4

자료: 한국예탁결제원

해외주식 보관금액 TOP5
단위: 억 달러

- 테슬라: 9230
- 애플: 3952
- 아마존: 1885
- 엔비디아: 1502
- 알파벳A: 1391

자료: 한국예탁결제원 *2021년 상반기 말 기준

STOCK 대형주

서비스형 소프트웨어를 선도하다
어도비

#클라우드 구독 서비스
#420$→667$ 주가 반등 성공
#데스크톱 퍼블리싱 시대 개척
#금융위기 겪고 체질전환 성공

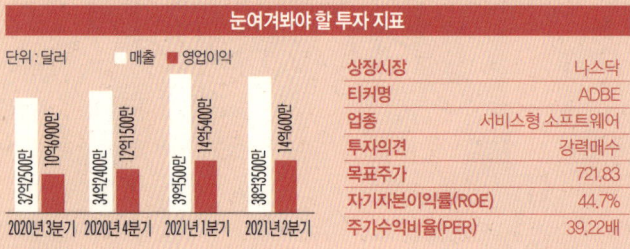

※2021년 9월말 기준

서비스형 소프트웨어(SaaS) 기업 어도비(ADBE)는 '세계 크리에이터를 위한 창조적 기업'이란 수식어가 따라붙는다. 소비자가 매달 일정 비용을 내면 포토샵, 프리미어 프로 등 원하는 소프트웨어를 사용할 수 있는 클라우드 구독 서비스를 제공하고 있다. 2009년엔 옴니추어 인수로 온라인 마케팅 분야로도 영역을 넓혀 어도비 애널리틱스를 운영하고 있다. 이를 통해 기업과 소비자는 수조 건의 온라인 상거래를 분석하고 지표를 찾아볼 수 있다.

코로나19 끝나도 '탄탄대로'

기획·생산부터 마케팅까지 전 과정을 잇는 클라우드 서비스를 제공하면서 어도비는 안정적인 수익 모델을 확보하게 됐다. 하나금융투자는 글로벌 리서치 보고서를 통해 "디지털화에 가장 빠르게 대응해 모든 제품을 클라우드를 통해 제공하는 SaaS 선도 기업"이라고 평가했다.

포토샵 일러스트레이터 등을 담은 '어도비 크리에이티브 클라우드'와 아크로뱃 스캔 등이 포함된 '어도비 도큐먼트 클라우드' 등 구독 모델 가입자가 낸 비용은 지난해에만 92억3000만 달러(약 10조4700억원)에 이르렀다. 전년 대비 20% 증가한 수치다. 회원제를 기반으로 지속적으로 발생하는 매출 비중은 92%까지 상승했다. 클라우드 서비스 가입자가 늘면서 어도비는 2014년 이후 매년 가파른 성장세를 보였다. 2008년 30억달러 수준

어도비 사용 현황	■ 세계 크리에이티브 프로페셔널의 90%↑ Adobe Photoshop 사용 ■ 어도비 크리에이티브 클라우드 모바일 앱 4억4900만 번↑ 다운로드 ■ 어도비의 온라인 크리에이티브 커뮤니티 Behance 2,400만 명↑ 회원 보유

자료 : 어도비 홈페이지

에 머물던 어도비 매출은 지난해 128억6800만달러로 네 배가량 급증했다. 2021년과 2022년 매출도 각각 156억달러, 180억달러를 가뿐히 넘어서면서 성장세를 이어갈 것으로 예상된다. 코로나19로 디지털 전환 속도가 빨라진 데다 재택근무가 늘면서 클라우드 서비스 수요가 증가해서다.

업계에서는 디지털 콘텐츠 제작, 전자문서 및 전자서명 소프트웨어 등의 수요가 코로나19와 상관없이 중장기적으로 상승세를 이어갈 것으로 전망하고 있다. 여기에 더해 최근의 경제 회복세에 힘입은 마케팅 소프트웨어 부문 반등과 중소사업자 고객 유입 가속화 등이 실적 기여를 이끌 것이란 기대도 잇따른다. 어도비 주가는 420달러대에서 최근 667달러대로 반등에 성공했다.

브라이언 슈와츠 오펜하이머 애널리스트는 어도비를 두고 '디지털 크리에이티브와 마케팅 도구의 선구자'로 평가하며 향후 실적도 긍정적일 것이라고 전망했다. 목표주가는 600달러에서 680달러로 올렸다.

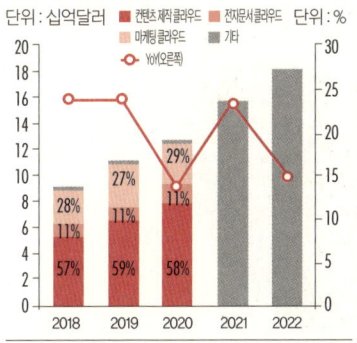

매출구성과 성장 추이

'데스크톱 퍼블리싱' 시대 개척

어도비는 사무기기 업체 제록스의 팰로앨토연구소 출신 존 워녹과 찰스 게슈케가 1982년 세운 회사다. 워녹의 집 근처 개천 이름을 따서 지은 사명이다. 집에서도 가정용 컴퓨터로 누구나 간편하게 출판물을 제작하는 '데스크톱 퍼블리싱' 시대를 여는 게 목표였다.

이들이 처음 만든 것은 어도비 포스트스크립트다. 종이에 문서와 이미지를 함께 출력할 수 있는 서비스다. 당시로선 혁신적인 프린트 기술이었다. 이후 어도비는 1987년 디자이너를 위한 일러스트레이터 프로그램을 내놨다. 3년 뒤 출시한 디지털 사진편집 툴인 포토샵은 어도비를 대중에 각인시킨 대표 상품이 됐다. 1991년엔 비디오편집 툴인 프리미어를 선보이며 동영상 편집 시장에도 진출했다.

2005년 매크로미디어 인수를 통해 웹브라우저에서 음악과 동영상 등 멀티미디어 콘텐츠를 돌아가게 지원하는 소프트웨어 플래시를 대표 제품군으로 편입시켰다. 플래시는 영상과 게임을 적은 용량으로 만들 수 있게 설계돼 있어 '졸라맨' '마시마로' 등 간단하게 묘사된 인기 캐릭터들이 창조되는 데 밑거름이 됐다. 어디에서든 문서를 쉽게 볼 수 있는 PDF, 이를 편집하는 아크로뱃도 1993년 차례로 개발된 어도비의 핵심 상품이다.

'체질 전환' 성공시킨 CEO의 결단

어도비가 순탄한 길만 걸어온 것은 아니다. 글로벌 금융위기 여파로 인해 2008년 어도비는 직원의 8%를 해고해야 했다. 당시 샨타누 나라옌이 최고경영자(CEO)로 취임한 지 1년 정도 지났을 때다. 직원 600여 명을 내보내는 고통을 경험한 그는 소프트웨어 판매 회사를 넘어서는 새로운 사업모델이 필요하다고 판단했다.

나라옌은 2011년 어도비를 클라우드 기반 구독 서비스 기업으로 바꾸겠다고 선언했다. 2년 뒤인 2013년엔 기존 오프라인 제품을 모두 폐기하는 과감한 혁신을 선택했다. 회사 내부에서조차 "몇 년 안에 망할 수도 있다"는 비관적 전망이 가득했다. 나라옌은 굴하지 않고 밀어붙였다. 어도비는 그로부터 10년 만에 SaaS 시장을 선도하게 됐다.

STOCK 대형주

구글·유튜브 등에 업고 존재감 뽐내다

알파벳

- # 어닝서프라이즈
- # 클라우드 사업 성장세
- # 아더베츠 가치 500억달러 이상 추산
- # 테크래시는 위험요인

주가 흐름 한눈에 보기

(단위: 달러)

자료: 구글

눈여겨봐야 할 투자 지표

상장시장	나스닥
티커명	GOOGL(보통주), GOOG(자본주)
업종	인터넷
투자의견	강력매수
목표주가	3198.86
자기자본이익률(ROE)	28.29%
주가수익비율(PER)	26.55배

자료: 야후파이낸스·팁랭크 ※2021년 9월말 기준

알파벳(GOOGL)은 미국 증시에 상장한 대표 빅테크(대형 정보기술기업) 중 하나다. 세계 검색엔진 시장의 92%(2021년 1분기 기준)를 점유하고 있는 구글, 동영상 플랫폼 유튜브 등을 거느리고 있다. 구글 안드로이드는 세계 모바일 운영체제(OS)의 70% 이상을 차지하고 있고, 크롬은 브라우저 분야의 세계 최강이다. 구글 맵의 점유율도 70% 수준이다.

알파벳은 올 상반기에 연이어 어닝서프라이즈(깜짝 실적)를 달성했다. 광고주의 구글, 유튜브 광고 수요가 늘어서다. 알파벳 실적의 외형은 '본업'인 광고에 절대적으로 의존하고 있다. 알파벳은 미국 온라인 광고시장에서 가장 높은 점유율을 보이고 있는 회사다.

알파벳의 실적 발표를 살펴보면 흥미로운 단어가 하나 눈에 띈다. 신규 사업을 뜻하는 아더베츠(Other Bets)다. 알파벳은 매 분기 실적 발표에서 구글과 아더베츠의 성과를 나눠 보여주고 있다. 아더베츠에는 자율주행차 사업 부문인 웨이모 등이 속해 있다. 적자를 이어가고 있고 매출도 미미하지만 구글의 미래를 이끌어갈 '보석'이 나올 수도 있다는 기대로 키우는 분야다. 그러나 세계적인 빅테크 규제 분위기는 구글에 가장 큰 위험 요인으로 꼽히고 있다.

상장 후 시가총액 80배 불어

미국 스탠퍼드대 박사 과정에 재학 중이던 래리 페이지와 세르게이 브린은

알파벳 자회사

- Calico 생명공학 연구
- CapitalG 사모 펀드
- DeepMind 인공지능
- Fitbit 웨어러블 디바이스
- Google Fiber 광대역 인터넷, IPTV 서비스
- Sidewalk Labs 도시 지역 교통, 에너지 등 인프라 문제 해결

1996년부터 검색엔진 기술을 개발했다. 이들은 수학용어 구골(googol·10의 100제곱)에서 따온 '구글'을 검색엔진 이름으로 택했다. 브린과 페이지는 1998년 캘리포니아주 멘로파크의 차고에서 회사를 설립했다. 이들에게 차고를 빌려준 수전 워치스키는 이후 구글에 입사해 현재 유튜브 최고경영자(CEO)를 맡고 있다.

제프 베이조스 아마존 창업자를 비롯한 투자자들의 관심을 끌며 구글은 빠르게 성장했다. 설립 8년 만인 2004년 구글은 기업공개(IPO)를 통해 미국 증시에 상장했다. 2015년에는 지주회사 알파벳 체제로 전환했다. 사명 알파벳은 초과수익(알파)을 내기 위한 베팅을 뜻한다.

알파벳 주식은 세 종류로 이 중 두 가지만 일반투자자들이 거래할 수 있다. 의결권이 있는 보통주는 클래스(등급)A와 B 두 가지다. 주당 한 의결권이 있는 알파벳A(GOOGL)는 미국 나스닥시장에서 거래 가능하다. 주당 10 의결권이 있는 알파벳B는 창업자 등 일부만 소유하고 있고 비상장 상태라 일반투자자는 거래할 수 없다. 의결권이 없는 자본주인 알파벳C(GOOG)는 2014년 추가 상장됐다.

알파벳의 장기 투자 성과는 뛰어나다. 2004년 공모가 기준으로 구글의 시가총액은 약 230억달러였다. 이로부터 17년이 지난 2021년 9월 말 기준 구글의 시총은 1조9000억달러 수준으로 불어났다. 시총을 기준으로 하면 주가가 공모가 대비 80배가량 뛰

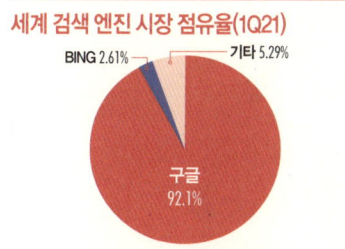

세계 검색 엔진 시장 점유율(1Q21)
- BING 2.61%
- 기타 5.29%
- 구글 92.1%

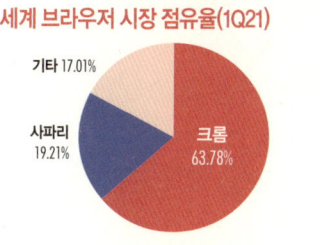

세계 브라우저 시장 점유율(1Q21)
- 기타 17.01%
- 사파리 19.21%
- 크롬 63.78%

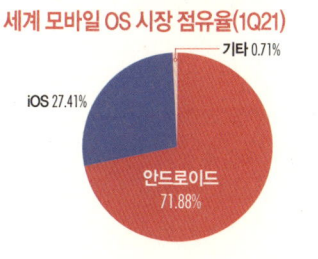

세계 모바일 OS 시장 점유율(1Q21)
- 기타 0.71%
- iOS 27.41%
- 안드로이드 71.88%

자료: Statcounter, 키움증권 리서치센터

2020년 미국 온라인 광고 시장 점유율
- 기타 35.6%
- 구글 28.9%
- 페이스북 25.2%
- 아마존 10.3%

자료: eMarketer, 키움증권 리서치센터

A to Z
알파벳 A부터 Z처럼 모든 사업 분야를 커버하겠다는 의미를 담았다.

었다. 미국 증시 상장사 중에서 애플과 마이크로소프트(MS)에 이어 시총 2조달러를 돌파할 가능성이 있는 유력 후보로 꼽히고 있다.

알파벳은 구글 시절부터 전문경영인 체제를 이어오고 있다. 구글 성장의 주역으로 평가받는 에릭 슈밋은 2001년부터 2011년까지 구글 CEO를 지냈다. 슈밋은 이후 구글과 알파벳의 회장, 기술고문을 지내다가 2020년 퇴사했다. 현재 사령탑은 순다르 피차이다. 피차이는 2015년 구글 CEO에 올랐고 알파벳 CEO를 겸임하고 있다. 창업자인 페이지와 브린은 2019년 구글과 알파벳의 경영 일선에서 물러났다. 하지만 이들은 알파벳B 주식을 대거 보유하고 있어 주주로서 여전히 큰 영향력을 행사할 수 있다. 브린과 페이지는 2021년 5월부터 석 달 동안 알파벳 주식을 10억달러어치 이상 매각하기도 했다.

어닝서프라이즈 열쇠 쥔 '광고'

알파벳의 매출 대부분은 구글, 유튜브 등의 광고에서 나온다. 광고 부문에서 거둔 실적이 좋을수록 알파벳이 어닝서프라이즈를 기록할 가능성이 높아지는 사업 구조다. 2020년 연간 기준으로는 전체

순다르 피차이 알파벳·구글 최고경영자(CEO)

매출 중 광고가 차지하는 비중이 90% 이상이었다.

알파벳은 2021년 2분기 매출이 지난해 같은 기간보다 62% 늘어난 618억 8000만달러를 기록했다. 미국 월스트리트 추정치인 500억달러대를 훌쩍 뛰어넘는 어닝서프라이즈였다. 2분기 영업이익은 지난해 같은 기간보다 203% 급증한 193억6100만달러였다. 순이익은 지난해 같은 기간의 2.6배 이상인 185억달러였다.

2분기 어닝서프라이즈의 이유는 역시 광고였다. 2분기 매출 중 81%인 504억달러가 광고 부문에서 나왔다. 2분기 구글의 검색광고 매출은 지난해 같은 기간보다 68%, 네트워크 광고는 60% 늘었다. 유튜브 광고 매출은 84% 급증했다. 코로나19 여파가 컸던 2020년 실적 대비 기저효과가 있었다는 점을 감안해도 광고주들의 수요 증가에 힘입은 성장성을 입증했다는 평가다.

투자자들은 유튜브가 광고주의 최선호 플랫폼이 될 수 있을지에 관심을 보이고 있다. 이승훈 IBK투자증권 연구원은 "전자상거래의 제품 탐색 단계인 언박싱, 리뷰 등 콘텐츠 소비가 급증하면서 TV 광고가 유튜브 광고로 빠르게 전환하고 있다"며 "제품 결제와 직접 연동되는 성과형 광고 상품이 추가되면서 광고 효과가 커졌다"고 분석했다.

중국의 짧은 동영상 플랫폼 틱톡에 대응하기 위해 유튜브가 2021년 내놓은 쇼츠는 하루 조회 수가 150억 회를

클라우드 서비스 시장 점유율
단위 : %

- 아마존 32
- MS 20
- 구글 9
- 알리바바 6
- IBM 5
- 세일즈포스 3
- 텐센트 2
- 오라클 2

2020년 시장 규모 **1,290억 달러**

자료 : 시너지리서치그룹

리뷰 등 콘텐츠 소비가 급증하면서 TV 광고가 유튜브 광고로 빠르게 전환하고 있다.

넘어서기도 했다. 유튜브는 쇼츠 콘텐츠 창작자들에게 2022년 말까지 1억달러를 지급하기로 하는 등 활성화에 힘을 기울이고 있다. 단 페이스북이 소유한 인스타그램이 내놓은 릴스, 스냅챗의 스포트라이트 등도 짧은 동영상 플랫폼 시장에 등장하며 경쟁 강도가 세진 점은 변수다.

시장에서는 2021년 하반기에도 알파벳이 어닝서프라이즈를 이어갈 가능성이 높다고 보고 있다. 김중한 삼성증권 연구원은 "하반기에도 디지털 광고가 구조적으로 성장하고 유튜브 광고가 증가할 가능성이 있다"며 "광고 실적이 정점을 찍었다는 우려는 크지 않을 것"이라고 평가했다. 단 지난해 3분기부터 광고 집행 규모가 회복돼 올 2분기만큼의 기저효과를 누리기는 어려울 전망이다.

알파벳은 호실적에 기반해 지난 4월 500억달러 규모의 자사주 매입 계획을 발표하기도 했다. 구글은 캐나다 전자상거래 솔루션 기업 쇼피파이, 결제 회사 스퀘어, 고대디 등과 제휴해 전자상거래 사업을 강화하기로 했다.

적자 폭 줄여가는 클라우드

시장에서 주목하고 있는 알파벳의 또 다른 사업은 클라우드다. 2021년 2분기 클라우드 사업 매출은 지난해 같은 기간보다 54% 늘어난 46억달러를 기록했다. 미국 결제서비스 회사 페이팔, 가전회사 월풀 등을 고객사로 확보했다. 2분기 클라우드 사업 부문의 적자는 약 6억달러로 손실폭을 줄여나가고 있으며 연간으로는 손익분기점을 넘어설 가능성도 제기된다.

클라우드는 빅테크들의 격전지다. 이 분야 최강자는 미국 전자상거래기업 아마존의 아마존웹서비스(AWS)다. 시장조사업체 시너지리서치그룹에 따르면 2020년 말 기준 세계 클라우드 시장에서 AWS의 점유율은 32%였다. 2위는 MS의 애저로 20%를 차지했다. 3위가 구글로 9% 정도다. 그 뒤를 중국 알리바바, IBM 등이 추격하고 있다.

구글의 시장점유율이 아마존, MS보다 낮기는 하지만 성장세는 더 가파르

- Google 검색 엔진
- GV 스타트업 투자 벤처 캐피털
- Verily 생명 과학 연구 기업
- Waymo 자율주행 기술 개발
- Wing 드론 기반 화물 운송 기술 개발
- X 비밀 연구

다는 평가를 받고 있다. 알파벳의 여러 사업과 클라우드가 시너지를 낼 가능성도 있다. 하지만 주요 경쟁사에 비해 후발주자라는 점, 경쟁사들도 클라우드 사업에 투자를 아끼지 않고 있다는 점은 구글의 클라우드 사업 가치를 평가할 때 '할인' 요인이 된다.

알파벳의 미래 걸린 아더베츠

알파벳은 구글 외에도 여러 자회사를 거느리고 있다. 대표적인 기업은 웨이모다. 웨이모는 자율주행차 기술을 개발하고 있으며 2021년 8월에는 미국 샌프란시스코에서 로보택시 서비스를 시범 도입했다. 웨이모가 뚜렷한 실적을 낼 수 있을지 시장 일각에서 의문을 제기하는 상황에서도 회사는 2021년 6월 25억달러의 투자금을 유치하는 데 성공했다.

인공지능(AI) 등을 활용해 칼리코, 베릴리 등 자회사에서 바이오 사업도 하고 있다. 진단 등 헬스케어 산업의 성장성을 염두에 두고 있기 때문이다. 구글은 스마트워치 기업 핏빗을 인수하며 시너지 효과를 노리고 있다. 알파고를 개발한 딥마인드, 배달용 자율주행 드론을 개발하고 있는 윙 등도 거느리고 있다. 산하 투자회사인 GV와 캐피털G 등을 통해 여러 스타트업에 지분 투자를 하고 있다. 최근 각광받고 있는 음성비서 산업에서는 구글 어시스턴트를 내세우고 있다. 구글페이, 인공위성 산업, 퀀텀컴퓨팅 등도 알파벳의 관심 분야다. 알파벳의 아더베츠는 그동안 여러 실패 사례를 낳았다. 풍력 에너지 기술 개발 등이 중단됐다. 클라우드 게이밍 스테디아도 난항을 겪고 있다. '돈 먹는 하마'라는 평가도 나온다. 알파

500억달러
미국 투자회사 샌퍼드C번스타인의 마크 시물릭 애널리스트는 아더베츠의 가치를 500억달러 이상으로 최근 추산하기도 했다.

벳 출범 이후 아더베츠의 누적 자본 지출은 약 32억달러, 누적 영업손실은 243억달러로 집계됐다.
이원주 키움증권 연구원은 "아더베츠의 거듭된 실패로 구글의 시총은 애플, MS 등에 뒤졌다"며 "하지만 이 중 무엇이라도 성공한다면 구글 주가 상승 요인이 될 것"이라고 분석했다. 미국 투자회사 샌퍼드C번스타인의 마크 시물릭 애널리스트는 아더베츠의 가치를 500억달러 이상으로 최근 추산하기도 했다.

테크래시는 위험 요인

테크래시가 거세지는 분위기는 알파벳의 실적을 위협할 요인 중 하나로 꼽힌다. 기술(테크놀로지)과 반발(백래시)의 합성어인 테크래시는 빅테크에 대한 반감이 일어나는 현상을 뜻한다. 조 바이든 미국 행정부는 '아마존 킬러'라는 별명이 붙을 정도로 빅테크와 대립각을 세워온 리나 칸을 미국 연방거래위원회(FTC) 수장으로 임명했다.
유럽연합(EU)도 빅테크 규제를 강화하고 있다. EU는 2018년 구글이 OS 시장에서의 독점적 지위를 남용했다는 점을 들어 43억유로의 과징금을 부과한 전력이 있다. 미국 게임회사 에픽게임즈는 인앱(in-app) 결제가 반독점법 위반이라고 주장하며 구글을 상대로 소송을 벌이고 있다. 같은 이유로 에픽게임즈가 애플을 상대로 낸 1심 소송에서 미국 법원은 애플의 인앱 결제 강제를 제한하는 판결을 내렸다.

웨이모 자율주행차.

STOCK 대형주

세상 모든 산업과 기술을 연결하는 상점
아마존

#최근 5년 주가 300% 급등
#시가총액 2000조원 이상
#전년대비 매출 220% 증가
#지난해 이후 주가상승 80% 이상

주가 흐름 한눈에 보기
단위: 달러

자료: 구글

눈여겨봐야 할 투자 지표

상장시장	나스닥
티커명	AMZN
업종	소비순환재
투자의견	강력 매수
목표주가	4193.88
자기자본이익률(ROE)	31.23%
주가수익비율(PER)	48.36배

자료: 야후파이낸스·팁랭크
※2021년 9월말 기준

아마존(AMZN)은 '세상의 모든 것을 파는 상점(The Everything Store)'으로 불린다. 그렇다고 단순히 물건만 파는 곳은 아니다. 전자상거래(e커머스)에서 출발해 세상의 모든 산업과 기술을 연결시키는 기업으로 거듭나고 있다. 사람들은 아마존이 걸어온 길(amazon way)을 궁금해하고 아마존의 생각을 따라하고 싶어 한다. 아마존이 발표하는 미래 전략에는 늘 세간의 관심이 쏠린다. 아마존이 바꾸는 세상에 대한 기대 덕에 최근 5년 새 주가는 300% 넘게 급등했다.

리딩투자증권은 지난 9월 '아마존은 연휴(추석) 이후 한국 증시를 알고 있다'는 보고서를 냈다. 2015년 이후 아마존 주가가 코스피지수를 5개월가량 선행한다는 내용이었다. 아마존의 주가 움직임이 약 5개월 후 국내 증시에 비슷하게 나타난다는 주장이다. 곽병열 연구원은 "국내 주요 수출기업 간 공급사슬 관계에서 비롯됐을 것으로 추정된다"고 설명했다. 아마존의 주가를 좌우하는 온라인 판매 실적, 클라우드서비스 등이 코스피지수를 좌우할 국내 기업의 수출 실적, 반도체기업의 수주 등과 맞물려 있다는 분석이다. 한 국가의 증시 상황을 예측하는 가늠자로 평가받을 만큼 성장한 '공룡 아마존'의 상장 첫날 주가는 2달러에 불과했다. 2008년 말 금융위기 직후 주가도 50달러 수준이었다. 1997년 5월 상장 이후 24년 만에 주가는 3000선을 훌쩍 웃돌 만큼 급성장한 셈이다. 물류 공룡 아마존 시

세상의 모든 것을 파는 상점 아마존

1 전자상거래　**2** 물류　**3** 오프라인 점포

가 총액은 2000조원을 넘어선 상태다.

크고 빠른 공룡

온라인 서점에서 출발한 아마존은 전자상거래, 물류, 클라우드 컴퓨팅, 빅데이터와 인공지능(AI), 우주 사업까지 영역을 확장했다. 시장 전반에는 '아마존의 희생자'가 속출했다. 소매점포들이 줄줄이 문을 닫았다. 아마존의 성장과 함께 미국 백화점 시어스, 세계 1위 완구회사였던 토이저러스, 미국 대형서점 체인 반스&노블 등이 쇠락했다. 시장에선 아마존의 영향권에 든 기업을 추려 '아마존공포종목지수'를 만들어냈을 정도다. 아마존 공포 종목지수를 처음 제시한 미국 투자 정보회사 비스포크인베스트먼트그룹은 아마존생존자지수를 공표하기도 했다. 아마존의 영향을 받지 않는 기업을 추려낸 지표다. 주얼리 기업 티파니 등이 여기에 속했다.

300%
최근 5년 새 아마존의 주가는 300% 넘게 급등했다.

아마존 창업자인 제프 베이조스는 아마존 창업 당시 냅킨에 △낮은 원가구조 △낮은 가격 △고객경험 △판매자 상품구성 △성장 등을 화살표로 연결해 적었다. 지금의 아마존을 이룬 비즈니스 모델이다. 낮은 원가구조에서 시작한 아마존의 전략은 고객들을 아마존에 익숙하게 만들었고, 이런 고객을 기반으로 급격한 성장을 이뤄냈다는 평가를 받는다. 온라인 쇼핑몰 자포스 등을 인수해 덩치를 키웠고 미국 식품 유통업체 홀푸드를 품으며 온·오프라인 커머스 공룡으로 거듭났다.

아마존은 탄탄한 물류인프라와 첨단 기술력을 기반으로 성장 가도를 달려왔다. 아마존이 처음으로 시가총액 1조달러를 넘어선 2018년 당시 매출 증가율은 40%에 달했다. 당시 덩치가 아마존의 15분의 1에 불과하던 넷플릭스의 성장 속도와 비등했다.

아마존 프라임 서비스는 아마존의 성장에 불을 붙였다. 연회비 119달러를 내면 무료 배송서비스 및 음악, 비디오 콘텐츠를 무제한 이용할 수 있는 서비스를 통해 아마존의 충성 고객을 다수 확보했기 때문이다. 현재 아마존 프라임 서비스 회원은 2억 명을 넘어섰다. 과거 한 조사에 따르면 아마존 비회원이 한 해 평균 700달러를 소비하는 데 비해 프라임 회원은 1300달러를 지출하는 것으로 알려졌다. 모건스탠리는 현재 아마존 프라임 서비스 회원의 연간 지출 금액이 평균 3000달러로 증가했다고 전했다.

막강한 고객 파워를 바탕으로 끊임없이 새로운 기술을 사업에 도입하고 있다는 게 아마존의 강점이다. 전문가들 사이에서 아마존을 두고 '크고 빠른 공룡'이란 평가가 나오는 것도 이 때문이다. 물건을 들고 나가면 계산이 완료되는 아마존고(Amazon Go)

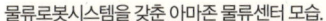
물류로봇시스템을 갖춘 아마존 물류센터 모습.

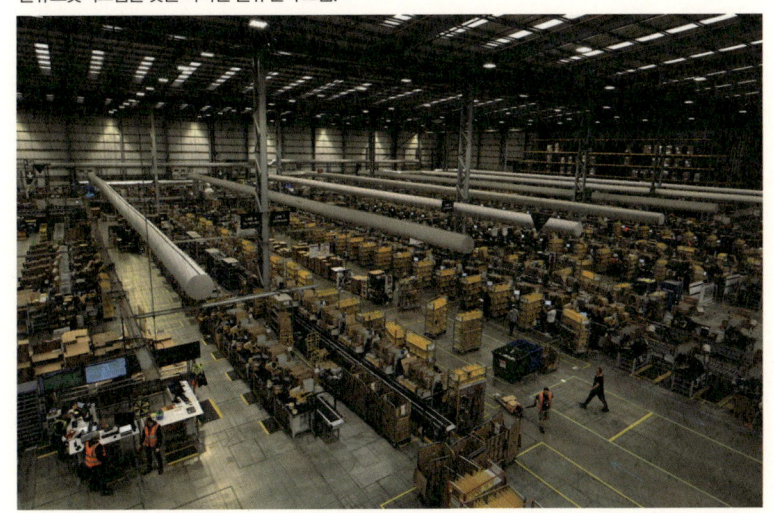

STOCK 대형주

를 비롯해 음성인식 AI 알렉사(Alexa), 항공 우주기업 블루오리진(Blue Origin) 등 아마존의 실험은 늘 시장에 신선한 충격을 줬다. 4차 산업혁명을 주도한 기업으로 꼽힌 이유다. 아마존고는 계산이 필요없는 오프라인 매장을 구현해냈다. 'Just Walk Out' 기술을 통해 어떤 물품이 선반에서 꺼내졌는지 추적해냈고 자동으로 고객의 가상 장바구니에 구입한 물품이 담겼다. 쇼핑을 마치고 매장을 빠져나오면 고객의 아마존 계정에서 자동으로 결제가 이뤄졌다. 최근에는 아마존이 내년께 식품매장 홀푸드마켓에 무인결제 기술을 도입할 예정이란 소식도 전해졌다.

아마존의 알렉사 등장은 AI 스피커 시장을 만들어냈다. 알렉사 기반 에코(Echo)가 등장한 이듬해 구글 'Hey Google'이란 대대적인 광고를 통해 추격에 나서기도 했다. 아마존의 물류 혁신을 이뤄낸 'Kiva'도 로봇 물류 시대를 열었다는 평가를 받는다. 아마존은 Kiva를 통해 물류센터의 운용비용을 20% 절감하고 공간활용도를 50% 향상시켰다.

아마존의 미래는?

전자상거래 매출이 대부분을 차지하던 아마존의 새로운 먹거리가 된 것은 아마존웹서비스(AWS)다. 2006년 클라우드 시장을 선점한 아마존은 마이크로소프트와 함께 업계를 주도하고 있다. 아마존은 2006년 이후 AWS에 2000여 개의 신규 기능을 선

제프 베이조스 아마존 CEO

Kiva 20% 50%

아마존은 Kiva를 통해 물류센터의 운용비용을 20% 절감하고 공간활용도를 50% 향상시켰다.

보이며 클라우드 서비스 경쟁력을 높여 나갔다. 아마존이 AWS에 공을 들이고 있는 이유는 전자상거래 분야와 달리 높은 영업이익률로 톡톡한 캐시카우 역할을 해내고 있기 때문이다. 이를 통해 AI, 우주 사업 등에 공격적인 투자를 할 수 있는 선순환 사업 구조를 형성했다는 평가도 나온다. AWS 부문은 아마존 전체 영업이익의 60% 이상을 차지할 만큼 성장했다. 지난해엔 연간 130억달러의 이익을 AWS를 통해 거뒀다.

올 1분기 아마존의 AWS 클라우드 수주잔액은 529억달러로 전년 대비 55% 증가했다. 대신증권은 "AWS 장기 구독계약 평균 기간이 3.3년인 것을 감안하면 향후 3년간 연160억달러 가량이 수주잔액에서 AWS 매출로 인식될 것임을 의미한다"고 설명했다.

코로나19 사태는 사업체질을 변화시켜 온 아마존의 성장을 가속화시켰다. 비대면(언택트) 시장이 커지면서 AWS 부문과 전자상거래 부문이 동시에 수혜를 봤기 때문이다. 아마존에 따르면 코로나19 팬데믹 기간 매출은 전년 대비 220% 넘게 증가했다. 아마존 주가 역시 지난해 이후 80% 넘게 뛰었다. 늘어난 주문에 아마존은 연일 배송 물류 시설을 확장하고 있다. 뉴욕 금융회사인 Evercore ISI의 마크 마하니 애널리스트는 "몇 년 내에 대부분의 미국인이 아마존 프라임 서비스를 이용할 것으로 보인다"는 분석을 내놓기도 했다.

코로나19 수혜주로 분류됐던 아마존에 대한 시장의 기대감도 여전하다. 투자은행 골드만삭스는 지난 9월 인

	4 클라우드 컴퓨팅	5 빅데이터와 인공지능(AI)	6 우주 사업
세상의 모든 것을 파는 상점 아마존			

아마존에서 개발 중인 배송 드론.

80대 이상

아마존은 2022년까지 80대 이상의 항공기를 보유하겠다는 목표를 세웠다.

터넷 기술주 가운데 아마존 알파벳 페이스북 스냅 우버 리프트 익스피디아 등 일곱 가지 주식을 추천주로 꼽았다. 골드만삭스가 제시한 아마존의 목표주가는 4250달러였다. 계속해서 시장의 승자로 남을 것이란 이유에서다. 코로나19 여파에서 소비가 늘면서 2021년 들어 유통 관련주 주가가 치솟자 아마존이 되레 저평가된 상태라는 분석도 나왔다. 기업평가회사인 모닝스타는 "아마존 주가는 우리의 평가지표로 볼 때 2020년 8월부터 계속 저평가된 상태"라는 의견을 내놨다.

해소되지 않는 물류대란이 아마존에 호재로 작용할 것이란 관측도 나온다. KOTRA에 따르면 현재 아마존은 세계적으로 운송을 담당하는 운전자 40만 명, 트럭 4만 대, 밴 1만 대, 75대의 비행기를 보유하고 있는 것으로 알려졌다. 최근 아마존이 공을 들이고 있는 분야는 항공 물류다. 지난 8월 미국 켄터키에 15억달러 규모의 투자를 통해 아마존 에어 허브 건설을 완료하기도 했다. 업계에선 4년에 걸쳐 건설된 아마존 에어 허브는 아마존의 배송·물류·운반의 중심이 될 것으로 보고 있다. 아마존은 2022년까지 80대 이상의 항공기를 보유하겠다는 목표를 세웠다.

일각에선 아마존이 자율주행과 깊은 연관이 있다는 의견도 있다. 자율주행 시장이 커질수록 아마존이 수혜를 볼 것이란 분석이다. 삼성증권은 자율주행이 아마존에게 1석4조의 효과를 가져다줄 것이라고 봤다. 한주기 삼성증권 연구원은 자료를 통해 배송 인프라를 구축하고 있는 아마존의 경우 자율주행이 상용화될 경우 효율적으로 장거리 운행을 소화할 수 있는 데다 운송 인력들의 파업 리스크를 감내하지 않아도 된다는 장점이 있다고 설명했다. 또한 배송 효율성이 높아져 배송비 절감 효과가 기대된다고 덧붙였다. 2020년 기준 아마존의 배송비용은 611억달러에 달한다. 전체 매출의 15.8%에 해당된다. 자율주행을 통한 물류 서비스 혁신은 물론 로보택시 사업으로 확장될 가능성도 있다고 봤다. 한 연구원은 "예컨대 프라임 멤버십 가입자에게는 로보택시 이용료를 할인해주는 방식이 될 수 있다"며 "결국 신규 프라임 가입자를 유입할 수 있고, 프라임 생태계에 유입된 이상 전자상거래 등 다른 서비스와 시너지 효과가 예상된다"고 전망했다.

아마존은 헬스케어 산업에도 뛰어든 상태다. 파이낸셜타임스(FT)는 최근 1년간 아마존웹서비스의 알렉사를 도입한 미국 병원이 여덟 곳으로 늘었다고 보도했다. 이미 2018년부터 아마존이 헬스케어 진출을 가속화할 것으로 보이는 움직임이 감지됐었다. 현재는 법인이 폐쇄된 상태지만 2018년 벅셔해서웨이와 JP모간체이스와 공동으로 비영리 의료단체 설립 계획을 발표하면서 아마존이 본격적으로 헬스케어 사업에 진출할 것이란 관측이 쏟아졌다. 이후 B2B 사업부문인 '아마존 비즈니스'를 활용해 미국 대형 병원 및 클리닉을 대상으로 한 의료용품 공급 사업 계획도 공개됐다. 온라인 의약품 배송 서비스업 체인 필팩(PillPack) 인수, 미국 대형 병원 네트워크업체 UPMC, 디지털 헬스케어 스타트업인 Xealth와 파트너십 체결 등 전방위로 영역을 넓혀갔다.

아마존은 알렉사를 통해 환자와 병원을 잇겠다는 구상이다. 이를 통해 집에서 진료 예약을 하고 원격으로 진료를 받을 수 있다. 이미 아마존은 2019년 자사 직원들을 대상으로 원격의료 서비스 '아마존 케어' 시작했다. 2021년 3월 다른 기업 직원에게까지 서비스를 개방했다.

STOCK 대형주

메타버스 밸류체인 대표 수혜주

애플

#시가총액 2조달러 돌파
#아이폰 13, 중국서 흥행 돌풍
#증강현실(AR) 기기 대중화 선포
#연간 80조원 넘는 수익

주가 흐름 한눈에 보기

자료 : 구글

눈여겨봐야 할 투자 지표

상장시장	나스닥
티커명	AAPL
업종	기술업
투자의견	강력 매수
목표주가	169.64
자기자본이익률(ROE)	127.13%
주가수익비율(PER)	24.5배

자료 : 야후파이낸스·팁랭크 ※2021년 9월말 기준

2021년 8월 30일 애플(AAPL) 시가총액이 사상 처음으로 2조5000억달러를 넘어섰다. 미국 증시에서 '꿈의 고지'로 불려온 시총 2조달러를 돌파한 지 1년여 만이었다. 한국 국내총생산(GDP, 1조6382억달러)의 1.52배다. 애플 시가총액은 이탈리아, 캐나다 GDP보다도 높다. 애플이 국가라면 GDP 순으로 세계 여덟 번째 나라인 셈이다. 애플 창업자 스티브 잡스가 사망한 이후 "애플은 이제 끝났다"는 비아냥을 들어야 했지만 오히려 10년 전 대비 애플의 몸집은 여덟 배로 커졌다. 스마트폰 시장 성장세에 대한 우려를 딛고 플랫폼 회사로 체질을 개선한 덕분이다. 최근 애플은 증강현실(AR) 기기의 대중화를 이끌겠다고 선포하며 다시 한 번 몸집을 키울 채비를 하고 있다.

잡스가 이룬 '아이폰 신화'

"오늘 세 가지 혁명적인 제품을 소개합니다." 2007년 6월 29일 첫 아이폰 제품을 선보일 때 잡스가 꺼냈던 말이다. 전화기와 아이팟, 인터넷 기기를 한데 모았다는 의미였다. 잡스는 휴대폰에 달려 있던 키보드를 없애고 대신 전면 디스플레이를 달았다. 펜 대신 손으로 모든 걸 조작할 수 있도록 직관적인 사용자환경(UI)을 재창조했다. 3세대(3G) 통신 시대와 함께 맞물린 아이폰의 등장은 사람들의 생활 방식을 송두리째 바꿔놨다. 어디에 있건 작은 휴대폰으로 인터넷 서핑, 글쓰기, 사진 찍기, 메일 확인, 게임이 모두

거대한 '애플 생태계'		소프트웨어 ■ 앱스토어 ■ 아이튠즈 ■ 애플페이 ■ 애플뮤직 ■ 아이클라우드 ■ 애플 아케이드 ■ 애플 TV+ ■ 애플뉴스+	하드웨어 ■ 아이폰 ■ 아이패드 ■ 맥북 ■ 애플TV ■ 에어팟 ■ 애플워치

가능했다. '손 안의 컴퓨터'나 다름없었다. 아이폰은 휴대폰 시장을 빠르게 침투했다. 기존 휴대폰 시장의 강자 노키아, 블랙베리 등은 몰락했다. 월스트리트저널에 따르면 아이폰은 출시 후 10년간 세계에서 13억 대가 팔려나갔다. 초기 스마트폰 시장을 창조했고, 지배했다.

웨어러블로 저변 넓힌 애플

잡스 사망 후 애플에 두 번째 위기가 찾아왔다. 2017년을 정점으로 스마트폰 시장 성장세가 꺾이기 시작했다. 레드오션화된 것이다. 경쟁자들의 스마트폰 하드웨어 간 차별성도 부족해졌다. 회사마다 스마트폰 관련 기술력이 높아질 대로 높아졌기 때문이다. 애플이 신제품을 출시할 때마다 언론은 "혁신이 없다"며 비판하기 시작했다. 중국 스마트폰 업체들은 가격 경쟁력을 앞세워 중저가 시장 공략에 나섰

다. 미국을 제외한 글로벌 시장에서 아이폰 매출은 하락하기 시작했다. 2016년 아이폰 판매량은 처음으로 감소세를 기록했다. 최대 시장인 중국에서는 가격 대비 성능이 뛰어난 화웨이, 오포, 비보 같은 현지 업체에 밀려 5위까지 떨어졌다.

스마트폰 시장이 포화된 이후에도 애플은 2007년 세상을 깜짝 놀라게 했던 아이폰만큼 혁신적인 제품을 내놓진 못했다. 대신 아이폰을 지렛대 삼아 선보인 새로운 제품들이 큰 호응을 얻었다. 대표적 제품군이 애플워치, 에어팟 등 웨어러블(착용형) 기기다. 2014년 최초로 공개한 애플워치는 잡

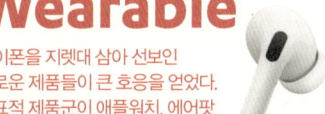

Wearable
아이폰을 지렛대 삼아 선보인 새로운 제품들이 큰 호응을 얻었다. 대표적 제품군이 애플워치, 에어팟 등 웨어러블(착용형) 기기

스 없는 애플이 처음으로 내놓은 주요 제품이었다. 스마트워치를 먼저 출시한 건 삼성전자였지만 애플워치는 단숨에 시장 점유율 1위를 차지했다. 에어팟도 출시되자마자 히트작이 됐다. 2020년에만 6000만 대 넘게 팔렸다. 이듬해 2분기(4~6월·애플 회계연도 3분기) 웨어러블 기기 매출은 전년 대비 36% 증가한 87억7500만달러를 기록했다. 데스크톱, 노트북 사업부인 맥 부문 매출(82억3500만달러)을 뛰어넘었다. 웨어러블 부문이 애플의 새로운 캐시카우 역할을 하고 있다.

플랫폼 회사로 변신

애플 실적을 지탱하는 또 다른 한 축은 콘텐츠·서비스 부문이다. 2분기 콘텐츠·서비스 부문 매출은 전년 대비 32.9% 늘어난 174억8600만달러를 기록했다. 서비스 매출에는 앱 관련 판매 수수료를 받는 앱스토어를 비롯해 음악과 동영상을 유통하는 아이튠즈, 결제 서비스인 애플페이 등이 포함돼 있다. 앱스토어에 등록돼 있는 앱은 200만 개가 넘는다. 여기에 구독형 서비스인 아이클라우드, 애플 뮤직, 애플 아케이드, 애플 TV+, 애플뉴스+ 등도 빠르게 성장하고 있다.

애플은 '애플 생태계'를 구축하는 데 힘을 쏟고 있다. 아이폰 아이패드 맥북 애플TV 등 모든 기기가 애플 운영체제(OS)인 iOS에 연동돼 돌아가는 애플 생태계에 한번 발을 들인 소비자는 쉽게 빠져나오기 힘들다.

실제 애플의 충성 고객은 안드로이드

애플 웨어러블 기기 에어팟을 끼고 음악을 듣고 있는 모습.

STOCK 대형주

사용자에 비해 모바일 앱 및 서비스 가입에 더 많은 돈을 쓰고 있다. iOS의 글로벌 점유율은 10% 수준이지만 매출 기준 점유율은 60% 수준이다. 강력한 하드웨어를 기반으로 수립된 애플의 iOS 생태계는 다시 하드웨어 경쟁력을 강화시키는 선순환 효과도 일으키고 있다. 콘텐츠 및 구독 서비스 모델이 점점 중요한 성장동력으로 자리 잡아가면서 서비스 매출 비중이 커질수록 애플 밸류에이션(실적 대비 주가수준)도 상향될 것으로 증권가는 분석하고 있다.

앱스토어뿐 아니라 아이클라우드, 뮤직, TV+ 등도 사상 최대 매출을 기록하고 있다. 2015년 8.5%에 불과하던 콘텐츠·서비스 매출 비중은 올 2분기 20.7%까지 늘어났다. 독과점 규제 문제가 불거지고 있는 앱스토어에서 구독경제 중심으로 매출처가 옮겨가고 있는 것도 긍정적이다. 2021년 기준 애플의 유료 구독자 수는 7억 명 수준으로 전년 대비 27% 늘었다.

여전히 잘나가는 아이폰

스마트폰 시장이 포화된 지는 오래지만 아이폰은 여전히 애플 전체 매출에서 45%를 차지하고 있다. 아이폰 신제품이 잘 팔리면 애플 주가도 따라 올라가기 때문에 투자자에게도 아이폰 판매 실적은 여전히 중요한 요소다.

매번 '혁신이 없다'는 비판 속에서도 아이폰은 새로운 모델이 출시될 때마다 흥행 돌풍을 이어가고 있다. 2021년 2분기 아이폰 매출은 총 390억5700만 달러로 전년 동기 대비 49.8% 증가했다. 2020년 10월 출시된 아이폰12는 이듬해 2분기까지 누적 판매량 1억 3000만 대를 돌파했다. 역대 최고 판매량을 기록한 아이폰6 시리즈를 뛰어넘는 수치다.

2021년 9월 17일 사전예약을 시작한 아이폰13 역시 출시되자마자 흥행에 성공했다.

특히 세계에서 가장 큰 스마트폰 시장인 중국 매출이 크게 증가하고 있다. 2분기 중국 매출은 148억달러로 전년 대비 58% 늘었다. 아이폰의 중국 매출 비중은 18%에 달한다. 미·중 무역분쟁 이후 2019년부터 화웨이 스마트폰의 경쟁력이 약화된 반사이익도 긍정적인 영향을 미쳤다. 중국 시장의 화웨이 고가 스마트폰 점유율이 애플로 옮겨간 것이다.

신제품 아이폰13 역시 중국 시장에서 흥행 돌풍을 이어가고 있다. 중국에서만 사전예약 첫날 500만 대 이상 판매된 것으로 알려졌다. 이는 애플 중국 온라인 스토어에서 받은 선주문은 포함되지 않은 수치다.

역대급 흥행을 기록한 아이폰12의 강점을 극대화하고 가격은 낮춘 것이 주효했다는 분석이다. 애플은 지금까지 아이폰 신제품을 출시할 때마다 가격을 올리는 고가 전략을 고수해왔지만 이번엔 중국 판매 가격을 전작 대비 300~800위안(약 5만~14만원)가량 낮췄다. 화웨이 샤오미 오포 비보 등 중국 브랜드와의 경쟁이 치열한 상황에서 5G 스마트폰 시장을 선점하기 위해 이례적으로 공격적인 가격 정책을 내놓은 것으로 분석된다.

시장조사업체 트렌드포스는 2021년 9월 보고서에서 연간 아이폰 생산량이 전년 대비 15.6% 증가한 2억2950만 대에 이를 것으로 전망했다. 이 중 아이폰13이 차지하는 비중은 37~39%로 예상했다. 2021년에만 아이폰13이 8500만~8900만 대가량 생산된다는 의미다. 업계에서는 출시 7개월 만에 1억 대가 팔린 아이폰12의 기록을 아이폰13이 깰 것으로 예상하고 있다.

AR 기기 대중화 이끈다

애플의 미래 주가 동력 중 하나는 AR 기기다. 메타버스는 인터넷과 스마트폰을 이을 차세대 정보기술(IT)로 주목받고 있다. 글로벌 시가총액 상위 10개 기업 중 애플 마이크로소프트 아마존 페이스북 텐센트 등 다섯 곳이 이미 참전을 선언했다. 애플은 메타버스 밸류체인 내 대표적인 하드웨어 수

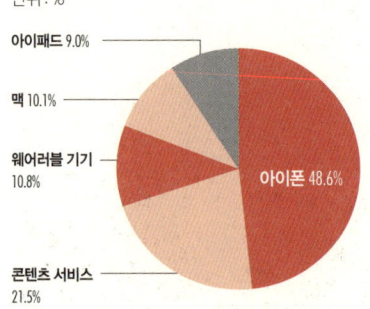

애플의 사업 부문별 매출 비중
단위 : %

- 아이패드 9.0%
- 맥 10.1%
- 웨어러블 기기 10.8%
- 콘텐츠 서비스 21.5%
- 아이폰 48.6%

※2분기(4~6월·애플 회계연도 3분기) 기준

9월 공개된 애플 아이폰 13 시리즈.

혜주로 꼽힌다. AR 기술을 도입한 AR 헤드셋, AR글라스를 통해 AR 기기의 대중화를 이끌 것이라는 전망이 나온다. 스마트폰과 에어팟, 애플워치가 그랬던 것처럼 완성도 높은 제품을 내놓고 새로운 시장을 개척할 것이라는 분석이다.

애플이 내놓을 AR글라스는 단순한 AR 디스플레이가 아니다. 업계에서는 애플 AR글라스에 애플이 자체 개발한 시스템 온 칩(SoC)인 M1 프로세서, 라이다(가상의 물체를 사용자 주변 실제 세계에 투영하는 기능) 기술이 포함된 12개의 카메라 센서, 8K 디스플레이, 시선 추적 기능 등 첨단 기술이 적용될 것으로 보고 있다. 안경을 쓰는 것만으로 눈앞에 홀로그램을 띄워 영화를 보거나 화상회의를 하고, 사진을 찍을 수도 있다. 목적지까지 도달하는 최적의 길도 알려준다.

2025년까지 AR 기술이 창출할 수 있는 시장 규모는 약 800억달러로 추정된다. 이 중 하드웨어는 450억달러다. 시장조사업체 IDC에 따르면 2020년 기업들의 AR 관련 지출은 188억달러였다. 2023년까지 관련 지출이 연평균 77% 성장할 것으로 IDC는 예상했다. NH투자증권은 애플이 AR글라스로 창출할 수 있는 매출 규모를 110억달러로 예상했다. 애플 앱스토어에서 AR 관련 앱이 창출하고 있는 매출(10억달러)의 10배다. AR 사업이 향후 애플 주가 상승의 핵심 재료가 될 수도 있다는 얘기다.

AR GLASS

NH투자증권은 애플이 AR글라스로 창출할 수 있는 매출 규모를 110억달러로 예상했다.

반독점 규제는 변수

애플 주가에 악재로 작용할 변수로 등장한 건 반독점 규제의 칼날이다. 애플은 2011년부터 모든 콘텐츠에 인앱결제를 강제하고 있다. iOS에 입점한 앱이 디지털 상품·서비스를 판매할 때 애플이 개발한 결제 시스템만 사용하도록 강제한 것이다. 애플은 결제액의 최대 30%를 수수료로 받아간다. 유료 앱 시장 점유율이 60% 이상인 애플은 인앱결제를 통해 연간 20조원 넘는 수익을 올리고 있다.

이는 시장 지배적 지위를 이용한 '갑질'이라는 비판이 커지고 있다. 2021년 9월 10일 미 캘리포니아주 오클랜드연방법원은 게임 포트나이트 개발사 에픽게임즈가 애플을 상대로 제기한 소송에서 "90일 안에 외부결제를 허용하라"는 판결을 내렸다. 이에 따라 앱 개발사들은 자체 결제 시스템을 도입할 수 있게 됐다. 애플의 인앱결제 매출도 타격을 받게 됐다.

미 정치권에서는 애플, 구글 등 플랫폼 기업을 겨냥한 반독점법 입법도 추진되고 있다. 이 법안대로라면 페이스북의 인스타그램 인수 같은 M&A는 더 이상 나올 수 없다.

미국 행정부 역시 플랫폼 업체를 대상으로 규제의 칼을 갈고 있다. 조 바이든 미국 대통령은 법무부 반독점국 국장으로 '구글의 적'이라 불리는 조너선 캔터 변호사를 지명했다. 반독점 규제를 강하게 주장해온 인물이다. 한국 공정거래위원회 역할을 하는 연방거래위원회 수장으로는 리나 칸 컬럼비아대 로스쿨 교수를 임명했다. 그는 플랫폼 기업의 독점적 지배력을 규제해야 한다고 주장해왔다. 미 정부가 애플을 비롯한 플랫폼 기업에 '독점 프레임'을 씌우는 데 성공하면 애플의 주가 하락은 불가피하다.

STOCK 대형주

반도체 장비의 황제주
ASML

#실적우상향

#올해 주가상승률 70%

#EUV 노광장비 관련 시장 독점

#잉여 현금흐름 60억 달러 넘어설 전망

주가 흐름 한눈에 보기 단위: 달러

자료: 구글

눈여겨봐야 할 투자 지표

단위: 유로	매출 / 영업이익				상장시장	나스닥
	2020년 3분기	2020년 4분기	2021년 1분기	2021년 2분기	티커명	ASML
	39억5800만 / 12억1590만	42억5400만 / 12억5400만	15억3700만 / 43억5300만	15억6600만 / 40억2020만 / 12억3900만	업종	반도체 장비
					투자의견	매수
					목표주가	861.20달러
					자기자본이익률(ROE)	38.57%
					주가수익비율(PER)	40.4배

자료: 야후파이낸스 ※2021년 9월말 기준

세계 시장을 홀로 독점했지만, 그 누구도 독점에 대한 불만을 제기하거나 규제하지 못하는 회사가 있다. 반도체 극자외선(EUV) 장비를 생산하는 네덜란드 회사 ASML(ASML) 얘기다. 이 회사의 장비를 구하느냐 여부가 반도체 회사들의 생존을 결정하는 상황이 됐다. 만드는 대로 팔리면서 생산능력 확충과 함께 실적도 우상향하고 있다. 주가는 더 가파르게 오름세를 타고 있다.

주가는 5년 만에 8배

ASML은 미국예탁증서(ADR) 형태로 나스닥시장에 상장돼 있다. ASML은 2021년 9월 15일 종가 889.33달러로 사상 최고가를 썼다. 이후 테이퍼링(자산 매입 축소) 등 우려로 조정받아 700달러 후반대로 밀렸다. 하지만 2021년 들어 9월까지 주가 상승률만 70%에 가깝다. 최근 5년간 여덟 배 가까이 뛰었다.

노광장비는 반도체 원재료인 웨이퍼 위에 빛을 쬐어 반도체 회로를 새기는 장비다. 대부분 제조사는 불화아르곤(AaF) 노광장비를 사용하고 있다. 아르곤과 플루오린 가스를 혼합해 빛을 방출한다. 이때 파장은 193nm(1nm=10억분의 1m)다. EUV 파장은 13.5nm에 불과하다. 방출하는 빛의 파장이 작을수록 세밀한 회로를 새길 수 있다. 공정 효율이 높아진다는 뜻이다.

개발부터 양산까지 17년

EUV 노광장비 개발의 역사는 그야말

| 반도체 클린룸 청결도 | 'ISO 1등급' 클린룸 '먼지 제로' 지향 | → ㎥당 100~200nm 크기의 입자가 10개 이하로 깨끗한 상태 → 바깥 공기보다 약 1만 배 더 깨끗 |

자료: ASML 홈페이지

로 장편드라마에 가깝다. 1984년 당시 전자 대기업 필립스와 반도체 장비 제조사인 ASMI가 협력해 ASML을 설립했다. 1997년 들어 EUV를 이용한 방식을 연구하기 시작했다. 1990년대 말부터 투자한 금액만 80억달러다. 글로벌 협력이 주효했다. 독일과 미국의 기계기술과 일본의 화학기술이 합쳐져 시행착오 끝에 2014년에야 양산이 시작됐다. 2016년 6대, 2017년엔 11대를 출하했다. 오랜 연구 끝에 개발한 기술인 만큼 ASML이 관련 시장을 독점하고 있다.

EUV

EUV 노광장비는 구조적으로 수요가 늘고 있다. EUV는 7나노, 5나노 등 미세공정에 유리하다. 비슷한 성능에도 전력 효율을 높일 수 있다.

만드는 대로 팔리네

EUV 노광장비는 구조적으로 수요가 늘고 있다. EUV는 7나노, 5나노 등 미세공정에 유리하다. 비슷한 성능에도 전력 효율을 높일 수 있다. 고성능·저전력을 요구하는 인공지능(AI) 반도체에 필수 요소다. 그래픽처리장치(GPU), 중앙처리장치(CPU), 신경망처리장치(NPU), 프로그래머블반도체(FPGA) 등 성능 향상에 필수 기술이다. 미국 투자은행 에버코어ISI의 CJ 뮤즈 애널리스트가 "대부분 이름을 들어보지 못했지만 세계에서 가장 중요한 기업"이라고 평가한 이유다. 미세공정이 중요한 상황도 EUV 노광장비가 반도체 업체에 필수로 여겨지는 이유다. 파운드리(반도체 수탁생산) 업체인 대만의 TSMC와 삼성전자, SK하이닉스, 미국 마이크론뿐 아니라 중국 내 반도체 업체들도 이 장비를 구하기 위해 혈안이다. 파운드리 시장의 구조적 성장세와 이 회사의 매출이 궤를 같이할 수밖에 없다. 기존 노광장비를 팔았던 ASML 매출에서 EUV 노광장비가 차지하는 비중은 2021년 들어 기존 장비 매출을 넘어섰다.

생산량은 제한적이다. 한 대에 2000억원 가까이 하는 이 장비는 크기도 커서 옮길 때 대형 항공기를 동원하는 것으로 알려져 있다. 2020년에는 31대, 2021년엔 40대를 생산했다. 2022년에는 55대, 2023년 이후에는 60대 이상으로 늘린다. 생산량이 늘어나는 대로 매출도 증가하고, 이에 따라 주가도 오르는 구조다.

주가 상승 이어질까

문제는 주가 상승세가 지속될 여부다. 구조적으로 성장하는 산업은 먼 미래의 실적을 현재에 반영하는 특성이 있다. 이 때문에 ASML의 12개월 선행 주가수익비율(PER)은 40배가 넘는다. 반도체 장비주 가운데 단연 높은 수준이다. 그만큼 장기 기대가 이미 주가에 반영됐다는 뜻이다. 그 사이 예상치 못한 리스크가 발생하면 주가 하락폭이 더 커질 수밖에 없는 상황이다.

하지만 증권업계는 이 같은 상승세가 이어질 것으로 본다. 두 가지 근거가 있다. 우선 이익 구조가 달라지고 있다. EUV 노광장비의 독점력은 ASML이 가격결정권을 쥐고 있다는 의미다. 이 덕에 주당순이익(EPS)은 2020년 8.8달러에서 2021년 12.5달러, 2022년 15.2달러로 급격히 오를 전망이다. 일각에서는 2022년 17~18달러 수준의 EPS 달성이 가능하다고 본다. 수익성 개선은 높은 밸류에이션(실적 대비 주가수준)을 정당화하는 요인이다.

여기에 잉여현금흐름이 쌓이면서 자사주 매입이나 배당 확대 등 주주환원책도 강화할 예정이다. KB증권에 따르면 2021년 41억7900만달러 수준인 잉여현금흐름은 2023년 60억달러를 넘어설 전망이다.

ASML 지역별 매출 단위:%
- 아프리카 중동 1
- 유럽 2
- 미국 12
- 아시아·퍼시픽 85

※2020년 12월 기준

ASML의 주당순이익 전망치 단위: EUR
- 2018: 6.3
- 2019: 6.2
- 2020: 8.8
- 2021: 12.5
- 2022: 15.2

자료: 블룸버그·하나금융투자

STOCK 대형주

중국 소매금융 최강자
자오상은행

#중국 1800개 이상 지점
#2021 상반기 순이익 611억위안
#디지털 은행 전환 속도
#CBDC 개발 프로그램 참여

주가 흐름 한눈에 보기

(단위: 위안)

자료: 구글

눈여겨봐야 할 투자 지표

단위: 위안 / 매출 / 영업이익
2020년 3분기: 476 / 2688
2020년 4분기: 494 / 2070
2021년 1분기: 954 / 3205
2021년 2분기: 498 / 2916

상장시장	상하이·홍콩
티커명	600036·3968
업종	은행
투자의견	-
목표주가	-
자기자본이익률(ROE)	14.76%
주가수익비율(PER)	12.10배

자료: 야후파이낸스 ※2021년 9월말 기준

중국 자오상은행(600036)은 최근 스포츠용품 업체 리닝, 유리 업체 신의글라스 등과 함께 홍콩 증시 벤치마크인 항셍지수(HSI)에 편입됐다. 기존 HSI에 포함됐던 중국 교통은행은 퇴출당했다. 이번에 새로 추가된 3개 종목이 HSI에서 차지하는 가중치는 4.15%다. 자오상은행 2.20%, 리닝 1.65%, 신의글라스 0.48%다.

제프리 챈 랩탁 오리엔탈패트론파이낸셜그룹 파트너는 "중국 정부의 규제가 계속되고 있는 빅테크(대형 정보기술 기업)를 HSI에 추가하지 않은 것은 합리적인 결정"이라며 "중국 정부가 소매와 개인 소비를 촉진할 것으로 예상되기 때문에 자오상은행 같은 종목은 결국 승자가 될 것"이라고 전망했다.

내실 더한 성장 추구

자오상은행은 1987년 중국 개혁·개방의 최전선으로 꼽히는 선전시에서 설립됐다. 중국 기업들이 지분 100%를 보유한 최초의 합자 상업은행으로 출발해 주목받았다. 혁신적인 금융 상품과 서비스를 앞세워 성장 속도도 빨랐다. 자오상은행은 중국에서 1800개 이상의 지점을 운영하고 있으며 직원 수는 9만 명이 넘는다. 홍콩 뉴욕 런던 싱가포르 룩셈부르크 시드니 등에

1800개

자오상은행은 중국에서 1800개 이상의 지점을 운영하고 있으며 직원 수는 9만 명이 넘는다.

자오상은행 대손충당금

2020년 3분기	2020년 4분기	2021년 1분기	2021년 2분기
120	123	205	213

단위: 억 위안
자료: 자오상은행

도 국제금융센터를 두고 있다. 2002년 4월 중국 상하이증권거래소(SSE)에 상장했고, 2006년 9월 홍콩 증시에 진출했다. 대주주는 중국 국유기업 자오상쥐그룹으로 보유 지분은 29.96%다.

자오상은행은 2021년 상반기(1~6월) 611억5000만위안(약 11조1647억원)의 순이익을 거뒀다. 전년 동기(497억 8800만위안)보다 22.8% 증가한 규모다. 순영업이익은 2020년 상반기보다 약 13.9% 늘어난 1688억3000만위안으로 집계됐다.

자오상은행은 "2021년 상반기 품질과 효율성, 규모 등 고루 균형 잡힌 발전을 이뤄냈다"며 "은행의 몸집을 가볍게 하는 동시에 다양한 사업을 올바르게 추진하고 있다"고 강조했다. 또 "자산과 부채 규모는 건전한 성장세를 보였다"고 했다.

디지털 뱅크 전환에 속도

올 들어 9월 말까지 중국 상하이거래소에서 자오상은행 주가는 16.86% 급등했다. 자오상은행의 시가총액은 1조3100억위안 규모로 세계 최대 배터리 업체인 중국 CATL(1조2200억위안)을 웃돈다. 최근 금융정보 업체 리피니티브가 집계한 목표 주가 컨센서스는 62.4위안이다.

전문가들은 자오상은행의 '혁신성'에 주목하고 있다. 금융상품 개발과 혁신과 관련한 사업 비중을 늘려가고 있다는 분석이다. 첫 다기능 직불카드 '올인원 카드', 복합 온라인 뱅킹 서비스 플랫폼 '올인원 넷' 등이 대표적이다. 몸집은 더 가볍게 하면서 다양한 사업 모델을 운용한다는 게 자오상은행의 방침이다. 회사 측은 이를 '하나의 몸, 두 개의 날개(One Body With Two Wings)' 전략으로 부르기도 한다. 자오상은행은 "광범위한 자산 관리 비즈니스 모델과 디지털 모델 등이 통합된 사업 구조를 추구한다"며 "이를 통해 미래 경쟁에서 지배적인 우위를 차지할 것"이라고 했다.

지난 7월 중국 이팡다펀드의 대표 펀드매니저인 장쿤은 올 하반기 주목할 종목으로 은행주를 꼽았다. 은행주가 그동안 저평가됐던 데다 중국 금융당국의 정책 기조가 은행에 유리하게 돌아갈 것으로 판단했기 때문이다.

실제 중국 금융당국이 2020년 10월 알리바바 핀테크 계열사인 앤트그룹의 상장을 중단시키면서 기존 은행 주가가 급등하기도 했다. 자오상은행은 홍콩 증시에서 당시 열흘 만에 18% 급등했다. 중국 핀테크 업체들은 빅데이터 등을 활용해 젊은 소비자가 온라인으로 쉽게 대출받을 수 있도록 해 소비자금융 시장을 잠식해왔다. 기존 중국 은행들은 그동안 정부에 핀테크 업체에 대한 규제 강화를 요구해왔다.

신생 핀테크 업체가 주춤하는 틈을 활용해 자오상은행은 '디지털 은행'으로의 전환에 속도를 내고 있다. 회사 측은 "디지털 은행으로의 전환을 가속화하기 위해 핀테크 비용을 지속적으로 늘리고 기술 역량을 강화했다"

2021년 중국 경제 주요 이슈

ISSUE 1 탄소중립 정책 추진
중국 정부는 2030년 탄소피크, 2060년 탄소중립 달성을 목표로 통합탄소거래소 개설, 녹색금융 활성화 등 탄소중립 정책을 적극 추진

ISSUE 2 글로벌 금융기관 중국진출 가속화
금융시장 대외개방이 점차 확대됨에 따라 투자은행 등 외국계 금융기관의 중국진출이 늘어나고 있으며 향후에도 지속될 전망

ISSUE 3 부동산시장 안정조치 강화
금년 들어 대도시(1선도시)를 중심으로 부동산 가격 상승세가 확대되면서 정책당국은 대출규제 등 부동산시장 안정조치를 강화

며 "디지털 수단을 통한 고객 확보와 디지털 운영 시스템의 수행 능력을 개선 중"이라고 했다. 자오상은행은 올초 중국 중앙은행 디지털화폐(CBDC) 개발 프로그램에 참여하기도 했다. 이 프로그램에는 중국 공상은행, 건설은행, 농업은행, 우정저축은행, 교통은행 등도 참여했다.

자오상은행의 성장성을 눈여겨보는 것은 중국 내 투자자뿐만이 아니다. JP모간체이스는 지난 3월 자사 자산운용 자회사가 자오상은행의 자산운용사 지분 10%를 인수할 계획이라고 발표했다. 중국 은행이 전략적 외국인 투자자에게 문호를 개방한 첫 사례여서 더 많은 주목을 받았다.

STOCK 대형주

글로벌 SNS 1위 기업
페이스북

\# 시가총액 1조달러 클럽
\# 메타버스 연구 5000만 달러 투자
\# VR, XR 넘어 MR까지
\# 개인정보 침해 우려 상존

주가 흐름 한눈에 보기

자료: 구글

눈여겨봐야 할 투자 지표

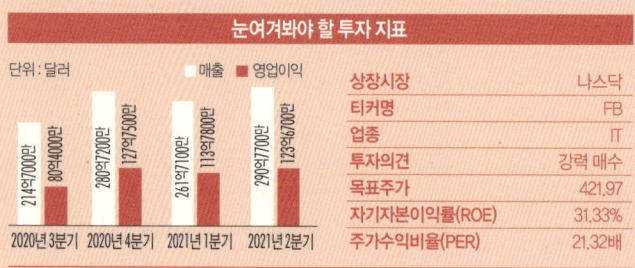

상장시장	나스닥
티커명	FB
업종	IT
투자의견	강력 매수
목표주가	421.97
자기자본이익률(ROE)	31.33%
주가수익비율(PER)	21.32배

자료: 야후파이낸스·팁랭크 ※2021년 9월말 기준

독일 함부르크의 평범한 소녀 테사의 열여섯 살 맞이 생일파티에 느닷없이 1000명 넘는 손님이 몰려들었다. 거대한 인파에 놀란 생일 주인공은 집을 빠져나와 할아버지 집으로 피신했다. 질서 유지를 위해 경찰 100여 명과 소방차까지 출동했다. 이 소동은 테사가 페이스북(FB)에 '친구 공개'로 올리려던 생일파티 초대장을 '전체 공개'로 전 세계 이용자들이 볼 수 있게 게시하면서 벌어진 일이었다.

2011년의 일이다. 10년 새 페이스북의 영향력은 더욱 커졌다. 당시 페이스북 월 활성 이용자 수는 10억 명을 넘기지 못했다.

2021년 페이스북은 세계 인구 78억 명 중 약 30억 명이 사용하는 세계 최대 SNS로 자리매김했다. 지구인의 절반가량이 페이스북이 구축한 세상에서 친구를 만나고, 연애하고, 정보를 공유하고, 물건을 사는 셈이다. 2012년 인수한 인스타그램까지 합치면 그 규모는 더 커진다.

이용자 수 확대는 곧 실적과 주가를 끌어올렸다. 페이스북은 2012년 5월 18일 상장 이후 약 9년 만인 2021년 6월 미국 기업 중 다섯 번째로 '시가총액 1조달러 클럽'에 입성했다. 독점 규제 리스크 등으로 중간중간 부침을 겪으면서도 페이스북 주가는 상장일부터 2021년 9월까지 약 800% 치솟았다. 명실상부 1위 소셜미디어 그룹을 넘어 메타버스 대장주 자리를 노리고 있는 페이스북의 질주는 어디까지일까.

숫자로 보는 페이스북	**18세** 마크 저커버그, 18세에 AI 기반 음악 다운로드 프로그램 개발	**1조 달러** 미국 기업 중 5번째로 '시가총액 1조달러 클럽' 입성	

美 증시 이끈 'FAANG' 중 하나

페이스북은 2010년대 초부터 미국 나스닥의 상승세를 주도해온 'FAANG(페이스북·애플·아마존·넷플릭스·구글)' 중 하나다. '서학개미'가 사랑하는 종목이기도 하다. 한국예탁결제원 증권정보포털 세이브로에 따르면 2021년 9월 말 기준 페이스북은 국내 해외주식 투자자들이 열다섯 번째로 많이 보유한 미국 주식으로, 규모는 4억5402만1216달러(약 5377억원)에 달한다.

2012년 나스닥 입성 초반 성적은 초라했다. 미국 주식 역사상 두 번째로 큰 규모의 기업공개(IPO)로 세계 기대를 한 몸에 받으며 상장했지만 3개월 동안 지지부진한 흐름을 보였다. 상장 시점에 거래소 전산 오류로 거래에 차질을 빚은 데다 '거품 논란'까지 불거졌다. 그해 9월 초에는 공모가 대비 절반으로 추락했을 정도다.

상황이 반전된 건 마크 저커버그 최고경영자(CEO)가 무대에 오르면서부터다. 저커버그는 2012년 9월 11일 미국 정보기술(IT) 전문 매체 테크크런치가 개최한 온라인 창업 콘퍼런스에서 독설가로 악명이 높았던 마이클 애링턴 테크크런치 CEO와 대담했다. "나는 차라리 저평가받겠다. 그러면 일탈의 자유를 누리며 재밌게 일할 수 있다"는 저커버그의 단호함과 자신감에 시장이 다시 반응하기 시작했다. 데스크톱에서 모바일로 넘어가던 시기, 페이스북을 스마트폰 환경에 최적화시키기 위해 벌이고 있는 각종 노력이

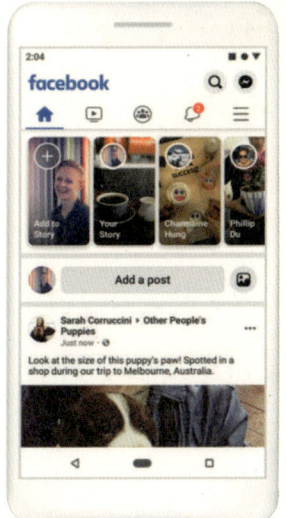

30억 명
인구 78억 명 중 약 30억 명이 사용

페이스북 그룹 월 활성 이용자 수 추이
단위: 십억 명

2019년 2분기	2.76
2019년 3분기	2.82
2019년 4분기	2.89
2020년 1분기	2.99
2020년 2분기	3.14
2020년 3분기	3.21
2020년 4분기	3.30
2021년 1분기	3.45
2021년 2분기	3.51

*페이스북, 페이스북 메신저, 인스타그램, 와츠앱 합산
자료: 페이스북

비용이 아니라 투자라는 사실을 강조했다. 다음날 하루에만 주가가 7% 넘게 뛰었다. 이후 페이스북 주가는 우상향 그래프를 그렸다. 물론 매출 증가율이 2012년 2분기 32%에서 2014년 1분기 72%로 뛸 정도로 실적이 받쳐줬기에 가능한 일이었다.

'너드의 신화' 마크 저커버그

"페이스북의 모든 것은 마크 저커버그와 함께 시작됐다."

페이스북 개발자 출신 마이크 회플링거가 쓴 책 〈비커밍 페이스북〉 서두에 나오는 말이다. 저자는 페이스북의 시작, 그리고 반등을 설명하려면 창업자이자 CEO인 저커버그를 들여다봐야 한다고 단언한다.

저커버그는 IT업계 '너드(nerd·괴짜)' 신화 그 자체다. 18세에 인공지능(AI) 기반 음악 다운로드 프로그램을 개발해 마이크로소프트로부터 매각 제안을 받았는데 거절한 일은 실리콘밸리에서 전설처럼 전해진다.

페이스북의 전신 '페이스매시(Facemash)'는 하버드대 기숙사 방, 저커버그의 손끝에서 탄생했다. 그는 장난삼아 하버드대 재학생 사진과 개인정보를 해킹해 여성 두 명의 사진을 나란히 붙여놓은 뒤 더 매력적인 외모의 학생에게 투표하도록 해 순위를 매겼다. 쉽게 말해 '외모 평가 사이트'다. 페이스매시는 하버드대에서 화제를 끌며 개설 하루 만에 방문자 수 450명, 총 투표 2만2000건이라는 기록을 세웠다. 하지만 당연히 개인정보

STOCK 대형주

15번째 해외주식 투자자들이 15번째로 많이 보유한 미국 주식

침해, 여성 비하 논란에 휩싸였고 저커버그는 교내 징계를 받았다.

이 사건 이후 저커버그는 2004년 '자발적 참여'와 '공개 범위 설정'을 핵심으로 한 소셜네트워크 사이트 '페이스북'을 만들었다. 처음에는 하버드대학생 중심으로 퍼져나갔지만 점차 미국 모든 대학, 전 세계 대학생, 나아가 세계인으로 영역을 넓혔다. 저커버그는 2008년 세계 최연소 억만장자에 등극했다. 2010년에는 26세의 나이로 타임지가 선정한 '올해의 인물'에 뽑혔다. 이 극적인 창업 스토리는 일찌감치 할리우드의 마음을 사로잡았고 2010년 영화 '소셜 네트워크'로 제작됐다.

저커버그는 공식석상에도 매일 똑같은 회색 티셔츠에 슬리퍼 차림을 고수해왔다. 회사를 가장 잘 운영할 방법을 고민하는 것 외에 마주쳐야 할 선택지의 수를 최대한 줄이고 싶어서다. 그는 동시에 2015년을 '책의 해'로 선언하고 2주에 한 권씩 책을 읽으며 경영 아이디어를 얻은 SNS CEO이기도

마크 저커버그 페이스북 최고경영자

하다. 성공적인 페이스북 경영이라는 목표를 위해서라면 수단과 방법을 가리지 않는다.

페이스북도 마찬가지다. '연결'이라는 본질적 기능에 최대한 집중한다. 메신저, 커뮤니티, 뉴스 기사 등을 페이스북 안으로 끌어들였다. 경쟁자가 나타나면 공격적으로 흡수했다.

공격적 M&A

SNS업계라고 경쟁이 없을 리 없다. 2010년 말 혜성처럼 등장한 '인스타그램'은 SNS업계의 판도를 뒤흔들었다. 그간 페이스북, 트위터 등 글자를 기반으로 한 SNS와 달리 인스타그램은 사진 중심의 직관적 채널이라는 강점을 앞세웠다.

인스타그램을 따라 페이스북도 사진 기능을 강화할 것으로 사람들은 예상했다. 하지만 아니었다. 페이스북은 페이스북대로 뒀다. 그 대신 2012년 인스타그램을 10억달러에 인수했다. 막대한 돈을 지불하고 직원 13명에 불과한 창업 16개월차 스타트업을 인수하자 거품 논란이 일었다. 하지만 2021년 현재 인스타그램의 기업가치는 1000억달러가 넘는다. 페이스북의 인스타그램 인수는 2006년 구글의 유튜브 인수와 함께 실리콘밸리 인수합병(M&A) 성공 사례로 꼽힌다.

이후 페이스북은 무료 인터넷 전화·메신저 앱 와츠앱을 포함해 90개 이

5000만달러

페이스북은 향후 2년간 세계 학술기관의 메타버스 관련 연구를 지원하기 위해 5000만달러를 투자하겠다고 밝혔다.

상의 기업을 인수했다.

2014년 인수한 오큘러스는 가상현실(VR)·확장현실(XR) 디바이스를 넘어서 메타버스 생태계로의 도약을 의미했다. 메타버스는 초월·가상을 뜻하는 메타(meta)와 현실세계를 의미하는 유니버스(universe)의 합성어로 현실을 초월한 가상의 세계를 말한다. 메타버스산업이 급성장하는 가운데 몰입도를 좌우할 관련 디바이스 시장도 지속적으로 확대될 전망이다. 오큘러스는 XR 기기 글로벌 시장 점유율 75%에 달한다.

메타버스 올라탄 페이스북

'사람들에게 공동체를 꾸리고 세계를 더 가깝게 할 수 있는 힘을 주자(Give people the power to build community and bring the world closer together).'

페이스북이 2017년 새로 채택한 사훈은 메타버스를 겨냥한 문장이라고 해도 과언이 아니다. 페이스북은 2010년대 중반부터 메타버스를 미래 사업으로 꼽고 투자해왔다. 저커버그 CEO는 2021년 7월 아예 "페이스북은 5년 내 메타버스 기업이 될 것"이라고 선언했다.

8월 공개된 '호라이즌 워크룸'은 페이스북이 구상하고 있는 메타버스 밸류체인을 가능하게 했다. 페이스북이 2년6개월간 개발한 호라이즌 워크룸은 가상 협업 플랫폼이다. 페이스북

5377억 원 4억5402만1216달러
(약 5377억원) 규모 보유

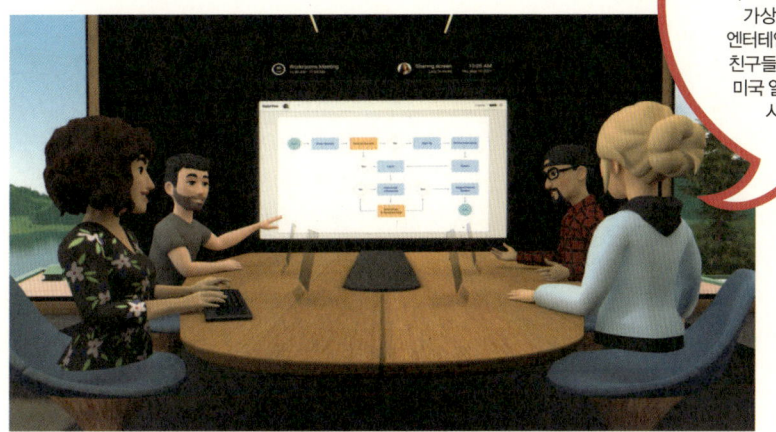

'페이스북 호라이즌 (Facebook Horizon)'
영화 '레디 플레이어 원(Ready Player One)'의 현실판. 가상 세계를 통해 영화, 게임, 엔터테인먼트 등 다양한 콘텐츠를 친구들과 즐길 수 있는 콘텐츠로, 미국 일부 이용자들을 대상으로 시범적 서비스 진행 중

페이스북이 만든 가상세계

의 VR 기기 '오큘러스 퀘스트2'를 착용하면 자신의 아바타를 통해 가상회의 테이블에 앉아 화상회의에 참여할 수 있다.

페이스북은 이어 9월엔 향후 2년간 세계 학술기관의 메타버스 관련 연구를 지원하기 위해 5000만달러를 투자하겠다고 밝혔다. 한국에서는 서울대가 포함됐다. 페이스북의 이 같은 투자에는 세계 메타버스 인재와 특허를 빨아들이겠다는 의지가 담겨 있다.

중독·독점 논란은 리스크

물론 페이스북의 미래가 마냥 밝은 것은 아니다. 틱톡, 스냅챗, 핀터레스트, 트위터 등 경쟁자들이 SNS 점유율 1위 자리를 호시탐탐 노리고 있다. CNBC에 따르면 바이트댄스의 영상 기반 SNS 틱톡의 월간 이용자 수는 2018년 1월 5500만 명에 불과했는데 최근 10억 명을 넘어섰다.

중독, 청소년 유해성 논란도 있다. 2021년 3월 페이스북은 어린이용 인스타그램 출시 계획을 밝혔는데 이후 9월 월스트리트저널이 "페이스북은 인스타그램의 청소년 해악성을 인지하고도 이를 방관했다"고 폭로해 사업을 잠정 중단해야 했다. 최근에는 내부 고발 이슈가 다시 터졌다.

독점 논란은 페이스북을 비롯한 빅테크(대형 IT 기업)를 위협하고 있다. 미국의 반독점 규제 당국인 연방거래위원회(FTC)는 "페이스북이 독점적 시장 지위를 유지하기 위해 경쟁 업체 또는 신생 기업을 '사들이거나 묻어버리는(buy or bury)' 전략을 사용했다"며 반독점법 위반 소송을 진행 중이다.

개인정보 침해 우려에서도 자유롭지 못하다. 전 세계 이용자들의 데이터를 쥐고 있는 페이스북은 이 데이터를 기반으로 광고 사업 등을 펼치고 있다. 보안을 강점으로 내세우는 애플과 페이스북이 충돌하는 이유다. 페이스북 매출의 90% 이상이 광고 수익에서 나온다. 애플이 앱 개발사가 이용자 동의 없이는 데이터를 수집할 수 없도록 아이폰 보안정책을 강화하자 페이스북 광고 효과가 감소했다. 2021년 2분기 실적 발표에서 데이브 웨너 페이스북 최고재무책임자(CFO)가 "규제 및 플랫폼 변화로 매출 성장이 둔화될 수 있다"고 하자 시간 외 거래에서 페이스북 주가는 5%대 급락했다.

이 같은 고비만 넘긴다면 페이스북의 확장성은 무한하다. 장기적으로는 메타버스가, 단기적으로는 광고와 커머스 수익이 페이스북의 실적을 끌어올릴 전망이다. 페이스북, 인스타그램, 와츠앱 등 주요 SNS에 커머스 기능이 이제 막 추가된 단계로 2021~2022년 가시적인 성과를 기대할 수 있다. 2021년 8월 블룸버그에 따르면 페이스북 영업이익은 2020년 약 320억달러였는데 2021년 450억달러 이상, 2022년 500억달러 이상으로 늘어날 것으로 추산됐다. 시총 1조달러가 넘는데 12개월 선행 주가수익비율(PER)은 21배 수준이다(2021년 9월 기준).

'두렵지 않다면 무엇을 하겠는가?' 페이스북 사옥 곳곳에 저커버그가 붙여 놓은 문구다. 두려움과 가능성. 이 질문은 페이스북의 미래를 고스란히 함축하고 있다.

STOCK 대형주

구름에 올라타자 공룡이 부활했다
마이크로소프트

#시가총액 2조달러 돌파
#MR 활용 협업 플랫폼 Mesh
#엑스박스 클라우드 게이밍 서비스
#윈도우도 구독시대

주가 흐름 한눈에 보기

자료: 구글

눈여겨봐야 할 투자 지표

상장시장	나스닥
티커명	MSFT
업종	소프트웨어
투자의견	강력 매수
목표주가	336.19
자기자본이익률(ROE)	47.08%
주가수익비율(PER)	28.60배

자료: 야후파이낸스·팁랭크 ※2021년 9월말 기준

'제국의 역습(The Empire strikes back)' 그리고 '나델라상스(Nadellaissance)'. 2019년 5월 블룸버그 비즈니스위크가 마이크로소프트(MSFT)의 부활과 그 부활을 이끈 사티아 나델라 최고경영자(CEO)에 대해 표현한 단어들이다. MS가 애플을 꺾고 시가총액 1위 자리를 되찾은 시기였다. 나델라는 당시 블룸버그와의 인터뷰에서 "마이크로소프트 직원들에게는 아주 나쁜 습관이 있었는데, 과거의 성공 경험에 취해 스스로를 전진하지 못하는 것"이라며 "요즘 우리는 과거의 성공을 뒤돌아보지 않는 법을 배우고 있다"고 설명했다.

독점에 취해 '모바일 시대'를 놓치다

MS 주가 그래프를 보면 나델라의 취임 시점을 유추할 수 있다. 줄곧 박스권에 갇혀 있던 MS 주가는 2014년을 기점으로 포물선을 그리며 급등한다. 2014년 1월 37.16달러이던 주가는 매일 최고치를 경신했다. 2021년 9월 16일 305.22달러로 고점을 찍었다. 2014년과 비교하면 720% 뛰었다.

MS는 PC 시대의 상징 같은 존재였다. 운영체제(OS) 윈도(Windows)는 가정용 컴퓨터 시장을 지배했다. OS뿐만 아니라 오피스(Office)도 비즈니스업계의 표준으로 받아들여졌다.

2007년 이후 MS는 구조적 위기를 맞았다. 스마트폰과 태블릿PC 시장이 빠르게 성장한 것이 위협이었다. 스마트폰과 태블릿PC는 기존의 PC 시장을 잠식해나갔다. 이를 주도한 것은 애

| 지속가능한 지구를 위한 MS의 노력 | **1** 2025년까지 MS 에너지 공급 100% 재생 가능 | **2** 82만 5천개 탄소중립형 게임기 제작 |

플이었다. 와이콤비네이터 공동창업자 폴 그레이엄은 2007년 "MS는 죽었다"며 "아무도 MS를 두려워하지 않는다"고 말하기도 했다. 2013년 스티브 발머 CEO가 노키아 휴대폰 단말기 부문을 인수했지만 역부족이었다.

독점에 가까운 점유율을 자랑하던 소프트웨어 부문에서도 지배력을 잃어갔다. OS에서는 애플 iOS와 구글 안드로이드가, 브라우저에서는 구글 크롬이 치고 올라왔다. 두터운 팬층을 확보한 아이폰과 아이패드는 iOS를 중심으로 한 애플 생태계를 형성했다. 애플 시가총액은 무섭게 불어났다. 2010년 애플은 당시 시가총액 2위였던 MS를 처음으로 제쳤다. 산업의 패러다임이 PC에서 모바일로 완전히 이동했음을 보여주는 '사건'이었다.

구글이 모바일 시대의 또 다른 경쟁자로 떠올랐다. 안드로이드는 '오픈 OS 전략'으로 빠르게 시장을 확대했다. 빌 게이츠는 자신이 저지른 최대 실수로 구글에 안드로이드 출시 기회를 내

Nadellaissance

'제국의 역습(The Empire strikes back)' 그리고 '나델라상스(Nadellaissance)'. 2019년 5월 블룸버그 비즈니스위크가 마이크로소프트(MS)의 부활과 그 부활을 이끈 사티아 나델라 최고경영자(CEO)에 대해 표현한 단어들이다.

준 것을 꼽았을 정도다. 2019년 게이츠는 "소프트웨어, 특히 플랫폼은 승자독식의 세계"라며 "내가 어떤 방식으로든 MS가 안드로이드처럼 되도록 경영하지 못한 게 역대 가장 큰 실수"라고 말했다.

창(Windows)을 깨고 구름(Cloud)에 올라타다

2014년, 인도 출신 개발자가 위기의 MS를 구원할 수장으로 임명됐다. 1992년 MS에 입사한 지 20년 만의 일이었다. 나델라가 취임 후 한 일은 과거의 업적인 '윈도'를 걷어내는 것이었다. 그가 내세운 새로운 비전은 '클라우드 퍼스트'였다.

MS의 클라우드 플랫폼 '애저(Azure)'의 총책임자 출신인 나델라는 클라우드 시장에 MS의 미래가 있다고 봤다. 클라우드는 컴퓨터로 작업한 데이터를 개인용 PC가 아니라 외부 서버에 저장하는 기술이다. 당시 아마존의 '아마존웹서비스(AWS)'가 장악하고 있는 시장이었다. 나델라는 클라우드에 MS가 잘하는 것을 결합했다. 자사 소프트웨어를 클라우드 시대에 맞게 진화시켰다. 여러 기기에서 번거로운 설치 과정 없이 실행 가능한 클라우드형 '오피스365' 구독 서비스를 출시한 게 대표적 사례다.

경쟁사를 배척하는 폐쇄적인 전략에서 개방 전략으로 선회했다. MS는 애플 아이폰과 구글 안드로이드폰에 모두 사용할 수 있도록 오피스 앱을 개발했다. 이전까지는 그들이 경쟁자라

클라우드 기업 시장 점유율

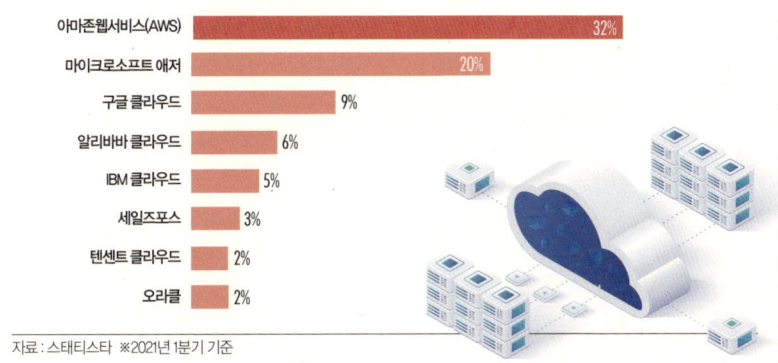

아마존웹서비스(AWS)	32%
마이크로소프트 애저	20%
구글 클라우드	9%
알리바바 클라우드	6%
IBM 클라우드	5%
세일즈포스	3%
텐센트 클라우드	2%
오라클	2%

자료: 스태티스타 ※2021년 1분기 기준

STOCK 대형주

는 이유로 오피스 앱을 개발하지 않았다. 아이폰과 아이패드에서 오피스 앱을 사용할 수 있게 되면 이는 곧 윈도 PC 점유율 하락으로 이어진다고 생각했기 때문이다.

윈도에 대한 투자를 줄이고, 세계에 수많은 데이터센터를 구축하며 아마존 추격에 나섰다. 그 대신 1위와는 거리가 멀어진 스마트폰 사업에서 과감하게 발을 뺐다. 2013년 노키아로부터 인수한 무선사업부를 2016년 폭스콘에 매각했다. 클라우드로의 전환은 성공적이었다. 현재 54개 지역에 글로벌 데이터센터를 보유하고 있다. MS 애저의 1분기 기준 클라우드 시장 점유율은 20%로 아마존 AWS(32%)를 추격하고 있다.

부족한 것은 더하다, 링크트인·깃허브·뉘앙스 M&A

과감한 인수합병(M&A)을 통해서도 혁신에 나섰다. MS는 2016년 직장인 중심의 소셜미디어 링크트인을 262억 달러에 사들였고, 2018년에는 개발자 커뮤니티인 깃허브를 75억달러에 인수했다. MS는 단숨에 직장인 5억 명의 개인정보와 2800만 명 이상 개발자의 아이디어를 손에 넣었다. 월스트리트저널은 "MS가 2012년 보유하고 있던 600억달러 규모의 현금이 부활의 밑거름이 됐다"며 "MS의 부활은 일정 규모 이상의 대형 기술기업이 지닌 힘을 보여준다"고 보도했다.

시장은 '제국의 부활'에 환호했다. 2018년 11월, 애플 시가총액을 넘어서며 20년 만에 세계 시가총액 1위 자리를 되찾기도 했다. 리드 헤이스팅스 넷플릭스 CEO는 "역사상 그 어떤 소프트웨어 기업도 (MS처럼) 실패를 경험한 뒤 성공적으로 되살아난 사례를 본 적이 없다"고 설명했다.

2021년 4월, 또 한 번의 '빅딜'을 발표했다. 인공지능(AI)·음성인식기술 업체 뉘앙스커뮤니케이션스를 197억달러에 인수했다. 1992년 설립된 뉘앙스는 애플이 음성인식 소프트웨어 시리를 개발할 때 협력한 것으로 알려져 있다. 아마존 '알렉사', 구글 '구글 어시스턴트' 등 플랫폼 기업 간 음성인식 비서 서비스 경쟁이 치열해지는 상황에서 MS도 승부수를 던진 것이다.

뉴욕타임스는 뉘앙스가 의료용 AI 서비스를 제공하는 데 주목했다. 최근 아마존 구글 등 플랫폼 기업들은 앞다퉈 의료 데이터 시장에 진출하고 있다. 헬스케어산업이 이들의 새로운 먹거리가 된 것이다.

게이밍업계의 넷플릭스를 꿈꾼다

한때 MS에서 혁신이 사라졌다는 평가를 받았을 때 버텨준 사업이 하나 있다. 엑스박스(Xbox) 등 게임 사업이다. MS가 세계 최고의 소프트웨어 기업이 아니라 '게임 기업'이 되는 것 아니냐는 얘기가 나올 정도로 엑스박스는 어려운 시절 효자 노릇을 톡톡히 했다.

발머는 게임 시장의 힘을 과소평가했

마이크로소프트가 선보인 혼합현실(MR) 플랫폼 '메시(Mesh)'

CLOUD

2021년 6월 나델라 CEO는 자사 게임 사업 로드맵을 공개하며 "MS는 게임에 올인하는 회사(MS is all in on games)"라고 말했을 정도로 이 사업의 성장성에 큰 기대를 걸고 있다.

지만, 나델라는 달랐다. 엑스박스와 클라우드의 경쟁력을 결합해 '클라우드 게이밍' 시장을 공략한다. 2021년 6월 나델라 CEO는 자사 게임 사업 로드맵을 공개하며 "MS는 게임에 올인하는 회사(MS is all in on games)"라고 말했을 정도로 이 사업의 성장성에 큰 기대를 걸고 있다.

엑스박스 클라우드 게이밍 서비스가 대표적이다. 매달 일정 금액을 구독료로 내면 여러 기기에서 무제한으로 게임을 이용할 수 있는 서비스다. 친구가 멀티플레이 초대장을 보내면, 자신의 엑스박스에 게임이 설치돼 있지 않아도 바로 게임에 합류할 수 있다. 콘솔 게임은 고용량인 경우가 많아 게임을 다운로드하는 데 시간이 걸릴 뿐만 아니라 저장 용량도 많이 차지한다. 클라우드 게이밍을 활용하면 저장 공간을 확보하지 않아도 되고, 다양한 게임을 원할 때 바로 플레이할 수 있다. 소파에서 대형 TV를 보며 콘솔에서 하던 게

| 지속가능한 지구를 위한 MS의 노력 | **3** 2030년까지 탄소 배출 네거티브 도전 | **4** 환경 과제 해결 위해 5천만 달러 투자 약속 |

Challenge us with new ways of seeing.

임을 외출해서 태블릿PC로, 잠들기 전 모바일 기기로 이어가며 즐기는 것도 가능해진다.

글로벌 정보기술(IT) 공룡들은 잇따라 클라우드 게이밍 시장에 뛰어들고 있다. 아마존과 엔비디아는 각각 '루나'와 '지포스나우' 등 클라우드 게이밍 서비스를 내놨다. 페이스북도 '페이스북 게이밍'을 선보이며 이 시장에 뛰어들었다. 게임을 스트리밍으로 하게 되면 데이터 사용량이 급증한다. 엑스박스 클라우드 게임 서비스 이용자가 늘어날수록 클라우드 애저 점유율도 높아지는 구조다.

코로나19 이후, 혼합현실로 일터가 바뀐다

클라우드와 오피스 등 업무에 필요한 소프트웨어를 제공하는 MS는 일터의 변화에 가장 민감하게 대응하고 여기에 필요한 솔루션을 제공한다. 코로나19로 재택근무가 확산되자 새로운 개념의 일터를 구현했다. 서로 다른 곳에 있어도 실제 같은 공간에 있는 것처럼 가상공간에서 여러 사용자가 소통하고 협력할 수 있는 협업 플랫폼을

WINDOWS 365

'오피스365' 구독 서비스가 높은 성장률을 기록하자 OS도 구독형으로 제공하기 시작했다. '윈도365' 구독 서비스를 선보인 것.

2021년 3월 공개했다. 혼합현실(MR·mixed reality) 플랫폼 '메시(Mesh)'다. 예를 들어 세계 각지에 근무하고 있는 건축가들이 MS 홀로렌즈 헤드셋을 쓰면 눈앞에 건축물 홀로그램이 나타나고, 이들은 따로 한곳에 모이거나 모형을 만들 필요 없이 이 홀로그램 영상을 자유자재로 움직이며 회의할 수 있게 된다. 메시는 기존의 협업 플랫폼 '팀즈(Teams)', 지능형 비즈니스 플랫폼 '다이나믹스365' 등과 통합해 사용될 예정이다.

클라우드 플랫폼 애저도 AI를 만나 무한히 진화하고 있다. △최첨단 AI 솔루션 구축·관리를 지원하는 '애저 퍼셉트(Azure Percept)'를 비롯해 △무제한 분석 서비스로 작업을 빠르게 진행하는 '애저 시냅스 패스웨이(Azure Synapse Pathway)' △데이터 매핑을 지원하는 '애저 퍼뷰(Azure Purview)' 등이 대표적이다.

'구독형 서비스'로 비즈니스 모델 전환

헬스케어산업과 클라우드 게이밍, 혼합현실 플랫폼 등 MS가 미래 산업으로 육성하고 있는 사업의 토양이 되는 것은 클라우드다. PC, 스마트폰, 태블릿 등 다양한 기기에서 작업이 이뤄지는 클라우드 시대에 맞춰 소프트웨어를 내려받아 한 기기에서만 사용하는 게 아니라 여러 기기에서 무제한으로 사용하되 매달 구독료를 내는 방식으로 비즈니스 모델도 바뀌었다.

'오피스365' 구독 서비스가 높은 성장률을 기록하자 OS도 구독형으로 제공하기 시작했다. '윈도365' 구독 서비스를 선보인 것. 무료 평가판이 출시됐을 당시 하루 만에 서비스를 임시 중단했다. 신청자가 너무 많아 준비한 클라우드 서버가 부족했기 때문이다. 시장에서는 소프트웨어를 구독형 서비스로 전환하면서 안정적인 현금 흐름을 창출할 수 있을 것으로 기대하고 있다.

코로나 시대에 클라우드의 중요성이 부각되며 주가는 고공행진을 이어갔다. 2021년 6월에는 시가총액 2조달러를 돌파하며 미국 상장사 중 시총 2조달러를 넘어서는 두 번째 기업이 됐다. 빅테크(대형 IT 기업)의 가장 큰 리스크는 규제다. 하지만 다른 빅테크들과 비교해 MS의 리스크는 제한적이라는 분석이다.

STOCK 대형주

게임산업 진출한 '오리지널' OTT
넷플릭스

#코로나19에도 안정적
#세계 190여개국 서비스
#수익다변화 전략
#장기성장 모멘텀

주가 흐름 한눈에 보기

자료: 구글

눈여겨봐야 할 투자 지표
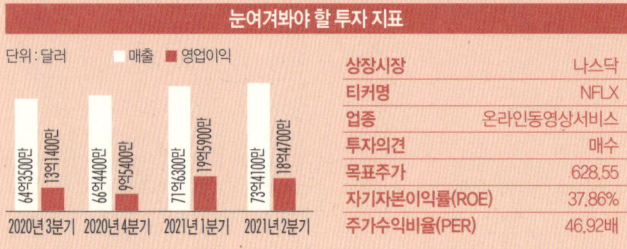

상장시장	나스닥
티커명	NFLX
업종	온라인동영상서비스
투자의견	매수
목표주가	628.55
자기자본이익률(ROE)	37.86%
주가수익비율(PER)	46.92배

자료: 야후파이낸스·팁랭크   ※2021년 9월말 기준

온라인동영상서비스(OTT) 업체 넷플릭스(NFLX)는 글로벌 선두 인터넷 엔터테인먼트 사업자다. 미국 내 비디오테이프 대여점에서 시작해 전 세계 소비자의 '집콕' 생활을 즐겁게 해주는 스트리밍 서비스 기업으로 변신한 혁신의 귀재다. 현재 세계 190여 개국에 서비스를 제공하고 있다. 2021년 2분기 기준 유료가입자 수는 2억900만 명에 달한다.

코로나19 특수 끝나도 '안정적'
넷플릭스 같은 언택트 서비스 업체들은 2020년 코로나19 반사이익을 톡톡히 누렸다. 방역을 위한 각국의 봉쇄 조치로 이동에 제한을 받거나 재택근무를 해야 했던 사람들이 넷플릭스에 새로 유입됐고, 플랫폼에 머무는 시간을 늘린 것이다. 코로나19로 자체 콘텐츠 제작이 차질을 빚으면서 비용은 감소했지만 유료 가입자는 가파르게 증가했다.
이에 따라 코로나19 사태가 마무리되고 다시 정상 생활로 복귀하면 넷플릭스가 얻은 코로나19 반사이익이 끝나는 것 아니냐는 회의적 전망도 나온다.
2021년 2분기 실적 발표에서 북미권 매출 비중이 2019년 약 50%에서 44%까지 하락한 것으로 집계되면서 이 같은 우려에 힘이 실렸다. 그러나 하나금융투자는 "북미권 유료가입자의 성장률은 둔화됐지만 TV 시청 시간 기준으로 점유율이 7%에 불과해 중장기적 성장 여력이 충분하다"고

> **코로나19 블루오션 OTT시장 전망**
>
> **1** OTT 사용자 약 6억명, 5년 후엔 15억명 육박 예상
>
> **2** 2021년 국내 OTT시장 3조원 이상 전망
>
> **3** 2021년 2분기 기준 넷플릭스 유료가입자 수 2억 900만 명

분기별 유료가입자 추이

자료: 넷플릭스·블룸버그·하나금융투자

분석했다.

특히 비영어권 국가에 대한 투자 규모가 2019년 대비 두 배 이상 증가하면서 북미를 제외한 지역에서의 유료가입자 수가 폭증하고 있다는 평가가 나온다. 수익성은 OPM(영업이익률) 기준 2019년 12.9%에서 이듬해 18.3%로 늘었는데, 2021년엔 20%까지 상승할 수 있을 것으로 전망됐다.

비디오테이프 대여점에서 출발

넷플릭스는 리드 헤이스팅스 최고경영자(CEO)가 1997년 설립했다. 소프트웨어 개발자 출신인 그는 인터넷을 뜻하는 '넷'과 영화 주문을 의미하는 '플릭스'를 합쳐 사명을 지었다. 인터넷으로 영화를 주문하면 비디오테이프를 우편으로 배송해주는 회사였다. 직원 30명에 콘텐츠가 1000개도 안 되는 영세 업체에 불과했다.

1999년부터는 월 5달러를 내면 넷플릭스의 비디오테이프를 무제한 빌릴 수 있는 구독 서비스를 시작했다. 다른 업체와 달리 연체료도 받지 않았

다. 넷플릭스의 회원 수는 급속도로 불어났다. 급기야 미국 최대 오프라인 비디오 대여 업체였던 블록버스터의 경쟁사로 떠올랐다. 하지만 넷플릭스는 늘 적자에 시달렸다. 이용 요금이 저렴한 데다 비디오테이프 유통 속도가 너무 느렸기 때문이다.

헤이스팅스는 또 한 번 변신을 꾀했다. 기업공개(IPO)를 통해 성장에 필요한 자금을 마련했다. 이어 미국 내 각 지역에 물류센터를 구축했다. 콘텐츠 유통 속도를 높이기 위해서다. 그 덕분에 비디오테이프를 신청하면 당일 또는 다음날 받아볼 수 있게 됐다.

'유료' 스트리밍으로 성장

헤이스팅스는 2007년 인터넷 동영상 스트리밍(실시간 재생) 서비스를 출시했다. 넷플릭스 주가는 사상 최고가를 갈아치우는 등 상승세를 이어가고 있다. 한

OTT
OTT(Over The Top)는 인터넷을 통해 볼 수 있는 서비스를 말한다.

국 오리지널 드라마 '오징어 게임' 등의 인기에 콘텐츠 경쟁력이 부각되고 있다는 분석이 나온다.

전체 매출의 99%가 스트리밍 서비스에서 발생한다는 점에서 수익 다변화 전략이 필요한 시점이다. 넷플릭스는 최근 실적 발표에서 비디오게임 시장 진출을 공식적으로 밝혔다. 이를 위해 일렉트로닉아츠(EA) 등 게임 업체 출신 마이크 버듀를 게임 개발 부문 부사장으로 영입했다. 연내 관련 인력 확보를 완료한 뒤 2022년을 목표로 서비스를 출시할 계획이다.

업계에서는 외부 개발업체를 인수한 뒤 자사 오리지널 콘텐츠를 활용한 게임을 제작해 넷플릭스 플랫폼에서 유통할 것으로 전망하고 있다. 하나금융투자는 "플랫폼 내 추가 구독료 없이 모바일 게임 산업으로 확장함에 따라 장기 성장 모멘텀을 확보하게 됐다"고 분석했다.

STOCK 대형주

AI·자율주행·메타버스로 가는 길
엔비디아

기승전 엔비디아
2년만에 주가 일곱배
공룡기업 우려까지
시가총액 미국9위

상장시장	나스닥
티커명	NVDA
업종	반도체
투자의견	강력 매수
목표주가	231.76
자기자본이익률(ROE)	40.38%
주가수익비율(PER)	44.42배

※2021년 9월말 기준

엔비디아(NVDA)는 최근 '핫한' 테마형 상장지수펀드(ETF)에 빠지지 않고 등장하는 종목이다. 로보틱스, 인공지능(AI), 블록체인, 암호화폐, 데이터센터, 자율주행, 메타버스, 우주 등 관련 생태계에서 빠지지 않는다. 나스닥, 반도체, 글로벌 빅테크(대형 정보기술 기업)를 추종하는 상품까지 포함하면 그 규모는 더 커진다. 미국에서 거래되는 ETF 중 엔비디아를 담고 있는 종목은 308개에 달한다. 모든 길은 엔비디아로 통한다는 말이 나오는 배경이다.

인텔 피하려다 인텔 넘어서다

엔비디아가 처음부터 글로벌 반도체 기업이 될 것이라고 예상하는 사람은 많지 않았다. 대만 이민자 출신 미국인 젠슨 황 최고경영자(CEO)는 LSI 로직, AMD에서 중앙처리장치(CPU)를 개발하던 개발자였다. 1990년대 초까지만 해도 컴퓨터는 사무용 기기에 불과했다. 젠슨 황은 컴퓨터로 게임을 하거나 동영상을 볼 수 없다는 것을 아쉬워했다. 1993년 침대 두 개가 전부인 아파트에서 회사를 시작했다. 미국식 창업이었다. 그래픽 반도체 설계 엔지니어 커티스 프리엠, 전자기술 전문가 크리스 말라초스키가 엔비디아 설립작업을 함께했다.

회사를 시작할 때 젠슨 황의 목표는 CPU를 개발하는 것이었다. 멀티미디어 콘텐츠 처리에 특화된 CPU로, 지금으로 치면 CPU와 그래픽처리장치(GPU)를 합친 APU(AMD가 만든 마

세계 반도체시장은 성장중	■ 스마트홈 IoT 가전, 자동화	■ 자율주행차 출근시간에 맞춰 자율주행차 대기	■ 헬스케어 매일 아침 생체 정보 분석

젠슨황 엔비디아 CEO.

308개

미국에서 거래되는 ETF 중 엔비디아를 담고 있는 종목은 308개에 달한다.

케팅 용어)를 만들고자 한 것이다. 하지만 그러려면 모든 CPU 기술을 독점하고 있던 '거인' 인텔의 벽을 넘어야 했다. 작은 스타트업이었던 엔비디아는 잘하는 것에 집중하기로 했다. 1995년 첫 제품 NV1을 출시했다. 하지만 시대를 너무 앞서나갔다. 2D(2차원)와 3D, 음성까지 모든 멀티미디어 데이터를 한 장의 카드로 처리하다 보니 가격은 비싸졌고, 독자 기술을 고집하다가 호환성이 떨어졌다. 시장은 외면했다.

이후에도 실패가 잇따랐다. '마지막 기회'라는 각오로 1997년 NV3를 선보였는데, 이 제품이 대박을 쳤다. 당시 3D 게임 시장이 성장하면서 언리얼, 퀘이크, 레인보우식스 등 컴퓨터로 3D 게임을 즐기길 원하는 사용자로부터 큰 인기를 끌었다.

재기에 성공한 엔비디아는 1999년 첫 지포스 제품군인 '지포스256(NV10)'

을 공개했다. CPU의 도움 없이도 GPU 자체적으로 3D 명령어를 처리할 수 있는 제품이었다. 당시 PC업계에서는 GPU라는 용어 자체를 인정하지 않았다. CPU 개발에 대한 미련을 버리지 못해 엔비디아가 만든 '마케팅 용어'라고 폄하했다. 하지만 2D, 3D 콘텐츠 시장이 빠르게 커지면서 더 이상 CPU만으로 그래픽 데이터를 처리할 수 없게 됐고, GPU라는 용어는 일반명사로 자리잡았다. 제품을 일반명사로 만든 업체는 당대에 가장 성공한 기업이라는 것을 보여준 또 하나의 사례다.

미리 준비한 AI, 자율주행 시대

엔비디아의 주가 그래프를 보면 두 번의 빅 사이클이 등장한다. 2016년부터 2018년까지 주가는 약 세 배 뛰었다. 분기점이 된 것은 구글 딥마인드가 개발한 AI 알파고의 등장이다. 2016년 AI 알파고와 이세돌의 대국 이후 세계적

으로 AI산업이 급성장했다. AI를 구현하는 핵심 기술은 '딥러닝'이다. 사람의 신경망을 모방한 수많은 인공 신경망을 통해 기계가 학습하려면 어마어마한 규모의 단순 연산이 반복돼야 한다. 하나의 복잡한 명령을 처리하는 것은 CPU가 빠르지만, 단순한 계산 수십 개를 한꺼번에 푸는 것은 병렬 구조인 GPU가 신속하다. 엔비디아는 이런 미래를 미리 준비했다. 경쟁사인 인텔과 AMD가 관련 기술을 홀대할 때 GPU 병렬 처리 소프트웨어 기술 '쿠다(CUDA)'에 막대한 돈을 쏟아부었다. 시장의 표준을 장악하기 위해서였다.

컴퓨터 그래픽을 위한 계산만 맡았던 GPU가 전통적으로 CPU가 담당하던 응용프로그램 계산에까지 활용되기 시작했다. 엔비디아의 GPGPU(AI 연산용 반도체)가 인텔, AMD 등을 제치고 업계 표준으로 자리잡을 수 있었던 게 단순한 '운'은 아니었다는 의미다. 영국 시장조사업체 키사코리서치의 미카엘 아조프 수석연구원은 엔비디아가 GPGPU 기술을 공개한 2010년부터 딥러닝의 활용이 급격히 늘어났다고 설명했다. 딥러닝 도입으로 수개월 걸리던 대형 신경망 네트워크의 교육 시간이 불과 몇 시간에서

STOCK 대형주

1. 엔비디아 최신 그래픽카드 '지포스 RTX3080'
2. 자율주행차 두뇌 칩 장악한 엔비디아

며칠 사이로 줄었기 때문이다.
엔비디아는 GPGPU 기술로 '게이밍 GPU 회사'에서 'AI 컴퓨팅 회사'로의 변신에 성공했다.

2015년에는 자율주행차 시대를 예측하고 준비했다. 당시 일론 머스크 테슬라 CEO와 나눈 인터뷰에서 젠슨 황 CEO는 "이제 자동차는 바퀴 달린 컴퓨터가 된다"며 "영리하게 거리를 달리는 유쾌한 컴퓨터가 될 것"이라고 설명했다. 그때부터 자율주행 플랫폼 '엔비디아 드라이브' 시리즈를 출시했다. 자체적인 자율주행 플랫폼을 구축하려는 완성차 업체도 있지만, 대부분 테크 기업과의 협업을 택하고 있다. 자율주행 시장의 대표적 협업 대상은 구글 웨이모, 인텔 모빌아이, 엔비디아, 앱티브 등이 꼽힌다.

엔비디아는 그중에서도 가장 주목받는 기업이다. 자사 GPU 기반 딥러닝과 이를 통한 이미지 인식, 판단능력 향상이 가능하기 때문이다. 자율주행기술의 발전은 이미지 딥러닝 기술의 발전과 궤를 함께하고. 이미지 분야 딥러닝에는 대량의 고성능 GPU가 필수적이다.

개발자부터 최종 제품까지 연결하는 개방형 생태계도 주목할 만하다. 엔비디아는 자율주행차 개발자들이 사용하는 프로그래밍 언어부터 데이터센터, 최종 제품에 이르는 전 과정에 필요한 AI 처리를 완성차 제조업체와 서플라이 체인에 제공할 수 있는 개방형 플랫폼을 보유하고 있다. 자동차 업체들이 맞춤형 시스템을 구축할 수 있는 환경을 조성하는 것이다. 엔비디아 드라이브 '오린(Orin)'은 2022년부터 생산되는 차량에 적용될 예정이다. 이미 볼보 등 다양한 자동차 제조업체가 채택했다. 테슬라를 넘어서려는 완성차 업체들이 '엔비디아 진영'을 구축할 것이라는 전망이 나온다.

인텔 넘어 세계 1위 반도체 기업으로

2017년 세계적인 '코인 열풍'으로 주가 상승세는 이어졌다. 암호화폐 채굴에도 GPU가 활용되면서 GPU 품귀 현상까지 나타났기 때문이다. 광풍이 휩쓸고 지나간 2018년부터 엔비디아 주가는 잠시 내리막길을 걸었다. 하지만 2019년 중순부터 주가는 다시 상승세에 올라탔다. 이때의 상승세는 첫 번째 사이클보다 더 드라마틱했다. 약 2년 만에 주가는 일곱 배가 됐다. 2020년 7월 8일 시가총액은 2513억 달러(약 300조원)로 처음으로 미국 반도체 1위 기업이었던 인텔을 제치고 왕좌에 올라섰다.

엔비디아는 풍부한 실탄을 바탕으로 공격적인 인수합병(M&A)에 나섰다. 이번에는 데이터센터였다. 지난해 상반기 70억달러를 투자해 이스라엘 반도체 설계 회사 멜라녹스테크놀로지스를 인수했다. 멜라녹스의 대표 상품은 '인피니밴드'다. 데이터센터 서버와 스토리지 시스템을 연결해 대용량 데이터를 빠르게 전송하는 시스템이다. 멜라녹스 인수 효과로 2020년 2분기 엔비디아 내 데이터센터 사업부가 게이밍 사업부를 제치고 최대 매출을 내는 사업부가 됐다.

코로나19로 인한 '집콕'과 재택근무 확산은 엔비디아가 다시 한번 성장하는 계기가 됐다. 사람들이 집에 머무는 시간이 길어지면서 게임기와 PC에 들어가는 GPU 수요가 빠르게 늘어났기 때문이다. 재택근무 확산으로 기업들이 정보기술(IT) 인프라를 확충하면서 엔비디아의 데이터센터용 반도체 사업도 빠르게 성장했다. 올해 2분기 데이터센터 사업부 매출은 전년 동기 대비 35% 증가하며 사상 최대치를 기록했다.

CPU 꿈 이루자…ARM 인수 추진

최근에는 메타버스 시대의 '플랫폼'을

세계 반도체시장은 성장 중

■ 인공지능 로봇
가사도우미, 개인비서

■ 바이오
유전자 진단, 암 진단

까는 역할도 하고 있다. '엔비디아 메타버스'라 불리는 '옴니버스'는 유명 3D 제작 툴이 한 곳에 모이는 오픈 플랫폼이다. 플랫폼들의 플랫폼인 셈이다. 마야, 언리얼엔진 등 서로 다른 3D 툴 간 작업 내용을 공유할 수 있도록 했다. 최근에는 어도비, 블렌더 등으로 옴니버스 생태계를 확장했다. 블렌더는 로블록스, 제페토 등에 쓰이는 오픈소스 3D 제작 툴이다. 옴니버스는 구독형 서비스다. 이를 구동하기 위한 하드웨어 최소 요구사항은 엔비디아의 쿼드로 RTX 8000 그래픽 카드 두 장이다. 옴니버스 고객 기반이 넓어질수록 그래픽카드 수요가 늘어나는 구조다. 엔비디아에는 아직 못다 이룬 꿈이 있다. 바로 '두뇌' 역할을 하는 CPU, AP(애플리케이션프로세서) 시장이다. 영국 ARM은 반도체 IP(설계자산)를 보유하고 있는 기업이다. 퀄컴 삼성전자 애플 같은 기업도 ARM에서 반도체 설계도를 받아 제품을 생산한다. ARM은 CPU와 AP 설계 능력을 갖추고 있다. 젠슨 황 CEO가 ARM 인수에 540억달러를 베팅한 배경이다. 엔비디아가 공룡 기업이 될 것을 우려한 경쟁사들은 일제히 반대 의사를 나타내고 있다. 퀄컴과 삼성뿐만 아니라 반도체 시장에 뛰어들었거나 뛰어들 예정인 구글, 테슬라, 아마존 등도 반대 뜻을 밝혔다. 최근 애플과 구글, 테슬라 등 빅테크들이 자사 제품에 필요한 반도체를 직접 설계하는 '반도체 독립'에 나선 가운데 이들이 독자 반도체를 설계하려면 ARM의 설계 플랫폼이 꼭 필요하기 때문이다. 엔비디아가 ARM을 인수하면 자체 반도체 생산에 제동이 걸릴 수 있다고 빅테크들은 우려한다. 엔비디아가 경쟁사로 여기는 빅테크와 ARM의 거래를 막을 수 있기 때문이다. 빅테크들이 일제히 엔비디아의 ARM 인수를 반대하는 이유다.

자금이 몰릴 수밖에 없는 구조

이렇듯 엔비디아는 AI, 자율주행, 클라우드, 메타버스 시대의 인프라를 까는 역할을 한다. 주가가 연일 고공행진하는 배경이다. 미국 내 상장된 기업 중 시가총액 9위에 달하는 데다 각종 테마 ETF도 엔비디아를 경쟁적으로 편입하고 있어 패시브 자금까지 몰리고 있다.

엔비디아를 담고 있는 테마형 ETF로는 글로벌X 로보틱스&AI ETF(BOTZ), 앰플리파이 트랜스포메이셔널 데이터 셰어링 ETF(BLOK), 글로벌X 비디오게임&e스포츠 ETF(HERO), 라운드힐 볼 메타버스 ETF(META), 글로벌X 데이터센터 리츠 ETF(VPN) 등이 있다.

RTX 8000
메타버스 플랫폼을 구동하기 위한 하드웨어 최소 요구사항은 엔비디아의 쿼드로 RTX 8000 그래픽 카드 두 장이다.

엔비디아 신사옥 '인데버 빌딩'

STOCK 대형주

오리지널 '저세상 주식'
테슬라

#5년 주가 상승률은 1805%
#순수전기차 시장 점유율 1위
#AI 휴머노이드 출시
#2022년 핵심 상품 솔라루프

주가 흐름 한눈에 보기

자료: 구글

눈여겨봐야 할 투자 지표

상장시장	나스닥
티커명	TSLA
업종	전기차 플랫폼
투자의견	매수
목표주	699.87
자기자본이익률(ROE)	12.27%
주가수익비율(PER)	109.2배

※2021년 9월말 기준
자료: 야후파이낸스·팁랭크

"테슬라는 어떤 주식입니까?" 테슬라(TSLA)에 투자하면서도 이 질문에 제대로 대답하는 사람은 많지 않다. 증권업계 전문가들조차 테슬라를 어떻게 봐야 하는지에 대해 의견이 갈릴 정도다. 전기차 회사로 보는 이도 있고, 인공지능(AI) 회사로 보기도 한다. 어떤 사람은 거대한 플랫폼을 지향하는 회사라고 한다. 탄소 배출권으로 돈을 버는 회사라고 평가절하하기도 한다.

테슬라를 제대로 들여다보고 투자해야 하는 이유다. 테슬라가 그리는 미래는 어떤 것일까. 테슬라가 그리는 꿈과 미래는 대부분 투자자가 알고 있는 것보다 더 넓고 크기 때문이다.

오리지널 '저세상 주식'

테슬라 하면 국내 투자자들이 먼저 떠올리는 건 '저세상 주식'이라는 별칭이다. 테슬라의 주가 상승률 때문에 붙은 별칭이다. 테슬라는 코로나19 발생 이전인 2019년 말만 해도 주가가 80달러대(액면분할 전 기준)였다.

하지만 1년 뒤인 2020년 말 주가는 700달러대로 아홉 배 가까이 뛰었다. 코로나19 사태로 급속히 늘어난 시중 자금이 전기차 등 성장주로 몰린 덕을 봤다. 그 덕에 밸류에이션(실적 대비 주가수준)을 뛰어넘는 상승세를 보였다.

전기차 업체가 자동차 시가총액 1위인 일본 도요타를 제친 것도 이때쯤이다. 5년 주가 상승률은 1805%다. 테슬라가 상장한 2010년 7월부터 따

테슬라 자동차 알쓸신잡

1 테슬라의 자동차 모델명을 모두 합치면 S≡XY, 즉 'sexy'가 된다.

2 타 차량에 비해 충돌율이 약 4.5배 낮다.

지면 수익률은 2만%가 넘는다. 100달러어치만 사뒀더라면 2만달러가 됐다는 얘기다.

전통적 방식인 주가수익비율(PER)은 측정도 되지 않았다. 성장 기업에 적용하기도 하는 매출총이익률(PSR)로도 설명할 수 없었다. 투자자들의 꿈이 반영됐다는 주가꿈비율(PDR)이란 용어까지 등장했을 정도다.

2021년 테슬라는 부진하다. 상승률이 7%가 채 안 되며 박스권에 갇혀 있다.

전기차 업체로 보면

전기차 업체로 테슬라를 보는 건 가장 기본적인 접근법이다. 매년 차량 출하량과 시장 점유율 변화에 따라 전기차 시장 내 테슬라의 성장 속도와 지위를 확인하는 식이다. 테슬라는 2021년 2분기 사상 최대 물량인 20만1304대를 출하했다. 전년 동기 대비 121% 늘어난 수준이다. 시장조사업체 팩트셋은 테슬라의 2021년 예상 출하량을 80만 대로 보고 있다.

3분기에도 출하량과 매출 모두 역대 최대치를 기록할 전망이다. 월가에서 보는 테슬라의 3분기 매출 컨센서스(증권사 추정치 평균)는 130억5000만달러. 전년 동기(87억7100만달러)보다 48.7%나 늘었다. 미국 투자은행(IB) 파이퍼샌들러의 알렉산더 포터 애널리스트는 "차량 인도 전망치를 89만4000대로 보고 있다"며 1200달러 목표주가를 제시했다.

테슬라는 순수전기차 시장 점유율 1위다. 아직 2위와의 격차가 커 지배적

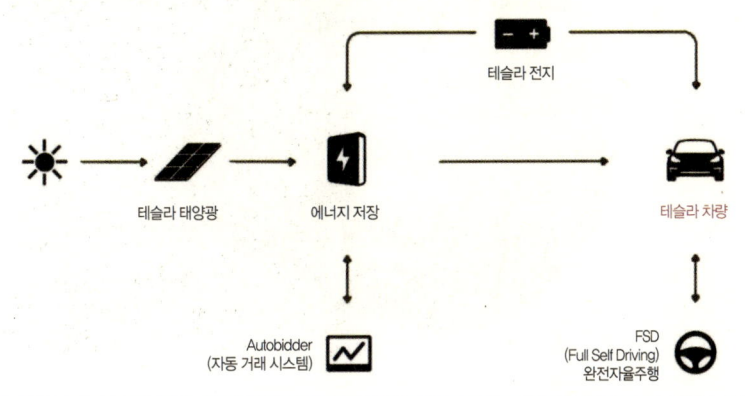

자료 : 테슬라

지위를 유지하고 있다. 모건스탠리에 따르면 2021년 상반기 기준 테슬라는 순수전기차 38만2831대를 판매해 세계 전기차 시장 점유율 21%를 기록 중이다. 2위인 제너럴모터스(GM)는 12%에 그치고 있다. 폭스바겐이 추격에 나섰지만 아직까지 10% 수준이다. 국내 한 증권사 대표는 "테슬라는 미래 시장인 전기차 시장의 점유율 1위 기업"이라며 "내연기관 1위인 도요타

20만 1304대

테슬라는 2021년 2분기 사상 최대 물량인 20만1304대를 출하했다. 전년 동기 대비 121% 늘어난 수준이다.

보다 높은 시가총액을 인정받을 수 있을 것으로 본다"고 말했다. 테슬라의 다른 가치를 빼고 전기차 업체로만 봐도 지금의 높은 주가를 정당화할 수 있다는 얘기다.

테슬라를 둘러싼 경쟁환경

문제는 이 지위가 지속 가능한지다. GM은 2035년 이후 내연기관차의 생산과 판매를 중단하기로 했다. 벤츠도 2030년부터 전기차만 출시할 계획이다. 유럽 자체가 2035년부터 내연기관차 판매를 사실상 금지하기로 했다. 도요타·현대차·포드·GM·BMW 너나 할 것 없이 모두 전기차에 집중 투자하고 있다.

테슬라로서는 시장이 성장하면서 점유율이 하락할 수밖에 없는 구조적 상황이다. 전기차 신차가 급격히 늘어나기 때문이다. 테슬라의 절대 판매량이 늘어나더라도 생산능력 증가세를 고려하면 점유율은 떨어지게 된다. 그동

STOCK 대형주

안 시장이 부여하던 밸류에이션을 유지하기 어려워질 수 있다는 얘기다. 최근 중국 내에서 중국 전기차 업체들이 선전하면서 테슬라가 밀려나는 모양새가 펼쳐진 게 대표적인 사례다.

테슬라만의 무기는

하지만 테슬라만의 무기가 있다. 자율주행기술이다. 자율주행기술은 크게 5단계로 나뉜다. 대부분 완성차 업체는 2~3단계 사이다. 4단계부터는 사실상 완전자율주행을 뜻한다. 테슬라가 이 분야에서 가장 앞서 있다. 그동안 수많은 전기차를 통해 쌓아온 방대한 빅데이터가 그 근간이다.

다른 업체들의 자율주행기술은 카메라뿐 아니라 라이다 등 센서와 정밀지도를 결합하는 방식이 대부분이다. 이 방식은 도로 위 돌발 상황이나 운전자가 예측하기 어려운 상황에 취약

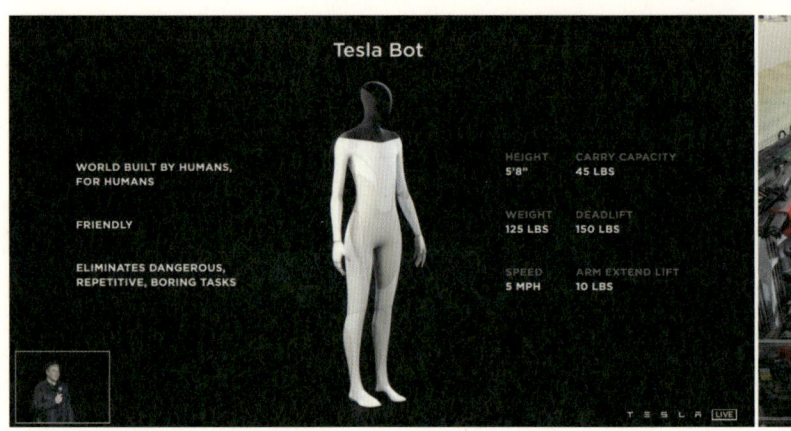

테슬라가 발표한 휴머노이드 로봇인 '테슬라봇'

하다. 무엇보다 가격이 부담이다. 라이다 등 센서가 차량에 많이 달릴수록 그만큼의 차량용 반도체와 관련 전기 부품이 필요하다. 전기차 보급을 위해 배터리와 센서 가격이 낮아져야 한다고 전문가들이 진단하는 이유도 여기에 있다.

테슬라는 다르다. 카메라에 집중하고 있다. 카메라를 통해 확보한 데이터를 쌓고 이를 가공해 차량 소프트웨어를 업그레이드한다. 원격으로 업데이트되는 소프트웨어다. 예전에 산 모델이라도 데이터를 업데이트 받아 신차와 같은 자율주행 기능을 누릴 수 있도록 하는 기술이다. 테슬라가 공개한 슈퍼컴퓨터 도조가 빅데이터를 처리하는 역할을 한다. 그동안 쌓아온 데이터는 경쟁업체들이 쉽게 따라올 수 없는 영역이다.

이 기술이 완전히 적용되면 테슬라는 높은 수준의 자율주행을 저렴한 비용으로 구현하게 된다. 빅데이터 차이로 다른 완성차 업체들이 소프트웨어는 따라가기 어렵다는 진단이 나오는 이유다. 관련 부품이 줄어들면서 테슬라의 수익성은 더 높아지게 된다. 조희승 하이투자증권 연구원은 "카메라 중심의 자율주행은 고정밀 지도가 구현되지 않은 곳에서도 적용이 가능하고, 차량 자체의 하드웨어 요구사항이 높지 않다"고 설명했다.

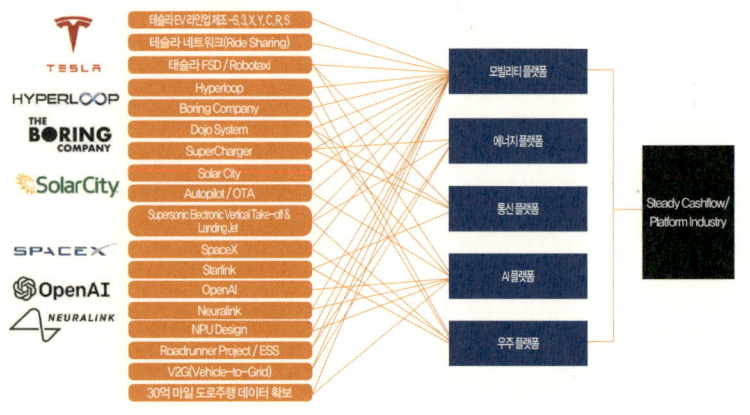

자료 : 하이투자증권 리서치본부

| 테슬라 자동차 알쓸신잡 | 3 배터리 팩 원금속의 92%를 재사용할 수 있다. | 4 미국, 유럽, 호주 전역의 안전 등급 기관으로부터 5성 등급을 받았다. |

테슬라 기가팩토리에서 생산중인 차량

로봇회사 테슬라

테슬라는 2021년 8월 19일 AI데이를 열고 테슬라봇을 발표했다. 당시 일론 머스크 테슬라 최고경영자(CEO)는 "테슬라는 전기차 이상의 것을 만드는, 세계에서 가장 큰 로보틱스 회사로 자리매김할 것"이라고 말했다. 전기차 업체로 테슬라를 바라보던 시각을 흔드는 이야기다.

테슬라가 발표한 로봇은 기존 로봇 업체들의 한계를 정확히 짚었다. 로봇은 제어와 인지 두 가지 기술로 발전한다. 제어는 로봇의 각 관절이 명령에 맞춰 자연스럽게 움직일 수 있는 기술이다. 다른 한 축은 인지다. 로봇이 직접 상황을 판단하고 그에 맞게 알아서 움직일 수 있는 AI 기술이다. 기존에는 각 로봇이 각자의 하드웨어를 갖추고 상황을 판단해야 했다. 테슬라는 여기에 슈퍼컴퓨터 도조를 적용했다. 로봇은 도조와 연결하는 통신 장비와 제어 장비만 갖추면 된다. 도조가 뇌 역할을 하고, 로봇은 이를

AI 휴머노이드

테슬라는 AI 휴머노이드 로봇에 슈퍼컴퓨터 도조를 적용했다. 로봇은 도조와 연결하는 통신 장비와 제어 장비만 갖추면 된다. 도조가 뇌 역할을 하고, 로봇은 이를 수행만 하는 식이다.

수행만 하는 식이다. 테슬라는 이를 이용해 AI 휴머노이드(사람을 닮은 로봇)를 출시하겠다고 밝혔다. 로봇 분야의 강자로 한번에 자리매김할 수 있다는 평가가 나오는 이유다.

플랫폼으로의 진화

테슬라의 미래를 플랫폼으로 보는 시각도 있다. 우선 에너지&모빌리티 플랫폼이다. 테슬라는 태양광 전지를 집 지붕에 설치하는 사업(솔라루프)을 강화하고 있다. "솔라루프는 2022년의 핵심 상품이 될 것"이라며 2020년 2분기 실적과 함께 발표한 사업이다.

테슬라 자동차가 차고에 들어가면 그동안 모았던 에너지로 배터리를 충전한다. 그리고 차주가 쉬는 동안 자율주행차는 홀로 다니며 '로보택시'로 변신한다. 테슬라 네트워크를 통해 차량을 호출할 수 있다. 여기서 수수료 수입이 발생한다.

테슬라는 지금도 다양한 인수합병(M&A)을 통해 스페이스X(우주항공), 솔라시티(태양광에너지), 보링컴퍼니(하이퍼루프), 오픈AI(인공지능) 등의 회사를 보유하고 있다. 고태봉 하이투자증권 리서치센터장은 "테슬라의 궁극적인 목표는 하드웨어와 AI 기술 개발을 통해 지속적으로 현금을 창출할 수 있는 플랫폼 회사가 되는 것"이라며 "모빌리티 사업에서 가장 큰 매출을 낼 수 있을 것으로 전망되는 로보택시를 포함해 에너지·통신·AI·우주까지 영역을 확장하고 있다"고 설명했다.

주가는 장기로 접근

테슬라 주가는 단기적으로 접근하기 어렵다. 테슬라가 그리는 미래가 아직 먼 얘기처럼 느껴지는 데다 언제 구체적으로 실현될지 가늠하기 어렵기 때문이다. 월가에서 제기하는 테슬라의 목표주가 평균은 약 700달러. 현 주가보다 낮다. 월가에서조차 주가를 놓고 극단적인 평가가 나오기 때문이다. 가장 높은 목표주가는 1591달러, 가장 낮은 목표주가는 150달러다.

장기적으로 보면 셈법이 달라진다. 테슬라의 AI 기술은 아직까지 다른 업체들이 갖추지 못한 수준이다. 테슬라의 계획처럼 휴머노이드 로봇이 상용화되고, 로보택시가 등장하면 테슬라의 주가 수준을 모두 설명할 수 있게 된다. 길게 보면 '테슬라만의 길'을 찾아가면서 기존에 없던 회사로 진화할 것이라는 기대다. 테슬라가 10년 뒤 어떤 회사로 커 있을지 청사진은 이미 충분히, 그것도 꽤 자세히 제시됐다. 투자자들은 당장의 테슬라가 아니라 미래의 테슬라를 상상하며 투자를 결정할 때다.

STOCK 추억의 종목

글로벌 건설기계 시장 1위
캐터필러

- # 포스트코로나 수혜주
- # 배당귀족주
- # 내년 영업이익 83억 달러 전망
- # 혁신노력 지속중

주가 흐름 한눈에 보기
단위: 달러

자료: 구글

눈여겨봐야 할 투자 지표

상장시장	미국 나스닥
티커명	CAT
업종	산업재
투자의견	매수
목표주가	240.7
자기자본이익률(ROE)	28.68%
주가수익비율(PER)	18.57배

자료: 야후파이낸스, 팁랭크
※2021년 9월말 기준

캐시 우드 아크인베스트 최고경영자(CEO)는 성장주 투자의 대표주자다. 그런 그가 자율주행과 로봇공학에 집중 투자하는 '아크 오토노머스·로보틱스 ETF(ARKQ)'에 약 100년 전 설립된 중장비 회사를 담았다. 글로벌 건설기계 시장 1위 캐터필러(CAT)가 그 주인공이다.

주가 상승률도 그간 눈에 띄지 않아 '심심한 배당주' 취급을 받아온 종목이다. '돈나무 언니'의 실수일까? 증권가에서는 오랜 업력에 자율주행 등 혁신을 더하고 있는 캐터필러를 다시금 눈여겨봐야 한다고 조언한다. 대규모 인프라 투자가 예정된 포스트 코로나 국면에서 가파른 실적 성장세를 보일 것으로 예상된다는 게 이유다.

전세계 MS16% 차지

1925년 설립된 캐터필러는 장비, 엔진, 가스터빈, 기관차 등을 제조하는 글로벌 건설기계 시장 1위 업체다. 세계 건설기계 시장의 약 16%를 점유하고 있다.

2020년 초부터 2021년 9월까지 주가는 약 26% 올랐다. 코로나19 팬데믹 국면에서 성장주가 눈부신 주가 상승률을 보인 것에 비하면 초라한 수준이다.

코로나19가 확산하는 가운데 건설 경기가 얼어붙으면서 부침을 겪었기 때문이다.

실적은 2021년 들어 회복세를 보였다. 2021년 2분기 매출은 128억8900

인프라 법안 수혜주 캐터필러

- 1조달러(약 1175조원) 규모 인프라 법안이 미국 상원을 통과
- 도로, 교량정비, 철도 사업에 예산의 상당 부분이 할애돼 수혜 집중 예상
- 캐터필러 주요 생산 제품은 400톤 규모의 초대형 트럭

지역별 매출액 비중

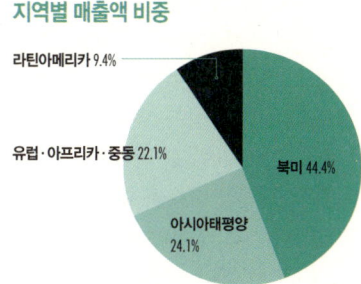

- 라틴아메리카 9.4%
- 유럽·아프리카·중동 22.1%
- 아시아태평양 24.1%
- 북미 44.4%

자료: Caterpillar, KB증권 ※ 2021년 2분기 기준

건설 현장에서 사용중인 캐터필러의 중장비들.

만달러로 전년 동기 대비 28.9% 늘었다. 시장 전망치(컨센서스)를 6.7% 웃돌았다.
영업이익은 17억8900만달러로 컨센서스를 3.7% 웃돈 것은 물론 전년 동기 대비 128.2% 증가했다.

자율주행 등 혁신 노력 지속

무엇보다 캐터필러는 낡은 기업이 아니라는 점이 중요하다. 애벌레라는 회사명처럼 아직 보여줄 게 많이 남아 있다. 자율주행, 인공지능(AI), 친환경 전환 등 본격적으로 날아오를 준비가 한창이다.
캐터필러는 2021년 초 온라인으로 열린 세계 최대 IT·가전 전시회(CES)에 처음으로 참가했다. 이 자리에서 284t 자율주행 채굴 트럭을 선보였다. 현재는 사람이 광산에 들어가 직접 중장비를 다루는 방식으로 채굴 작업이 이뤄지기 때문에 지반 침하 등의 사고에 취약할 뿐 아니라 24시간 작업도 힘들다. 자율주행 장비가 투입되면 이런 문제점이 해결된다.
탄탄한 업력을 기반으로 안정적인 배

매출구성과 성장 추이

단위: 십억 USD
■ 건설 ■ 에너지&운송 ■ 자원 ■ 금융 — YoY(우)

자료: 캐터필러, Bloomberg, 하나금융투자 ※2021년 이후 추정치

글로벌 건설장비시장 업체별 점유율

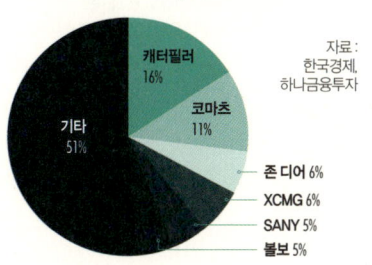

- 캐터필러 16%
- 코마츠 11%
- 존 디어 6%
- XCMG 6%
- SANY 5%
- 볼보 5%
- 기타 51%

자료: 한국경제, 하나금융투자

당 정책을 펼쳐온 것도 캐터필러 주식의 강점이다. 캐터필러는 25년 이상 연속으로 배당금을 전년보다 늘려온 '배당귀족주' 중 하나다.

포스트 코로나·인프라 투자 수혜주

캐터필러는 특히 포스트 코로나, 경기 회복 국면에서 주목할 만한 주식으로 평가받는다. 스위스계 투자은행 크레디트스위스는 2021년 9월 기준 6~12개월간 우수한 성과를 기대할 수 있는 종목 10개 목록에 캐터필러의 이름을 올렸다.
현재 시장 기대치는 낮지만 향후 성과에 높은 확신을 가질 만한 종목이라는 것이다.
게다가 조 바이든 미국 행정부가 대규모 인프라 투자를 예고한 가운데 캐터필러는 대표적 수혜주로 꼽힌다. 코로나19 국면에서 고객사들은 재고를 쌓아두지 않았는데 이후 각국 정부가 인프라 투자를 확대하면 캐터필러의 실적이 가파르게 개선될 것이라는 게 증권가의 전망이다.
블룸버그 등에 따르면 2022년 캐터필러의 영업이익은 83억6400만달러로 2020년(45억5300만달러) 대비 83%, 2021년 영업이익 전망치(67억1700만달러) 대비 24% 증가할 것으로 예상된다.
투자정보업체 팁랭크에 따르면(2021년 9월 말 기준) 최근 3개월간 애널리스트 10명 중 7명이 캐터필러에 대해 매수 의견을 냈다. 목표주가 평균치는 240.7달러였다.

STOCK 추억의 종목

아마존 시대에도 건재한 슈퍼마켓
코스트코

- #연회비 갱신율 88.4%
- #유통업 본질에 집중
- #영업이익 67억 달러
- #16년 연속 배당금 상승

주가 흐름 한눈에 보기 (단위: 달러)

자료: 구글

눈여겨봐야 할 투자 지표

상장시장	미국 나스닥
티커명	COST
업종	유통
투자의견	매수
목표주가	468.14
자기자본이익률(ROE)	28.17%
주가수익비율(PER)	35.18배

자료: 야후파이낸스·팁랭크 ※4분기: 5월 10일~8월 29일 ※2021년 9월말 기준

2017년 6월 아마존이 미국 유기농 식품 슈퍼마켓 체인 홀푸드를 인수하자 코스트코(COST) 주가가 한 주 만에 13% 폭락했다. 시가총액 100억달러가 단숨에 날아갔다. 시장은 아마존이 다른 오프라인 소매업체를 하나둘 쓰러뜨렸듯 코스트코도 머잖아 무너질 것이라고 봤다. 그로부터 4년이 흘렀다. 코스트코엔 더 많은 손님이 찾았고, 이 덕분에 주가는 세 배가량 뛰었다. 싸고 좋은 제품을 제공한다는 유통업 본질에 집중한 결과다.

싸게 사서 밑지지 않을 정도로만 판다

코스트코 주가는 2021년 들어 9월 말까지 20%가량 상승했다. S&P500지수 상승률(18.62%)을 웃돌았다. 코로나19 이후 저점 기준으로는 80% 가까이 올랐다. 코스트코 주가는 긴 시간으로 보면 더 놀랍다. 2010년 이후 코스트코 주가는 2016년(연간 −0.86% 하락)을 제외하고 줄곧 연간 기준으로 상승세를 보였다.

소비자의 강한 신뢰가 코스트코 주가를 뒷받침한다. 코스트코에 가면 좋은 제품을 싼 가격에 살 수 있다는 확신이 있다. 사실 이 확신은 소비자 스스로 만든 것이다. 소비자가 매년 내는 연회비 덕에 코스트코가 싼 가격에 제품을 제공할 수 있어서다. 전 세계 코스트코에서는 매년 60달러 혹은 120달러의 연회비를 내지 않으면 쇼핑을 할 수 없다. 코스트코는 따박따박 들어오는 연회비를 낮은 가격에 상품을 제공하는 데 쓴다. 연회비를

| 코스트코 회원권 연회비 | ■ 이그제큐티브 골드스타 회원권 80,000원
■ 이그제큐티브 비즈니스 회원권 80,000원 | ■ 골드스타 회원권 38,500원
■ 비즈니스 회원권 33,000원 |  |

제외하고 2021년(8월 회계 기준) 코스트코가 물건을 팔아 올린 매출은 1921억달러인데, 상품 원가는 1707억달러다. 상품 원가를 매출로 나눈 원가율은 89%에 달한다. 월마트의 원가율(75%)보다 훨씬 높은 수준이다. 그만큼 적게 남기고 낮은 가격에 물건을 팔고 있다는 얘기다.

코스트코가 상품을 싸게 팔 수 있는 또 다른 요인은 뛰어난 재고 관리다. 코스트코는 판매 제품 종류를 엄격히 제한한다. 다른 쇼핑몰이 더 많은 소비자를 끌어들이기 위해 판매 제품 종류를 늘리는 것과 달리, 코스트코의 제품 종류는 다른 슈퍼마켓의 10분의 1 수준에 불과하다. 제품 종류가 늘어날수록 재고 관리가 어려워지고 제품을 매입할 때 교섭력도 떨어진다는 점을 감안한 것이다. 코스트코는 잘 팔리는 몇몇 종류의 제품만 대량으로 사들여 거래처를 상대로 매입 교섭력을 높일 수 있었다. 애초 제품을 싸게 떼오고 그마저 마진을 얼마 안 남기고 팔기 때문에 고객이 싼값에 물건을 살 수 있는 것이다.

한 번 코스트코 고객은 영원한 고객

코스트코의 성공 방정식은 아마존 방식과 정반대다. 아마존은 세계 모든 이에게 열려 있고, 곡괭이부터 때타월까지 안 파는 물건이 없다. 반면 코스트코는 회원에게만 열려 있고 제품 종류도 극히 적다. 아마존과 다른 길을 걸었기에 코스트코는 아마존에 먹히지 않을 수 있었다.

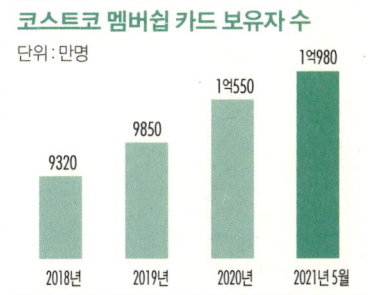

코스트코 멤버쉽 카드 보유자 수
단위: 만명
2018년 9320 / 2019년 9850 / 2020년 1억550 / 2021년 5월 1억980
자료: 코스피

이런 차별점 덕에 코스트코의 회원 수는 매년 증가하는 추세다. 2019년 9850만 명이던 회원 수가 2021년 1억980만 명으로 늘었다. 이뿐만 아니라 한 번 코스트코를 찾은 사람은 코스트코만의 장점에 매료돼 또다시 코스트코를 방문한다. 코스트코의 연회비 갱신율(세계 평균)은 88.4%에 이른다. 미국으로만 좁히면 91%나 된다. 자연스레 코스트코 실적은 매년 개선되고 있다. 2020회계연도(2019년 8월~2020년 8월) 코스트코의 매출은 1667억6100만달러였고 영업이익은 54억3500만달러였다. 코로나19에도 불구하고 각각 직전 연도 대비 9.2%, 14.7% 늘었다. 코스트코는 온라인 매출 비중이 전체의 6%에 불과하지만

88.4%

코스트코의 연회비 갱신율(세계 평균)은 88.4%에 이른다.

팬데믹 기간에 실적이 증가한 것이다. 월마트가 온라인 매출 증가 덕에 실적이 호조를 보인 것과는 상반된다.

경제 활동 재개가 이뤄지고 있는 2021년엔 이보다 더 높은 실적을 내고 있다. 코스트코의 2021회계연도(2020년 8월~2021년 8월) 매출은 1959억2900만달러, 영업이익은 67억800만달러다. 분기 기준 매출이 600억달러를 넘은 것은 2020회계연도 4분기(5~8월)가 처음이다.

견조한 실적에 힘입어 꾸준한 주주환원도 돋보인다. 코스트코는 16년 연속 배당을 줄인 적이 없다. 코스트코는 매 분기 배당을 하고 있고, 액수 역시 매년 늘어나는 추세다. 2021년 2월까지만 해도 주당 0.7달러를 배당했지만 5월부터는 0.79달러씩 배당한 게 대표적 예다. 특히 2020년 연말엔 코로나19로 인해 실적이 증가했다며 주당 10달러에 달하는 특별배당을 주기도 했다. 배당수익률은 0.68%다.

코스트코의 주가가 싼 편은 아니다. 2021년 9월 말 기준 코스트코의 주가수익비율(PER)은 35.18배 수준이다. 동종업계인 월마트(21.59배)나 타깃(18.48배)보다 비싼 편이다. 다만 온라인이 주력인 아마존(50.79배)보다는 싼 편이다. 코스트코를 향한 월가의 평가도 긍정적이다. 투자 전문매체 팁랭크스에 따르면 2021년 9월 말 기준 최근 3개월간 애널리스트 17명 중 13명이 코스트코 매수를 추천했다. 4명은 중립이었다. 목표주가 평균치는 468.14달러였다.

STOCK 추억의 종목

위기를 기회로, OTT 서비스로 변신
디즈니

\# 파격변신디즈니
\# 성장주로재평가
\# 주가상승기대
\# 디즈니플러스 11월 국내출격

주가 흐름 한눈에 보기 단위 : 달러

[그래프: 2018년~2021년 주가 흐름, 50~200달러 구간]

자료 : 구글

눈여겨봐야 할 투자 지표

상장시장	뉴욕증권거래소
티커명	DIS
업종	미디어&레저
투자의견	매수
목표주가	210.11
자기자본이익률(ROE)	1.65%
주가수익비율(PER)	33.3배

자료 : 야후파이넨스   ※2021년 9월말 기준

자녀에게 물려주고 싶은 주식을 묻는 증권사 설문조사에서 디즈니(DIS)는 매번 상위권을 차지한다. 미키마우스에서 어벤져스까지 세대를 아우르는 지식재산권(IP)을 보유한 디즈니는 종목 인지도만 놓고 보면 애플 못지않다. 하지만 실제 디즈니 주식을 사는 사람은 많지 않았다. 테마파크, 미디어 네트워크 등 기존 사업의 성장성이 높지 않아 가치주로 밸류에이션(실적 대비 주가 수준)을 받아왔기 때문이다. 한마디로 재미없는 주가 흐름을 보였다.

코로나19 위기에 디즈니는 변신했고, 성공했다. 매출의 40%를 차지하던 테마파크가 문을 닫은 사이 그 자리를 온라인동영상서비스(OTT)인 디즈니플러스가 메꿨다. 디즈니는 성장주로 재평가받고 있다. 디즈니플러스 성장세와 함께 주가 상승 기대가 커지고 있다.

위기 때 성장했던 디즈니

디즈니 주가는 올 들어 내내 170달러 박스권에 머물러 있다. 코로나19 재확산세로 레저·엔터테인먼트 업종에 대한 투자심리가 위축됐기 때문이다. 하지만 디즈니는 위기가 올 때마다 변신에 성공한 역사를 갖고 있다. 전문가들이 디즈니의 단기 주가가 아니라 변신 과정에 더 주목해야 한다고 목소리를 내는 이유다. 디즈니의 변화가 성공할 때마다 주가 상승이 이어진 역사적 선례가 있기 때문이다.

1970년대 디즈니는 기존의 단편 애니메이션이나 텔레비전 프로그램을 만드는 것만으로는 성장 한계에 부딪혔

온라인동영상 서비스(OTT) 성장 근거

- 미국에서 이미 보편적인 서비스가 됐지만 아시아에서는 여전히 큰 성장 잠재력 보유
- 단순한 영상 스트리밍(실시간 재생) 서비스를 넘어 오리지널 콘텐츠 제작 분야까지 성장
- 문화예술 전반으로 서비스 확장

세계 최대 미디어그룹의 탄생

- 2006 픽사스튜디오 인수
- 2009 마블 스튜디오 인수
- 2012 스타워즈 시리즈 제작한 루카스 필름 인수
- 2017 미국 6대 영화사 중 하나인 21세기폭스 인수

다. 디즈니는 애니메이션 인력 육성에 대규모 투자를 감행해 기술 혁신을 이뤄냈다. 이때 기술을 바탕으로 만들어진 작품들이 디즈니의 전성기를 이끈 인어공주(1989년), 미녀와야수(1991년), 알라딘(1992년), 라이온킹(1994년) 등이다.

1990년대 들어 기존의 컬러 애니메이션은 인기가 떨어졌다. 그 자리를 컴퓨터그래픽 애니메이션이 빠르게 차지했다. 픽사스튜디오의 토이스토리(1995년)가 첫 번째 3D(3차원) 컴퓨터그래픽 장편 애니메이션이다. 디즈니로선 큰 위기였다. 디즈니는 재빠르게 애니메이션 관련 설비를 처분했다. 대신 2006년 픽사스튜디오를 인수했다. 픽사스튜디오를 인수하면서 당시 컴퓨터그래픽 애니메이션의 경쟁업체였던 드림웍스(Dreamworks)를 따돌리는 데 성공했다. 애니메이션 제국으로 자리잡은 디즈니는 이제 영화계를 넘보기 시작했다. 2009년 마블 스튜디오를 40억달러에 인수했다. 3년 뒤인 2012년에는 스타워즈 시리즈를 제작한 루카스 필름까지 사들였다.

2017년엔 미국 6대 영화사 중 하나인 21세기폭스마저 디즈니 손에 떨어졌

다. 21세기폭스 합병에 들인 돈만 710억달러였다. 세계에서 가장 거대한 미디어그룹의 탄생이었다. 전 세계인들이 태어나서 죽을 때까지 즐길 미디어 콘텐츠는 모두 디즈니가 만들어낼 수 있을 정도였다. 마블 인수 후 지금까지 디즈니 주가는 6배 넘게 올랐다.

경기 방어+성장성까지

코로나19는 디즈니에 위기였다. 2018년 매출의 41%를 차지하던 테마파크 매출 비중은 23%로 거의 반 토막 났다. 하지만 디즈니는 디지털로 무대를 옮겼다. 2019년 11월 12일 OTT인 디즈니플러스를 정식 출시했다.

이 서비스는 풍부한 콘텐츠 덕분에 빠르게 성장했다. 당초 회사 측은 디즈니플러스의 2024년 가입자 수 목표치를 7500만 명으로 잡았다. 2021년 이미 1억1600만 명으로 목표를 조기 달성했다. 디즈니는 2024년 목표치를 2억4500만 명으로 기존 대비 3배 이상 늘려 잡았다. 디즈니의 막강한 IP가 다른 OTT와 차

2억 4500만명

디즈니플러스는 2024년 목표치를 2억4500만 명으로 기존 대비 3배 이상 늘려 잡았다. 디즈니의 막강한 IP가 다른 OTT와 차별화된 성장세를 이끌었다.

별화된 성장세를 이끌었다.

해외 진출 속도도 높이고 있다. 2021년 한국과 홍콩 대만에서 디즈니플러스를 정식 서비스할 계획이다. 하반기에는 그동안 주가 발목을 잡았던 테마파크 부문 회복세가 더해질 전망이다. 세계 최대 테마파크 단지인 미국 올랜도 디즈니월드는 10월 1일부터 50주년 행사에 들어갔다. 디즈니 리조트 예약이 급격하게 회복하면서 벌써 숙소 구하기가 어렵다는 하소연이 곳곳에서 터져나올 정도다. 디즈니는 자체적으로도 '위드 코로나' 모드에 돌입했다. 올랜도 등 주요 파크 내에서 마스크 의무화도 폐지했다. 디즈니 실적의 주요 축이던 테마파크 실적이 4분기 이후로 가파르게 회복할 것으로 볼 수 있는 정황이다.

디즈니플러스의 성장세 덕에 밸류에이션도 달라지고 있다. 현재 디즈니의 12개월 선행 주가수익비율(PER)은 33배 수준이다. 코로나19 이전에는 20배대에서 거래돼 왔다. 2020년 말부터 2021년 초까지는 60~70배까지 치솟기도 했다.

OTT 성장에 따라 플랫폼주의 밸류에이션을 인정받고 있는 과정이다. JP모간은 디즈니에 대해 최근 리포트에서 "기존 산업에서 지속적인 디지털 혁신과 (실적) 회복세를 보이고 있는 디즈니는 2021년에도 미디어 업종 가운데 최고의 선택 대상"이라고 평가했다.

STOCK 추억의 종목

필름은 죽었어도 필름 만든 기술은 영원하다
후지필름

#사상 최대 실적 전망
#헬스케어·화장품 등 신사업 박차
#필름기술 활용 바이오·반도체 두각
#CDMO 사업 900억엔 투자

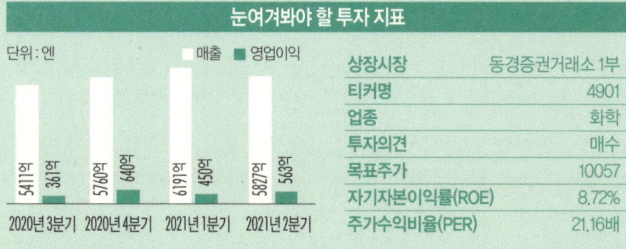

2012년 코닥의 파산은 필름 카메라의 종말을 알렸다. 시장에선 업계 2위이던 후지필름(4901)의 파산도 시간문제라고들 했다. 그로부터 약 10년이 흘렀다. 예상은 빗나갔다. 후지필름은 파산이 아니라 사상 최대 실적 행진을 이어가고 있다. 주가도 사상 최고가 수준에서 움직이고 있다. 호랑이가 죽으면 가죽을 남기듯, 필름은 사라졌으나 필름을 만들던 기술만은 남았다. 부활한 후지필름의 비결은 무엇일까.

20년전 필카 전성기 주가 추월

후지필름 주가는 2021년 들어 9월 말까지 77%가량 상승했다. 닛케이225 지수 상승률(7.32%)을 큰 폭으로 웃돌았다. 코로나19 이후 저점 기준으로는 132% 가까이 올랐다.

필름회사인데 필름산업이 정점이던 때보다 주가가 높다. 필름카메라가 대세였던 2000년대 초반 후지필름의 주가는 6000엔을 넘지 못했다. 하지만 코닥이 파산하던 2012년 이후 주가가 우상향하더니 1만엔을 바라보는 수준까지 올라왔다. 2021년 9월 말 기준 후지필름의 시가총액은 4조9337억엔으로 일본시장 31위를 차지하고 있다.

본업을 버린 게 약이 됐다. 후지필름은 2006년 헬스케어·화장품 시장에 뛰어드는 등 신사업을 적극적으로 펼치기 시작했다. 2021년 3월 말 기준 후지필름 매출에서 헬스케어·머티리얼즈(반도체 소재 등)가 차지하는 비

| 반도체 소재 기업으로 변신 | ■ 포토레지스트 분야 세계 점유율 5위
■ CMP슬러리 세계점유율 2위 | ■ 2024년까지 반도체재료사업에 700억엔 투자
■ 관련 매출 향후 30% 추가 증편 계획 |

중은 48.01%에 이른다. 카메라 관련 사업(이미징 부문)의 매출 비중은 13.01%에 불과하다. 2000년만 해도 매출의 60% 이상이 카메라 관련 사업에서 나왔다. 말 그대로 완벽한 변신에 성공했다.

필름기술 활용해
바이오·반도체 소재에서 두각

본업을 버릴 수 있었던 건 역설적으로 본업이 탄탄했기 때문이었다. 후지필름은 필름 사업은 대폭 축소했지만 필름을 만들던 기술만큼은 살려 다른 분야에 적용했다. 2006년 시작한 화장품 사업이 대표적이다. 후지필름은 필름과 피부의 주성분이 콜라겐으로 같다는 점에 착안해 화장품 사업에 뛰어들었다. 사진이 노랗게 바래는 것을 막는 기술을 활용하면 피부 주름 등 노화를 억제할 수 있다는 아이디어였다.

이후 같은 발상으로 바이오 사업에도 진출했다. 가장 쉬운 건 진단용 의료기기 사업이었다. 엑스레이 필름과 초소형 내시경 등은 기존 카메라와 필름 기술을 활용하면 금세 따라잡을 수 있었다. 여기에 신약개발 부문까지 발을 들여놓았다. 일례로 필름을 만들면서 얻은 콜라겐 가공 기술을 활용하면 유도만능줄기세포(iPS세포) 배양이 가능하다. 후지필름은 여러 바이오 회사를 인수합병(M&A)하고 자사의 기술을 적용할 방법을 찾고 있다.

2006년 주식 66% 인수를 시작으로 2018년 완전자회사로 만든 도야마화학은 항인플루엔자 바이러스제 '아비간' 개발사로 유명하다. 이제는 CDMO(위탁개발생산)까지 보폭을 넓히고 있다.

2021년 6월 후지필름은 CDMO 사업에 900억엔을 투자하겠다고 밝혔다. 900억엔을 포함해 2011년 이후 총 6000억엔가량을 CDMO 사업에 쏟아부은 후지필름은 현재 세계 CDMO 시장에서 10%대의 점유율을 차지하고 있다.

최근엔 반도체 소재 사업도 주목받고 있다. 후지필름은 포토레지스트 분야에서 현재 세계 점유율 5위를 기록 중이다. 포토레지스트란 반도체 원판인 웨이퍼 위에 회로 패턴을 형성하는 데 꼭 필요한 기술인데, 이 역시 사진 인화 기술과 비슷하다. 포토레지스트가 빛이 닿은 부분 또는 닿지 않은 부분만 남기기에 특정 패턴을 만들 수 있는데, 사진을 인화하는 과정 역시 이런 감광 현상을 활용한 것이기 때문이다. 반도체 웨이퍼 표면을 매끄럽게 해주는 연마제인 CMP슬러리도 마찬가지다. 사진재료를 연구하던 기술을 활용, 현재 세계점유율 2위를 기록 중이다. 2021년 8월 말 후지필름은 반도체 재료사업에 2024년까지 700억엔을 투자, 관련 매출을 향후 30% 추가로 늘리겠다는 계획을 밝히기도 했다.

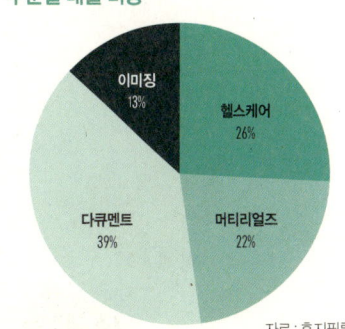

부문별 매출 비중
- 이미징 13%
- 헬스케어 26%
- 머티리얼즈 22%
- 다큐멘트 39%

자료 : 후지필름

2021년 사상 최대 실적 예상

후지필름의 실적은 탄탄대로다. 기업의 무게추를 신사업으로 옮겨갈 때마다 실적은 개선됐다. 2000년(2000년 3월~2001년 2월·이하 3월 말 회계 기준) 후지필름의 매출은 1조4404억엔, 영업이익은 1497억엔이었다. 그로부터 20년이 지난 2020년 매출은 2조1925억엔, 영업이익은 1964억엔으로 늘었다. 2020년 순이익(주주귀속 기준)은 1812억엔으로 사상 최대치를 기록했다.

버린 듯 버리지 않은 본업
- 엑스레이 필름, 초소형 내시경 기존 카메라와 필름 기술 활용
- 화장품 사진이 노랗게 바래는 것을 막는 기술 활용
- 반도체 포토레지스트 사진 인화 기술 활용
- 반도체 CMP슬러리 사진재료 연구 기술 활용
- 신약개발 필름을 제작 시 얻은 콜라겐 가공 기술 활용

STOCK 추억의 종목

중국 1위 리튬업체
간펑리튬

#순이익 2023년 47억위안 예상
#전고체 배터리 기술 개발
#15GWh규모 배터리 공장 프로젝트 발표
#아프리카 리튬 광산 투자

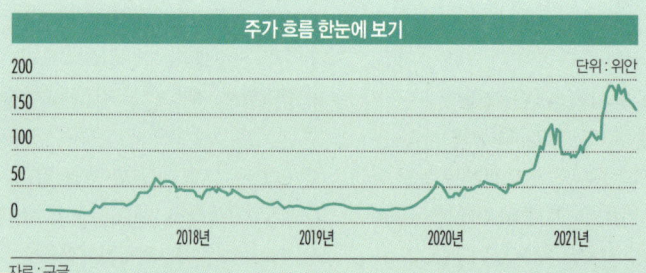

상장시장	선전·홍콩
티커명	SHE: 002460, HKG: 1772
업종	화학
투자의견	매수
목표주가	206
자기자본이익률(ROE)	16.11%
주가수익비율(PER)	39.48배

자료: 야후파이낸스·팁랭크　　　※2021년 9월말 기준

중국 최대, 세계 3위 리튬업체인 간펑리튬(002460)의 주가는 지난 1년간 세 배 넘게 올랐다. 전기자동차 판매량이 늘어나면서 리튬 가격이 뛴 데 따른 대표적 수혜주다.

간펑리튬의 주력 사업은 리튬 채굴과 제련이다. 최근에는 배터리를 직접 생산하기도 한다. 매출에서 배터리가 차지하는 비중은 2018년 7%에서 2019년 11%, 2020년에는 23%로 뛰었다. 매출에서 해외 부문이 차지하는 비중은 30% 안팎이다. 중국 기업 중에선 해외 매출이 많은 편에 속한다.

상반기 순이익 9배 급증

간펑리튬의 2020년 매출은 55억위안(약 9900억원)이었다. 시가총액 2700억위안(약 50조원)대인 회사의 매출로는 적다고 할 수 있다. 2019년에 비하면 3.4% 커졌다. 작년 전기차 산업 전체가 코로나19 탓에 위축된 영향을 받았다. 순이익은 4억위안에서 10억위안으로 두 배 넘게 늘었다.

2021년 상반기 실적은 눈에 띄게 좋아졌다. 매출 40억위안에 순이익 14억위안을 거뒀다. 이익률은 35%에 달한다. 전년 상반기에 비해 매출은 70% 증가했고 순이익은 아홉 배 늘었다. 중국 증권사 컨센서스(예상치 평균)에 따르면 매출이 2021년 90억위안, 2022년 125억위안, 2023년에는 150억위안 정도로 증가할 것으로 전망된다. 순이익은 2021년 26억위안, 2022년 37억위안, 2023년 47억위안으로 예상된다.

| 수산화리튬 | ■ 전기차 배터리에 주로 사용
■ 소금처럼 하얀 결정 | ■ 리튬이온배터리 안에서는 액체 상태
■ 리튬이온이 배터리의 양극재와 음극재 사이를 이동하면서 전기를 발생 |

간펑리튬은 리튬 가격 상승으로 수혜를 보고 있다. 전기차 배터리에 들어가는 수산화리튬 가격은 2020년 10월까지 t당 4만위안 아래였는데 불과 6개월 만인 2021년 4월 t당 9만위안까지 올랐다. 2017년 말 t당 16만위안까지 치솟았던 것에 비하면 더 오를 여지도 있다는 분석이다.

전고체 배터리 등 미래기술 확보

간펑리튬의 주력 제품은 리튬을 배터리에 들어갈 수 있도록 가공 처리한 탄산리튬과 수산화리튬이다. 높은 출력이 필요한 전기차 배터리에는 주로 수산화리튬이 들어간다. 수산화리튬은 소금처럼 하얀 결정이다. 일반적인 리튬이온배터리 안에서는 액체 상태다. 리튬이온이 배터리의 양극재와 음극재 사이를 이동하면서 전기를 발생시킨다.

간펑리튬은 2000년 설립됐다. 세계 1위인 미국 앨버말도 1994년 설립됐을 정도로 리튬산업의 역사는 길지 않다. 2위는 칠레의 SQM이다. 현재는 전기차 배터리가 리튬의 주요 수요처지만 처음에는 휴대폰 배터리에 많이 쓰였다. 간펑리튬은 리튬 관련 산업의 다양한 부문을 꾸준히 준비해 왔다. 2004년 중국에서 처음으로 상업용 리튬 생산에 들어갔다. 2009년 전기차에 들어갈 수 있는 수준의 고순도 리튬도 중국에서 처음 생산했다. 2014년 독자 배터리 개발에 착수했고 2016년에는 다 쓴 폐배터리에서 리튬을 추출하는 기술과 전고체 배터리 기술 개발에

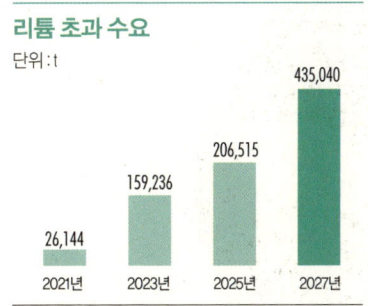

리튬 초과 수요
단위:t

2021년	2023년	2025년	2027년
26,144	159,236	206,515	435,040

자료 : 벤치마크 미네랄 인텔리전스

들어갔다.
전고체 배터리는 리튬을 전해액에 녹이는 대신 고체 상태로 활용하는 방식이다. 액체 배터리에 비해 안전하고, 이론적으로는 에너지 밀도도 높다. 아직 기술적으로 해결되지 않은 부분이 있어 현재 상용화한 업체는 없다. 간펑리튬은 2017년 전고체 배터리 시험 생산라인을 완공했다. 최근에는 중국 3대 완성차업체인 둥펑자동차와 전고체 배터리를 함께 개발하기로 협약을 맺기도 했다.

세계 각지에서 리튬 원광 조달

간펑리튬은 글로벌 배터리업체와 완성차업체들을 주요 고객사로 보유하고 있다. 2018년 LG화학과 6년짜리 장기 공급계약을 맺었고, 테슬라와도 테슬라가 지정하는 업체에 리튬을 공

간펑리튬이 리튬 원재료를 확보하는 아르헨티나 염호

광산 및 채굴권 보유 현황
- 장시성 닝도 리튬 광산
- 호주 광산 두곳
- 아일랜드 광산
- 아르헨티나 염호 두곳
- 멕시코 점토 채굴장

급하는 3년짜리 계약을 체결했다. 2019년에는 폭스바겐과 10년 동안 협업하기로 계약했다. 전고체 배터리와 배터리 재활용 기술도 함께 개발하기로 했다. 또 2019년 말에는 BMW와 계약했다. BMW가 지정한 배터리에 리튬을 공급하는 계약이다. 삼성SDI가 BMW에 납품한다는 점에서 간펑리튬은 한국 대표 배터리 업체들을 고객으로 확보하고 있다.

간펑리튬은 최근 연산 15GWh(기가와트시) 규모 신규 배터리 공장 프로젝트를 발표했다. 장시성에 30억위안을 들여 5GWh, 충칭에 54억위안을 투자해 10GWh 등으로 총 84억위안, 약 1조5000억원을 투입할 예정이다. 현재 6GWh 공장을 운영 중이며 신규 공장을 완공하면 20GWh가 넘게 된다.

리튬 부문 생산량은 탄산리튬이 연 4만t, 수산화리튬이 연 8만1000t이다. 현재 5만t 규모 수산화리튬 공장을 추가로 짓고 있다.

간펑리튬은 기존 광산 지분을 사들이거나 제휴하는 식으로 리튬 원광을 확보하는 길을 다양화하고 있다. 최근에는 아프리카 말리의 굴라미나 광산 지분 50%를 1억3000만달러, 약 1500억원에 인수했다. 굴라미나 광산 리튬 매장량은 약 1억850만t이다. 중국 기업으로 아프리카 리튬 광산에 투자한 건 간펑이 처음이다.

STOCK 추억의 종목

내연기관차 종말 속 부활 노린다
GM

#美 대표 모빌리티 기업
#탄탄한 신차 라인업
#전기차 '허머' 출시 임박
#2025년까지 전기차에 270억달러 투자

주가 흐름 한눈에 보기 (단위: 달러)

자료: 구글

눈여겨봐야 할 투자 지표

상장시장	뉴욕거래소
티커명	GM
업종	소비순환재
투자의견	강력 매수
목표주가	72.00달러
자기자본이익률(ROE)	24.88%
주가수익비율(PER)	7.97배

자료: 야후파이낸스·팁랭크 ※2021년 9월말 기준

비운의 전기차 EV1, 1996년 GM(제너럴모터스)이 만든 세계 최초 양산형 전기차다. 비운의 차로 불리는 것은 성공적인 역사 속 기록을 남기지 못해서다. GM의 기술이 집약된 EV1은 1회 충전으로 160㎞를 달릴 수 있도록 만들어졌다. 당시 기술력을 감안하면 서울에서 대전까지 달릴 수 있는 짧지 않은 주행거리였다. 하지만 당시 내연기관차에 익숙한 소비자들의 눈높이를 충족시키기엔 역부족이었다. 수요가 많지 않은 데다 높은 생산 단가를 감당하지 못한 GM은 결국 생산한 차량을 폐기하고 생산라인을 폐쇄했다.

지옥에서 살아돌아온 GM

그 후 25년이 지나 시대가 완전히 바뀌었다. 완성차업체들은 일제히 '내연기관차의 종말'을 예고하고 나섰고, 누가 전기차를 비롯한 친환경차로 빠르게 전환하느냐가 관건이 됐다. 현대자동차·기아를 비롯해 폭스바겐, 벤츠 등 전 세계 전통 완성차업체부터 테슬라, 루시드모터스 등 전기차에서 출발한 업체들까지 치열한 경쟁을 펼치고 있다.

몰락했던 GM도 새 시대를 맞아 부활하고 있다. 시장에선 미국 내 자동차 업체 가운데 가장 빠르게 미래차 시대에 적응하고 있는 회사로 꼽힌다. 국내 증권사들이 다시 주목해야 할 전통주로 GM을 주목한 이유다.

GM의 과거는 그 어느 기업보다 화려했다. 뷰익, 캐딜락, 폰티악 등을 포함해 1920년까지 약 39개의 회사를 인

미국 내 GM 공장 및 시설	• 조립공장 11개소 • 스탬핑, 추진, 부품 및 배터리 공장 25개소 • 부품유통센터 19개소	• 엔지니어링 캠퍼스 2개소 등 122개 시설 보유 • IT 센터, 콜 센터, GM 금융 서비스 센터 보유

수하며 사세를 키웠다. 1930년대에는 포드를 누르고 글로벌 최대 자동차업체로 등극했다. 1960년대에는 미국 자동차 시장 점유율이 50%까지 치솟았다.

하지만 점차 쇠락의 길로 접어든 GM은 지난 10년간 투자자들의 관심 밖에 머물렀다. '파산 쇼크'에 대한 기억 탓이다. 미국의 자존심으로 꼽힌 GM은 2008년 금융위기 직후 결국 파산의 길로 접어들었다. 그렇게 추락한 GM은 미국 자동차산업의 상징이 됐고, GM이 터를 잡고 있던 지역은 몰락의 도시가 됐다.

2009년 6월 파산보호신청 후 상장폐지됐던 GM은 이듬해인 2010년 11월 재상장했지만 주가가 30달러 선에서 갇혀 있었다.

10년간 혹독한 구조조정을 거친 GM은 개선된 실적으로 부활을 알렸다. 2017년부터 유럽, 인도, 남아프리카공화국에서 모두 철수한 후 미국 시장에 집중했다. 구조조정이 끝나갈 무렵 코로나19 사태로 대중교통 이용을 꺼리는 이들이 늘면서 차량 판매가 증가한 것은 큰 호재였다. 2020년 3분기 GM의 영업이익률은 12.5%에 달했다. 재상장 이후 분기 사상 최대 수익성을 확보한 셈이다. 시장에서는 GM을 '디트로이트의 선두주자'로 평가하기 시작했다. 자율주행차와 전기차 분야에서 모두 대비가 잘된 업체란 평가가 이어졌다. 2021년 6월 주가는 63.92달러까지 치솟았다. 2010년 재상장 이후 최고치였다.

GM 공장 라인에서 생산되고 있는 차량 모습.

美 대표 모빌리티 기업으로 거듭나다

2021년 실적 전망도 밝다. 업계에선 GM이 113억4200만달러의 영업이익을 거둘 것으로 예상하고 있다. 작년 대비 70% 넘게 증가한 수치다. 한국투자증권은 "전기차 정책 강화에 따른 성장성이 부각되고 있다"며 "GM은 내연기관차로 벌어들인 수익을 기반으로 전기차, 수소차, 자율주행, 모빌리티 등 미래차 전환에 박차를 가하고 있다"고 평가했다.

신차 라인업도 탄탄하다. '기름 먹는 하마'로 불렸던 허머가 전기차로 탈바꿈해 출시를 앞두고 있다. LG에너지솔루션과 공동으로 개발한 얼티엄 배터리 시스템을 장착한 캐딜락의 첫 전기차 리릭은 10분 만에 사전계약 물량이 완판되며 흥행을 예고했다.

전기차 분야에 대규모 투자를 단행하고 있는 점도 시장의 기대감을 높이고 있다. GM은 2025년까지 270억달러를 투자할 계획이다. 기존 200억달러에서 70억달러나 상향 조정된 수치다. 이를 바탕으로 2025년 전기차 100만 대 판매를 목표로 하고 있다.

자율주행에도 공을 들이고 있다. 최근에는 중국 자율주행차 기업 모멘타에 3억달러(약 3552억원)를 투자한다는 소식이 외신을 통해 전해졌다. 브라이트 드롭 사업부도 신설해 미래 먹거리 확보에 나선 모습이다. 물류회사를 공략한 B2B(기업 간 거래) 비즈니스로, 전기 상용 밴 EV600과 전동식 운반대 EP1이 핵심이다. 첫 번째 고객사는 페덱스로 500대 계약을 체결해 실증사업을 시작했다.

최근 볼트 화재 관련 충당금(8억달러)과 차량용 반도체 쇼티지(공급 부족) 사태로 인한 하반기 실적 부진 등의 영향으로 주가가 조정을 받았지만 전문가들은 향후 성장성이 높다고 보고 있다.

STOCK 추억의 종목

'명품 중 명품'의 힘
에르메스

- # 코로나19 이후 주가 108%↑
- # 10년간 꺾인적 없는 실적
- # 액세서리, 소품 매출 급증
- # 중국 MZ세대 소비력 견인

주가 흐름 한눈에 보기
단위: 달러

자료: 구글

눈여겨봐야 할 투자 지표

상장시장	프랑스 CAC
티커명	RMS FP
업종	소비재
투자의견	매수
목표주가	1263.61
자기자본이익률(ROE)	31.07%
주가수익비율(PER)	60.62배

자료: 야후파이낸스·팁랭크   ※2021년 9월말 기준

"이건 가방이 아니에요. 버킨이에요." 미국 드라마 '섹스앤더시티'에서 주인공 사만다는 버킨백을 사러 에르메스(RMS FP)를 찾는다. 그런 사만다에게 직원은 가방이 아니라 서류를 내민다. 이름이나 적고 가라고 내민 명단이다. 직원은 대기자만 5년치 밀려 있다고 했다. "가방 하나에요?"라며 놀라는 사만다에게 직원은 한마디 한다. "이건 버킨이에요." 에르메스가 명품 시장에서 가진 지위와 상징을 보여주는 장면이다.

지금 버킨백 가격은 1만달러에 달한다. 사만다가 그때(2001년 당시 4000달러) 버킨백을 샀다면 가치가 두 배는 오른 셈이다. 하지만 사만다가 버킨백이 아니라 에르메스 주식을 샀다면 더 좋았을 것이다. 에르메스 주식의 가치는 그로부터 25배 넘게 올랐으니 말이다. 에르메스 주가는 독보적 지위를 배경 삼아 고공행진 중이다.

에르메스의 든든한 BAG

프랑스 주식시장에서 에르메스 주가는 2021년 들어서만 35유로가량(9월말 기준) 올랐다. 코로나19 이후 저점부터 따지면 약 108% 뛰었다. 에르메스의 10년 상승률은 383%이고, 20년 상승률은 무려 2645%다. 프랑스 대표지수인 CAC40의 지난 20년 상승률이 80%에 그쳤음을 감안하면 눈부신 상승세다.

에르메스 주가를 뒷받침하는 건 실적 성장이다. 에르메스는 코로나19가 발생한 2020년을 제외하면 연간 기준

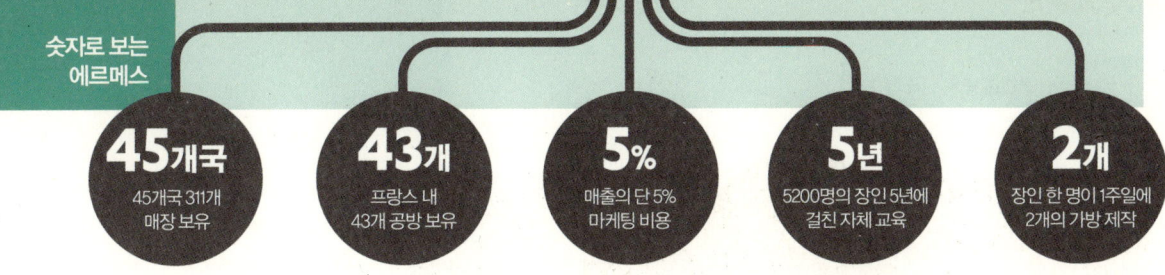

숫자로 보는 에르메스

45개국 — 45개국 311개 매장 보유

43개 — 프랑스 내 43개 공방 보유

5% — 매출의 단 5% 마케팅 비용

5년 — 5200명의 장인 5년에 걸친 자체 교육

2개 — 장인 한 명이 1주일에 2개의 가방 제작

으로 최근 10년 동안 실적이 단 한 번도 꺾인 적이 없다. 2010년 매출은 24억유로였는데, 2019년까지 68억8300만유로로 3배 가까이 늘었다. 2020년엔 매출이 일시적으로 꺾여 63억8900만유로를 기록했지만, 2021년 다시 사상 최대 실적을 기록할 전망이다. 2021년 상반기 벌어들인 매출만 42억3500만유로로 2019년 상반기 대비 29% 증가했다. 매출의 대부분을 차지하는 건 역시 가방이다. 2021년 상반기 '켈리백' '버킨백' 등 가죽제품에서 나온 매출은 19억9900만유로로 전체의 47.2%를 차지했다.

에르메스 매출 증가의 또 다른 원동력은 스카프 등 소품이다. 대표적인 게 벨트 등 액세서리다. 액세서리류 매출은 2021년 상반기 10억2510만유로로

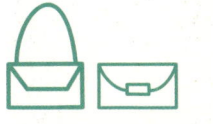

ACCESSORY

액세서리류 매출은 2021년 상반기 10억2510만유로로 전년 동기 대비 90.9% 늘었다. 스카프 등 실크 매출도 같은 기간 65.8% 늘어 2억7290만유로를 기록했다.

전년 동기 대비 90.9% 늘었다. 스카프 등 실크 매출도 같은 기간 65.8% 늘어 2억7290만유로를 기록했다. 에르메스 액세서리는 가방보다 가격이 저렴한 데다 손에 넣기도 쉽지만 프리미엄 이미지는 그대로 가져갈 수 있다. 코로나19 영향으로 테이블웨어 등 소품 매출도 급증했다. 2021년 상반기 소품 매출은 전년 동기 대비 93.2% 급증한 4억6230만유로를 기록했다. 그릇 한 개 가격이 100만원에 육박하지만 사람들은 아낌없이 지갑을 열었다. 최근 시계 관련 성장도 돋보인다. 2021년 상반기 시계부문 매출은 1억5880만유로로 전년 동기 대비 114%나 급증했다. 고급 남성 패션시계 H08이 히트를 친 데 따른 것이다.

가질 수 없어 더 갖고 싶은 너

에르메스 가방을 찾는 사람이 늘어나면서 실적도 오르고 있다. 에르메스 가방 가격이 매년 올라 이제는 1000만원에 육박하는데도 그렇다. 에르메스는 마케팅에 쏟는 비용이 매출의 5%에 불과할 정도로 인색한 업체로 유명하다. 그렇다면 에르메스 가방은 왜 이리 인기일까. 없어서 못 사는 가방이라서다. 에르메스는 장인이 한 땀 한 땀 바느질해 소량의 가방을 만든다. 대량 생산 체계를 구축해 가방을 만들어내는 루이비통 등과 다르다. 약 5년에 걸친 자체 교육으로 육성한 장인이 제품의 모든 과정을 도맡아 생산한다. 장인 한 명이 1주일에 만드는 가방은 고작 2개 정도다. 이렇다 보니 몇 년을 기다려도 손에 넣기가 어렵다. 가질 수 없으니 더 갖고 싶게 만든다.

사실 소비자들은 매년 가격이 오르는 것을 더 선호하기도 한다. '베블런 효

에르메스의 그릇 콜렉션인 '모자이크24 골드 디저트 플레이트 세트'.

STOCK 추억의 종목

중국의 한 에르메스 매장에 손님들이 줄을 서 있다.

과의 대표적 예다. 베블런 효과는 가격이 상승하면 오히려 수요가 증가하는 현상을 일컫는 경제학 용어다. 자신의 부를 과시하거나 허영심을 채우기 위해 가격이 비쌀수록 구매욕이 강해지기 때문이다. 섹스앤더시티의 사만다 역시 "버킨백은 내 취향에 맞지 않지만 가방이 가지는 의미가 있지 않느냐"며 "(4000달러짜리) 버킨백을 가지면 난 성공한 여자가 될 수 있다"고 말했다. 실제 루이비통 등 브랜드를 영위하는 루이비통모에헤네시(LVMH)는 2010~2019년 매출이 164% 증가했는데, 가격이 더 비싼 가방을 파는 에르메스의 매출은 같은 기간 187% 늘었다.

커지는 명품시장

세계 명품 시장은 매년 커지고 있다. 시장조사업체 GIA에 따르면 2020년 세계 명품 시장은 2248억달러 규모로 추산되는데, 2026년이면 2969억달러 규모까지 성장할 것으로 전망되고 있다.

그중에서도 중국의 성장이 돋보인다. 컨설팅업체 베인앤드컴퍼니에 따르면 2020년 세계 명품 시장에서 중국이 차지하는 비중은 20%였다. 2019년 11%에서 두 배가량 커진 것이다. 코로나19로 인해 다른 국가 소비자들이 지갑을 닫는 와중에도 중국 소비자들은 아낌없이 명품을 산 영향이다. 2025년에는 세계 명품 시장에서 중국이 차지하는 비중이 가장 커질 것으로 예상되고 있다. 현재는 미국, 유럽에 이어 중국이 3위다. 중국의 부유층이 그만큼 빨리 늘어나고 있어서다. 컨설팅업체 맥킨지에 따르면 2010년 중국의 중산층(연간 가처분소득 13만8000~29만7000위안) 비중은 전체의 6.6%에 불과했는데 2018년엔 45.7%까지 늘어났다.

중국의 명품 소비력을 끌어올리는 건 MZ세대(밀레니얼+Z세대)다. 시장은 특히 Z세대(1995년 이후 출생)에 주목한다. 3억2000만 명에 달하는 중국 밀레니얼세대(1980~1995년 출생)는 이미 핵심 소비자지만 8000만 명에 육박하는 중국 Z세대는 이제 주요 소비자로 자리잡을 것으로 보여서다. 베인앤드컴퍼니는 현재 중국 Z세대가 온라인 쇼핑몰 티몰 명품 매출에서 차지하는 비중은 5% 미만으로 작지만 소비금액은 연간 100% 이상 증가하고 있다고 분석했다. 그러면서 Z세대가 노동시장에 본격적으로 뛰어들기 시작하면 밀레니얼세대의 소비력을 금방 따라잡을 것이라고 봤다.

에르메스의 지역별 매출 비중을 보면 일본을 제외한 아시아지역이 차지하는 비중이 50.8%로 가장 높다. 이 중 대부분의 매출이 중국에서 나온다. 에르메스도 이를 고려해 사업을 펼치고 있다. 에르메스의 전 세계 매장 수는 2011년 328곳으로 정점을 찍고 이후 줄어들어 2020년 306곳이 됐다. 그러나 중국 판매채널은 꾸준히 늘고 있어 현재 중국 내 에르메스 매장은 28곳을 기록 중이다. 전체 매장 수 중 중국의 비중은 2010년만 해도 6% 정도였는데, 현재는 10%에 가까워졌다.

中 '공동부유' 정책이 부른 화

글로벌 금융위기에도, 코로나19에도 끄떡없던 에르메스에 복병이 생겼다.

50.8%
에르메스의 지역별 매출 비중을 보면 일본을 제외한 아시아지역이 차지하는 비중이 50.8%로 가장 높다.

전세계 명품 시장 규모
2026년(예상) 3000억 달러
2020년 2000억 달러

중국 정부다. 2021년 시진핑 중국 국가주석은 국정 운영의 핵심 사상으로 '공동부유(共同富裕)'를 내걸었다. 중국의 양극화가 극에 달했다는 판단 아래 다 같이 잘살자는 얘기다. 중국 정부가 부의 재분배에 초점을 맞춘다면 중국 최고위층의 부를 압박하게 된다. 에르메스의 주 고객인 중국 부유층의 소비심리를 위축시킬 수 있다는 우려가 나오는 배경이다.

괜한 우려가 아니다. 이미 비슷한 일이 2012년에 일어난 적이 있다. 당시 중국 정부는 특권층을 상대로 반(反)부정부패 운동을 벌였다. 그동안 뇌물로 사용되던 명품 시계 등 소비가 급격히 위축되면서 이듬해인 2013년 명품 소비 증가율은 2%에 그쳤다. 2008~2011년 연평균 10%대 고성장 행진을 이어간 중국 명품 시장이 갑자기 쪼그라든 것이다. 2011~2012년 23% 증가했던 에르메스 매출은 2012~2013년 8% 증가에 그쳤다.

아직 중국 정부로부터 명품 소비를 옥죄는 구체적인 정책 발표는 없다. 그럼에도 에르메스 주가는 타격을 받았다. 8월 초 1340유로까지 올랐던 주가는 열흘 만에 1220유로까지 10%가량 떨어졌다. 그나마 에르메스는 나은 편이다. LVMH는 같은 기간 종가 기준 고점에서 저점까지 14%가량 떨어졌다. 구찌와 입생로랑 등 브랜드를 보유한 케링은 20% 넘게 떨어지며 더 극단적인 양상을 보이기도 했다. 존 콕스 케플러 쉬브뢰(Kepler Cheuvreux) 유럽 소비재 부문장은

에르메스 타임라인

1837	파리의 바스-듀-름파르 (Basse-du-Rempart) 가에 공방 오픈
1880	마구와 안장 주문 제작
1922	'지퍼' 독점권 획득, 에르메스 백에 폭넓게 사용
1925	남성용 의류, 골프 재킷 첫 제작
1927	쥬얼리 출시
1928	워치와 샌들 출시
1937	실크 스카프 탄생
1949	실크 타이 등장
1956	켈리백 탄생
1967	여성복 컬렉션
1984	버킨백 탄생
2000	메종 에르메스 (Maison Hermès) 뉴욕 오픈
2008	에르메스 재단 (Foundation d'Entreprise Hermès) 창립
2015	Apple과 파트너십
2018	에르메스, CAC 40 상장
2020	새로운 뷰티 제품군 런칭

중국 부유층에 대한 세금 인상으로 중국 내 명품 판매가 10~25% 감소할 수 있다고 예상했다. 향후 1~2년은 명품주 주가를 누를 수 있다는 것이다. 다만 시장의 반응이 지나치다고 보는 전문가가 더 많다. 스위스 투자은행 UBS는 "중국 정부 정책은 온건하고 점진적일 것"이라며 "명품 시장에 미치는 영향은 제한적일 전망"이라고 내다봤다. 그러면서 중국 정책 우려로 인한 명품주의 주가 하락은 명품주를 싸게 살 절호의 기회가 될 것이라고도 덧붙였다.

공동부유 정책이 명품주에 오히려 좋다는 의견도 있다. 아네타 와이님코 피델리티자산운용 포트폴리오 매니저는 "최근 중국 정부의 움직임을 예측하기 어렵기 때문에 상황을 주의 깊게 살펴보고 있다"면서도 "정부의 정책 방향이 중산층 성장을 뒷받침하는 것으로 보이기 때문에 중국의 명품 시장 위축을 걱정하진 않는다"고 밝혔다.

STOCK 추억의 종목

28년간 특허 출원 1위
IBM

#세계에서 가장 많은 특허 보유

#체질개선 위한 공격적 M&A

#190억달러 규모 사업부 분사

#클라우드, 반도체 설계 집중

주가 흐름 한눈에 보기
단위: 달러

자료: 구글

눈여겨봐야 할 투자 지표
단위: 달러 매출 영업이익

	2020년 3분기	2020년 4분기	2021년 1분기	2021년 2분기
매출	175억6100만	203억6700만	177억2900만	187억4500만
영업이익	24억300만	13억6800만	19억	15억4600만

상장시장	뉴욕증권거래소
티커명	IBM
업종	기술
투자의견	매수
목표주가	154.33
자기자본이익률(ROE)	24.53%
주가수익비율(PER)	11.75배

자료: 야후파이낸스·팁랭크 ※2021년 9월말 기준

시계, 정육점 저울, 계산기, 커피 분쇄기. 1911년 창업한 IBM의 초기 주력 상품들이다. 3년 뒤인 1914년 토머스 왓슨이 총책임자로 합류하면서 IBM의 대표 상품은 전기 타자기와 사무용 기기로 바뀌었다. 이후 글로벌 정보기술(IT) 기업으로 다시 한번 변신에 성공했다.

왓슨은 IBM의 초기 역사를 쓴 인물로 평가받는다. 그는 인재 확보에 누구보다 집중했다. 사훈은 '싱크(Think·생각하다)'. 모든 직원이 스스로 생각해 기업이 나아갈 방향을 정하도록 했다. '독서하라, 경청하라, 토론하라, 관찰하라, 생각하라.' 다섯 개 항목은 IBM의 핵심 원칙이다.

왓슨은 변화를 두려워하지 않았다. 연구 중심 기업으로 바뀌고 직원들이 생각하기 시작하자 기업도 함께 성장했다. "기업의 성패는 직원들의 재능과 열정을 끌어내는 능력에 따라 좌우된다." 이 격언은 왓슨이 남긴 가장 큰 자산이다. IBM의 '싱크' 정신은 마이크로소프트(MS), 애플 등으로 이어져 미국 IT 기업의 혁신 기반이 됐다.

IBM은 올해로 창립 110년을 맞았다. 경쟁 업체가 늘면서 IBM의 지위는 흔들리고 있다. 한때 미국 1위 IT 기업이었던 IBM은 애플 아마존 구글 등에 밀려 10위권 지위도 위태로운 상태다. 하지만 왓슨이 만든 싱크 정신은 여전히 IBM을 지탱하고 있다. 클라우드 컴퓨팅 등에 투자를 집중하면서 인공지능(AI) 서비스 왓슨, 클라우드 플랫

| IBM의 반도체 혁신 | 2nm
세계 최초 2nm(1nm=10억분의 1m)
공정으로 제작한 반도체칩 공개 | 45%
일반 7nm 칩보다
성능 45%↑ | 75%
에너지 사용
75%가량↓ 기대 | 2025
2024년 말~
2025년 생산 목표 |

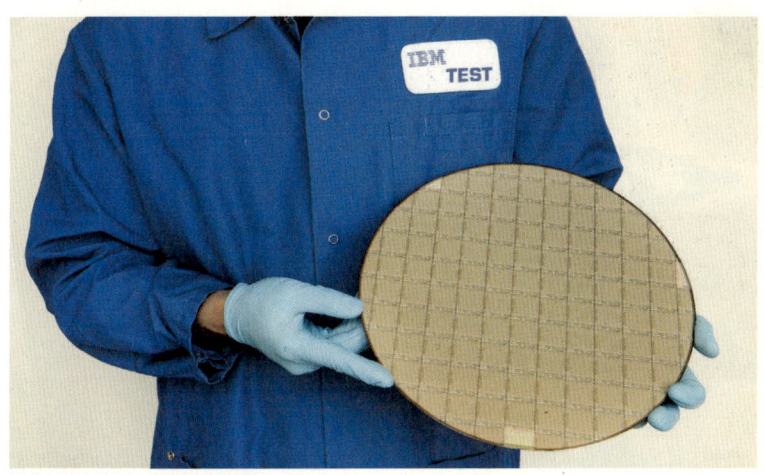

올해 8월 공개된 IBM의 반도체 모델.

28년째

IBM은 세계에서 가장 많은 특허를 보유한 기업이다. 지난해 9130개 특허를 취득했다. 1993년 이후 28년째 부동의 1위다.

Think

IBM의 '싱크' 정신은 마이크로소프트(MS), 애플 등으로 이어져 미국 IT 기업의 혁신 기반이 됐다.

폼 블루믹스 등을 잇따라 내놨다. 2019년 레드햇을 인수하며 하이브리드 클라우드 시장 공략을 강화하고 있다. IBM의 미래가 여전히 밝다고 평가하는 이유다.

28년째 세계 1위 특허 보유 기업

IBM은 기업용 소프트웨어 솔루션 기업이다. 미국 뉴욕에 본사를 두고 있다. 1911년 찰스 플린트가 세운 IBM(당시 사명 CTR)은 지난 110년 동안 세계 사무용 소프트웨어 시장을 지키며 직원만 34만5900명인 거대 기업으로 성장했다. IBM 사업부는 클라우드 컴퓨팅, 글로벌 비즈니스 서비스, 글로벌 테크놀로지 서비스, 시스템, 글로벌 파이낸싱 등으로 이뤄져 있다. 클라우드 컴퓨팅 사업부에선 하이브리드 클라우드 솔루션 등을 판매한다. 글로벌 비즈니스 서비스 사업부는 기업 컨설팅과 글로벌 프로세스 서비스 등을 담당한다. 글로벌 테크놀로지 서비스 사업부는 IT 인프라와 플랫폼 서비스를 제공한다. 시스템 부문에서 집중하는 것은 기업용 AI 워크로드 솔루션이다. IBM은 레드햇을 토대로 클라우드 시장 경쟁력을 높여가고 있다.

IBM은 세계에서 가장 많은 특허를 보유한 기업이다. 지난해 9130개 특허를 취득했다. 1993년 이후 28년째 부동의 1위다. IBM 직원들은 창의적 아이디어를 자유롭게 내놓고 혁신을 두려워하지 않는다. 열린 태도로 변화를 받아들이는 것도 IBM의 기업 문화다. CTR을 IBM으로 바꾼 왓슨의 도전은 변화의 시작이었다. 1952년엔 상업용 컴퓨터의 시초인 IBM 701을 출시했다. 프로그래밍 언어인 포트란도 1957년 개발했다.

2000년대 이후 변화 뒤처져

컴퓨터와 운영체제(OS)를 개발하면서 1980년대까지 독주를 이어온 IBM은 '우주 전쟁'에도 뛰어들었다. 1969년 아폴로 프로젝트에 참여했다. 당시 IBM은 컴퓨터의 대명사였다. 하지만 개인용 컴퓨터가 보급되고 MS가 도스, 윈도 등으로 소프트웨어 표준을 장악하면서 주류 시장에서 밀려나기 시작했다.

경쟁 업체들의 저가 공세에 밀린 IBM은 1991년 첫 손실을 냈다. 1993년 창업 이래 가장 많은 80억달러 손실을 기록했다. 이후 외부 인사였던 루 거스너를 최고경영자(CEO)로 영입한 뒤 소프트웨어 분야로 사업을 확장했다. 거스너는 기업들의 요구에 집중했다. 하드웨어 회사였던 IBM을 솔루션 기업으로 변신시켰다. 개인용 컴퓨터 사업부는 중국계 레노버에 매각했다. 1993년 30%에도 미치지 못했던 소프트웨어 매출 비중은 올해 80%까지 증가했다.

기업 솔루션 기업으로 체질을 바꿨지만 IBM의 미래가 밝지만은 않다는 지

STOCK 추억의 종목

IBM 엔지니어가 하이브리드 클라우드 서버를 점검하고 있다.

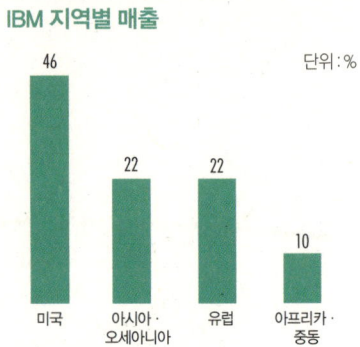

IBM 지역별 매출 (단위: %)
- 미국: 46
- 아시아·오세아니아: 22
- 유럽: 22
- 아프리카·중동: 10

자료: 팩트셋 ※2020년 기준

적이 나왔다. 2000년대 들어선 빠른 시장 변화 속도를 제때 따라가지 못했다는 비판을 받고 있다. 2001년 858억7000만달러였던 매출은 2020년 735억7000만달러로 감소했다. 2011년 1069억2000만달러를 기록한 뒤 계속 내리막길을 걷고 있다.

2018년엔 '투자의 귀재'로 불리는 워런 버핏의 벅셔해서웨이가 IBM 주식 처분을 공표하며 상처를 남겼다. 당시 애플 주식 비율을 늘렸다고 밝힌 버핏은 'IBM 주식을 보유하고 있느냐'는 질문에 "아무것도 갖고 있지 않다"고 답해 IBM의 미래 전망을 어둡게 했다. 버핏은 경쟁이 치열한 클라우드 시장에서 IBM이 우위를 점하기는 어렵다고 판단했다.

세계 첫 의료용 AI 상용화 모델로 기대를 모았던 왓슨헬스도 큰 성과를 내지 못하고 있다. IBM은 2015년 4월 의료진을 도와 암 심장질환 등을 예측 진단하는 왓슨헬스를 내놨다. 왓슨의 의료 서비스를 확대하기 위해 자기공명영상(MRI) 등을 분석하는 머지헬스케어, 환자 상담을 담당하는 파이텔, 임상 데이터를 수집하는 트루벤헬스애널리틱스 등을 인수했다. 이들 인수에 쓴 비용만 38억달러에 이른다. 하지만 성과는 미미하다. 2021년 초엔 IBM이 왓슨의 헬스케어 사업을 매각하려고 한다는 보도가 나왔다.

크리슈나 취임 후 기업 인수 11건

2020년 IBM은 체질 개선을 위한 승부수를 던졌다. 1990년부터 30년간 IBM에 근무한 아르빈드 크리슈나를 CEO로 임명했다. 인도공대(IIT) 출신인 그는 1990년부터 IBM에서 소프트웨어 개발, 정보보안 분야 엔지니어로 일했다. 클라우드 컴퓨팅·인지 소프트웨어 사업부문을 총괄했고 신기술 연구소인 IBM 리서치 소장을 맡았다. 크리슈나는 IBM에서 클라우드 컴퓨팅 업체 레드햇 인수를 진두지휘했다. 레드햇은 세계 최대 오픈소스 클라우드 컴퓨팅 기반 기업용 솔루션 업체다. 클라우드 컴퓨팅 선두 기업인 아마존 오라클 등과 어깨를 나란히 한다는 평가를 받고 있다. 2019년 레드햇을 340달러에 인수하면서 크리슈나는 "IBM의 재기를 위해 레드햇 인수가 꼭 필요하다"고 설득한 것으로 알려졌다.

2020년 4월 크리슈나 CEO 취임 후 IBM이 발표한 기업 인수 계약만 11건이 넘는다. 이들은 모두 클라우드 컴퓨팅과 AI 기업이다. 2020년 IBM이 인수 절차를 마친 기업은 7개다. 인수 비용으로 7억2300만달러를 지출했다. 2021년 1분기에도 9억8700만달러를 투입해 3개 기업을 인수했다. 2분기에 IBM은 인수합병(M&A) 비용으로 17억5000만달러를 썼다. 레드햇 인수 이후 분기 지출이 가장 많았다. 오픈소스 소프트웨어 기업인 마이인베니오, 데이터베이스 앱 관리 기업 터

아르빈드 크리슈나
IBM 최고경영자(CEO).

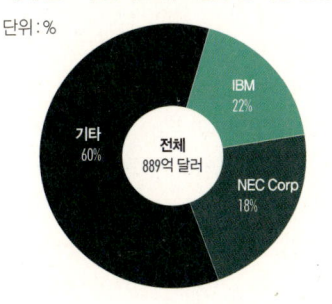

세계 인프라 및 네트워크 솔루션 시장 점유율
단위: %
전체 889억 달러
IBM 22%
NEC Corp 18%
기타 60%
자료: Factset, KB증권 ※2021년 6월 기준

70억 5000만 달러

2020년 IBM이 인수 절차를 마친 기업은 7개다. 인수 비용으로 7억2300만달러를 지출했다. 2021년 1분기에도 9억8700만달러를 투입해 3개 기업을 인수했다. 2분기에 IBM은 인수합병(M&A) 비용으로 17억5000만달러를 썼다.

보노믹, 세일즈포스 컨설팅 기업 왜그를 사들였다. 클라우드 솔루션 부문을 강화하기 위해서다.

IBM은 10년간 기업을 바꾸고 재건하기 위해 1200억달러 넘게 투자했다. 클라우드 운영, AI 제품 확대, 보안 서비스 강화 등에 지출한 비용이 290억 달러다. 클라우드 컴퓨팅과 AI에 집중하기 위해 IBM은 사업 조정에도 나섰다. 2021년 말까지 190억달러 규모의 인프라 관리 서비스 사업부를 분사할 계획이다. 반도체 설계에도 집중하고 있다. 2021년 5월 세계 처음으로 2nm(1nm=10억분의 1m) 공정으로 제작한 반도체칩을 공개했다. 일반적으로 생산되는 7nm 칩보다 성능이 45% 높지만 에너지 사용은 75%가량 줄일 수 있을 것으로 기대된다. 2024년 말이나 2025년 생산에 들어가는 게 목표다. 2021년 2분기 IBM은 월스트리트 예상을 넘어선 매출을 올렸다. 3년 만에 증가폭이 가장 컸다. 캐티 허버티 모건스탠리 애널리스트는 IBM 목표주가를 152달러에서 164달러로 높였다. 그는 "실적 호전은 수요가 늘고 사업 실행력이 강해지고 있다는 의미"라고 평가했다.

하이브리드 클라우드 시장 공략

최근 10년간 IBM의 주가 흐름은 초라했다. S&P500지수가 280% 올랐지만 IBM 주가는 20% 하락했다. 배당금을 재투자 했다고 가정하면 S&P500 수익률은 360%인 데 비해 IBM은 20% 미만으로 초라한 성적이다. 클라우드 시장에서 많은 기업이 공격적 투자와 M&A로 몸집을 불렸지만 매출이 정체된 IBM은 주당 수익을 높이기 위해 비용을 줄이고 주식을 매입했다. 빠르게 바뀌는 비즈니스 환경에 효과적인 속도로 대응하지 못했다. IBM의 미래를 두고 다양한 전망이 나오는 이유다.

IBM은 2021년 변화를 앞뒀다. 연말 인프라 관리 서비스 부문이 분사해 킨드릴이 출범하면 클라우드 컴퓨팅과 AI 사업부 몸집을 늘릴 수 있을 것으로 예상된다. 레드햇 인수로 IBM이 공개형 클라우드와 폐쇄형 클라우드를 아우르는 하이브리드 클라우드 서비스를 제공할 수 있게 된 것은 강점으로 꼽힌다. 아마존, MS, 알파벳 등이 치열한 경쟁을 벌이는 분야는 공개형 클라우드 시장이다. 이들에 비해 사업 영역을 확장할 수 있는 범위가 여전히 남아 있는 셈이다. 크리슈나 CEO는 하이브리드 클라우드 시장이 장기적으로 1조달러 규모로 커질 것으로 내다봤다. 이를 토대로 IBM이 안정적인 매출을 낼 수 있다는 의미다.

IBM은 2022년부터 고배당 대신 기업 성장에 집중하기로 전략을 바꿨다. 최근 1년간 잉여현금흐름(FCF)의 40%인 58억달러를 배당금으로 지출했다. 26년간 배당금을 늘려온 IBM은 내년 배당금을 줄이겠다고 공표했다. 하이브리드 클라우드 기술에 투자를 집중하기 위해서다.

IBM 주가는 다른 IT 기업에 비해 저평가됐다는 분석이 나온다. 주가수익비율(PER)은 12배로 아마존, MS, 알파벳보다 낮다. PER이 낮으면 갑작스레 주가가 하락하는 상황에서 투자 위험을 줄일 수 있다.

클라우드 시장 경쟁이 치열해지고 있는 것은 위험 요인이다. 버핏이 3년 전 IBM 주식을 처분했던 이유기도 하다. IBM은 하이브리드 클라우드 시장에서 강자가 될 수 있다고 자신하고 있지만 다른 경쟁사들도 폐쇄형 클라우드의 보안성과 공개형 클라우드의 확장성을 결합한 새 플랫폼을 개발하고 있다. IBM의 사업 전환 속도가 다른 IT 기업에 비해 느린 것도 투자 위험 요인으로 꼽힌다.

STOCK 추억의 종목

JPMorgan Chase & Co.

불가능을 가능케 하는 은행
JP모간체이스

\# 2021년 순이익 399억9100만달러 전망
\# 은행, 신용카드 미국 1위
\# 5000개 이상 지점 보유
\# 온라인 결제 서비스 '퀵어셉트'

주가 흐름 한눈에 보기 (단위: 달러)
자료: 구글

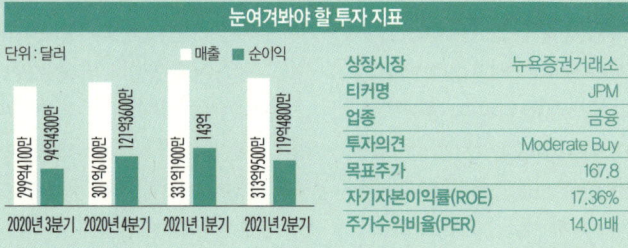

눈여겨봐야 할 투자 지표

상장시장	뉴욕증권거래소
티커명	JPM
업종	금융
투자의견	Moderate Buy
목표주가	167.8
자기자본이익률(ROE)	17.36%
주가수익비율(PER)	14.01배

자료: 야후파이낸스·팁랭크 ※2021년 9월말 기준

미국 최대 은행 JP모간체이스(JPM)에는 '와츠 넥스트(What's next)?'라는 수식어가 따라붙는다. 매번 불가능을 가능으로 만들며 성장해왔는데, 더 보여줄 게 있냐는 것이다. 실력은 실적으로 증명된다. 성장이 정체된 다른 은행주와 달리 실적과 주가가 사상 최고치를 경신하고 있다. 은행주로선 불가능하다는 것을 해냈다는 평가다.

10년간 450% 오른 주가

JP모간체이스 주가는 2008년 금융위기 이후 꾸준히 우상향하고 있다. 지난 10년(2011년 9월 30일~2021년 9월 28일)간 상승률이 450%에 달한다. 연초 이후에는 32% 오르며 최고가(6월 4일 166.44달러)를 경신했다. 최근 1년을 놓고 봐도 주가는 74% 올랐다. 박스권에 정체된 다른 금융주와 대비된다. 미국 2위 은행인 뱅크오브아메리카는 2008년 금융위기 직전 주가를 아직도 회복하지 못했다. 3위인 씨티그룹은 금융위기 전 주가가 500달러를 넘었지만 현재는 70달러에서 거래되고 있다.

우상향의 비결은 실적이다. 블룸버그에 따르면 2021년 JP모간체이스는 순이익으로 399억9100만달러(약 47조원)를 벌어들일 것으로 예상된다. 전년 대비 37% 증가한 규모다. 10년 전인 2011년(189억7600만달러)과 비교하면 두배 넘게 커졌다.

벌어들이는 이익은 주주들에게 분배한다. 2021년 1분기부터 자사주를 매입하고 있는데, 그 규모가 300억달러

| JP모간체이스 사업부문 | 1 상업은행 | 2 투자은행 | 3 신용카드 | 4 리테일은행 | 5 자산운용 |

에 달한다. 2021년 벌어들인 순이익의 75%에 해당한다.

"넘볼 수 없는 경쟁력"

JP모간체이스는 다른 은행들이 범접할 수 없는 절대우위를 확보했다는 평가를 받는다. 사업부문이 크게 상업은행, 투자은행, 신용카드, 리테일은행, 자산운용으로 나뉘는데, 전 사업부가 독보적인 경쟁력을 보유하고 있다. 은행과 신용카드는 미국 1위이고, 투자은행도 세계적인 플레이어로 인정받고 있다.

리서치업체 모닝스타는 "규모 확대, 사업 다각화, 리스크 관리 등 3박자를 갖추는 것은 단순해 보이지만, 이런 전략으로 성공을 거둔 기업은 JP모간체이스가 거의 유일하다"고 평가했다. JP모간체이스 성공의 중심에는 뛰어난 경영자가 있다. JP모간체이스는 1996년 체이스맨해튼뱅크, JP모간 등 대형 은행들의 합병으로 탄생했다. 하지만 회사가 성장 궤도에 올라선 것은 제이미 다이먼 최고경영자(CEO)가 수장을 맡은 2005년부터다. 그가 CEO를 맡은 2005년 JP모간체이스의 미국 은행 순위는 3위였다. JP모간체이스가 1위로 도약한 것은 2008년이다. 1주일에 100번 이상 '스트레스 테스트'를 진행할 정도로 리스크 관리를 중요시하는 다이먼은 2006년 서브프라임 모기지(비우량 주택담보대출)발 금융위기를 예견했다. 금융위기가 닥쳤을 때 다이먼은 매물로 나온 은행들을 차례대로 인수하며

제이미 다이먼 JP모간체이스 최고 경영자(CEO).

2000%

JP모간체이스의 지점별 예탁금 연평균 증가율은 100% 수준이고, 일부 지점은 2000% 가까운 성장률을 기록했다.

미국 금융 네트워크를 장악했다. 2021년 6월 JP모간체이스 이사회는 다이먼에게 150만 주의 스톡옵션을 부여하는 안건을 승인했다. 현재 가치로 5000만달러(약 576억원)에 달한다. 스톡옵션 행사 가능 기간인 2026년까지 CEO를 맡아달라는 이사회 뜻이 반영됐다는 분석이다.

오프라인 지점 확대 이유?

2018년 JP모간체이스는 향후 5년간 오프라인 지점을 400개 확대할 것이라고 발표했다. 미국 지역에서 빈틈없이 지점을 운영하겠다는 것이다. 오프라인 지점을 줄여나가는 여타 은행들과 정반대 행보다. 이미 미국 전역에 5000개가 넘는 JP모간체이스 지점이 있다는 점에서 이해하기 어려운 조치란 평가도 나왔다.

현재 목표치의 절반인 200여 개 매장

JP모간체이스 당기순이익
단위 : 억달러

- 2017 244
- 2018 325
- 2019 364
- 2020 291

자료 : JP모간체이스

을 개점한 상황에서 전략은 성공했다는 평가를 받고 있다. JP모간체이스가 신규로 오픈한 보스턴, 워싱턴DC, 필라델피아 지점은 지점별로 1조~2조원의 예탁금을 확보했다. 지점별 예탁금 연평균 증가율은 100% 수준이고, 일부 지점은 2000% 가까운 성장률을 기록했다.

핀테크 분야에서는 '패스트 팔로어(재빠른 추격자)' 전략을 취하고 있다. 소상공인 대상 온라인 결제 서비스가 대표적이다. 이 시장을 개척한 것은 트위터 창업자 잭 도시가 설립한 스퀘어다. 하지만 2020년 10월 JP모간체이스는 자사 모바일 앱을 통해 가맹점(판매자)이 온라인 결제를 할 수 있는 '퀵어셉트(QuickAccept)' 서비스를 출시했다. 출시는 늦었지만 파격적인 조건을 내세웠다. 스퀘어는 결제 당일 자금을 계좌로 입금받으려면 1.5%의 수수료가 발생한다. 하지만 퀵어셉트는 수수료 없이 결제대금을 판매자에게 당일 입금한다. 미국 경제 매체 포브스는 "수수료를 아끼려는 수많은 소상공인이 JP모간체이스로 결제 서비스를 이전할 것"이라고 내다봤다.

STOCK 추억의 종목

중국 태양광 유리 숨은 강자
기빈그룹

- #140억위안 자산 보유
- #일 최대 용융 용량은 1만7600t
- #중국 플로트유리 분야 강자
- #태양광·전자유리 투자 확대

주가 흐름 한눈에 보기
(단위: 위안)

자료: 구글

눈여겨봐야 할 투자 지표

상장시장	상하이증권거래소
티커명	601636
업종	건축자재
투자의견	매수
목표주가	26.88
자기자본이익률(ROE)	36.52%
주가수익비율(PER)	8.78배

자료: 야후파이낸스·리피니티브 ※2021년 9월말 기준

중국 산업용 유리를 만드는 기빈그룹(601636)은 대표 강소기업으로 꼽힌다. 플로트 유리 제작에 집중해온 기빈그룹은 태양광에 사용하는 유리 생산에 뛰어들어 친환경 시장에 합류했다. 중국은 탄소중립 정책을 강화하면서 태양광 산업을 적극 육성하고 있다. 가정용 태양광 시설을 확대하기 위해 정부 지원을 집중하고 있다. 기빈그룹의 태양광 유리 시장 점유율도 점차 확대될 것이란 전망이 나온다.

중국 중남부 최대 유리 그룹

1965년 중국 저장성 닝보에서 태어난 유치빙 기빈그룹 창업자는 건설, 의류 업계 등에서 근무하다가 1998년 부동산 기업인 기빈그룹을 세웠다. 2005년 그는 유리제조업체인 기빈유리를 창업해 기빈그룹을 중국 중남부 지역 최대 유리회사로 성장시켰다.

2011년 상하이 증권시장에 상장한 기빈그룹은 주저우 지역 열 번째 상장사다. 2018년부터 회계사인 야오페이우가 회장을, 장바이중이 대표를 맡고 있다.

자산 140억위안을 보유한 기빈그룹은 직원 9000여 명이 매일 26개 라인에서 고품질 플로트 유리를 생산한다. 회사 측에 따르면 하루 최대 용융 용량은 1만7600t이다. 매일 고품질 전자유리 65t을 생산하고 있다. 이탈리아 보테로의 절단기, 독일 바이스트로닉의 자동화절곡기 생산을 위해 제품을 납품한다.

유리 표면에 금속 막을 입혀 열의 이동

한눈에 보는 기빈그룹

- 자산 140억위안 보유
- 직원 9000여 명
- 매일 고품질 전자유리 65t 생산
- 매년 생산량 185만㎡ 규모
- 중국 7개 지역 유리 공장 보유
- 2022년까지 태양광 유리 생산 8600t 목표

을 줄이는 로이(LOW-E) 코팅유리, 절연유리, 강화유리, 방탄유리 등을 생산한다. 매년 생산량은 185만㎡ 규모로 추산된다. 후난, 천저우, 푸젠, 광둥 등 중국 7개 지역에 유리 공장을 보유하고 있다. 말레이시아 공장도 가동하고 있다. 광둥, 저장, 창싱, 후난, 톈진 등 중국 다섯 개 도시와 말레이시아에 에너지 절약형 유리 제조 시설을 구축했다.

아시아 공략 위한 말레이시아 공장

기빈이 중국 밖에 처음 공장을 세우기로 결정한 것은 2015년이다. 그해 1월 말레이시아에 새 라인을 구축하겠다고 공표했고 2017년 4월 첫 유리판을 제조했다. 2년3개월 만이다. 중국 저장성 공장 건설에 10개월밖에 걸리지 않았던 것을 고려하면 오랜 시간이 걸린 것이다.

말레이시아 공장엔 생산성을 높이고 품질 높은 제품을 만들기 위한 기빈의 도전정신이 녹아 있다. 당초 16개월 안에 공장을 열겠다는 계획을 세우고 설계에 맞춰 공사를 진행했다. 하지만 경영진은 공사 도중 라인 방향을 바꿔야 한다고 판단했다. 생산 효율을 높이기 위해서다. 초기 설계와 다른 곳으로 용광로를 옮기기 위해선 공간이 더 필요했다. 한창 짓던 시설까지 허물어야 했다.

공장 완공이 늦어지자 직원들은 남은 시간에 지역 주민을 위한 봉사에 나섰다. 보육원과 양로원 등을 찾아 아이들과 노인을 도왔다. 공장이 문을 연 뒤엔 현지화에 집중했다. 기빈 말레이시아는 중국 본사가 100% 소유한 자회사지만 기술 지원 담당 직원 중 중국인은 3%도 되지 않는다. 말레이시아 현지 상황을 잘 아는 직원들이 직접 회사를 이끌도록 했다. 말레이시아 공장은 사우디아라비아, 한국, 인도네시아, 태국 등의 수출을 위한 교두보가 됐다.

태양광·전자유리 투자 확대

기빈은 성장 가능성이 높은 제품에 투자를 집중하고 있다. 최근 중국 남방지역 전력망 기업과 태양광 모듈에 초백색 플로트 유리를 적용하기 위한 협약을 맺었다. 가정용 태양광 모듈의 에너지 효율을 높이기 위한 기술 개발에 나선 것이다. 고성능 전자유리 생산을 위해 추가 투자 방안도 내놨다. 13개월간 4억9500만위안을 투입해 고품질 전자유리를 생산하는 게 목표다.

기빈그룹은 새 태양광 유리 생산라인을 다섯 개 추가할 계획이다. 하루 1200t까지 생산할 수 있는 대형 설비다. 단일 라인 생산 규모로는 플랫글라스, 신이솔라 등을 뛰어넘는다. 천저우 등에 보유한 모래 광산에서 초백색 태양광 유리 생산을 위한 모래도 직접 조달할 계획이다. 태양광 유리 규사 자급률은 40%로 신이솔라와 비슷하다.

기빈의 2020년 매출은 96억4000만위안, 순이익은 18억3000만위안이다. 플로트 유리 매출이 전체의 87.4%를, 에너지 유리가 11.5%를 차지한다. 2020년 하루 350t 정도였던 태양광 유리 생산 능력을 2022년 8600t까지 확대하는 게 목표다. 중국 태양광 유리 시장 점유율 10%에 해당하는 물량으로 업계 3위권으로 올라설 것이란 전망이 나온다.

강효주 KB증권 애널리스트는 중국 재생에너지 리포트를 통해 2021년 상반기 중국 플로트 유리 가격이 최근 5년 추세보다 20~50% 높게 거래됐다고 했다. 정부의 유리공장 증설 제한 정책 영향을 받아 공장 증설이 까다로워진 데다 수리가 필요한 공장이 늘면서 공급이 줄었지만 수요는 증가하고 있다. 플로트 유리는 부동산(75%), 자동차(15%), 가전(5%) 시장에서 활용된다. 중국에선 건설 수요와 차량 생산 수요가 꾸준히 증가했다.

기빈그룹은 2020년 전체 생산물량의 1.9%를 차지했던 태양광 유리 비율을 2021년 14.5%, 2022년 35.9%까지 확대할 계획이다.

8600t
2020년 하루 350t 정도였던 태양광 유리 생산 능력을 2022년 8600t까지 확대하는 게 목표다.

중국의 BIPV시장 규모 추이 및 전망
자료: 국가에너지국·발개위·KB증권 ※2021년 이후 추정치

STOCK 추억의 종목

글로벌 수소 대장주
린데

- # 글로벌 1위 산업용 가스 기업
- # 2020년 영업이익 33억2200만달러
- # 전 세계 200개 수소충전소
- # 그린수소 우위 선점 예상

주가 흐름 한눈에 보기

자료: 구글

눈여겨봐야 할 투자 지표

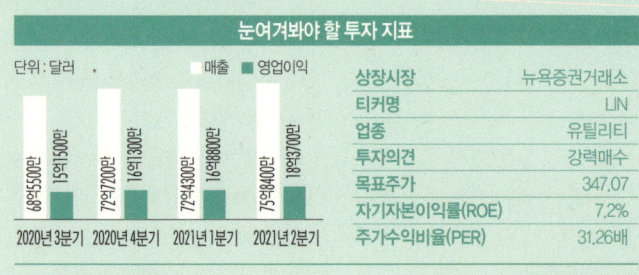

상장시장	뉴욕증권거래소
티커명	LIN
업종	유틸리티
투자의견	강력매수
목표주가	347.07
자기자본이익률(ROE)	7.2%
주가수익비율(PER)	31.26배

자료: 야후파이낸스·팁랭크
※2021년 9월말 기준

수소 시대를 준비하는 기업엔 여러 종류가 있다. 수소를 생산하는 기업, 수소탱크를 만드는 기업, 수소를 유통하고 판매하는 기업, 수소를 이용한 차량을 만드는 기업까지 다양하다. 그런데 이 모든 것을 혼자 하는 기업도 있다. 글로벌 1위 산업용 가스 기업이자 수소 대장주인 린데(LIN) 이야기다.

뉴욕증권거래소(NYSE)에 상장된 린데는 세계 유일의 턴키(설계·시공 일괄 입찰) 수소 업체다. 수소 생산부터 저장·운송·유통·충전 등 수소 밸류체인 내 모든 서비스를 제공한다. 전 세계에 200개 수소충전소와 80개 수소 전기분해 공장을 운영하고 있다. 한국에서는 효성중공업과 세계 최대 액화수소 공장을 짓고 있다.

하락장 역주행하는 주가

린데 주가는 2016년 초부터 우상향을 이어가고 있다. 테이퍼링(양적 완화 축소)과 금리 인상 논의가 시작된 연초 이후(1월 1일~9월 28일)에도 15.89% 올랐다. 최근 1년 주가 상승률은 27%, 최근 5년 상승률은 148%를 기록하고 있다. 단기 급등하진 않지만 꾸준하게 시세를 내고 있다.

주가 상승 비결은 지속적인 성장과 주주친화정책이다. 린데는 2020년 영업이익 33억2200만달러(약 3조9000억원)를 기록했다. 전년 대비 13% 증가했다. 블룸버그에 따르면 2021년 영업이익은 68억3700만달러(약 8조원)로 두 배 넘게 늘어나고,

| 린데의 매출비중 | 60% 제조업, 정유화학, 철강금속 등 경기민감 업종 | 40% 헬스케어, 음식료, 전기전자 등 수요가 지속적인 업종 |

2023년엔 80억달러를 돌파할 것으로 전망된다.

주주친화정책도 강화하고 있다. 린데는 2019년 2월부터 2021년 2월까지 48억6200만달러(약 5조7000억원) 규모의 자사주를 매입했다. 연간 순이익의 절반 이상을 자사주 매입에 사용한 것이다. 2023년까지 50억달러(약 5조9000억원)를 추가로 매입한다.

시가 배당률 기준 1.5%의 배당금도 지급한다. 배당성향이 50~60% 수준인데, 매년 배당금을 5~10%씩 늘리고 있다. 2020년 주당 연간 배당금은 3.852달러였다. 2021년엔 전년보다 10.1% 증가한 4.24달러를 지급할 것으로 예상된다.

140년간 기술혁신 주도

린데는 1879년 독일 공학자인 칼 본 린데(Carl von Linde)가 창립했다. 처음 맥주용 냉장고를 파는 기업으로 출발했다. 이후 1895년 공기를 냉각해 액화시키는 방법을 개발했고, 1902년에는 공기에서 산소를 분리해 액화산소를 만드는 수준까지 기술을 발전시켰다. 액화산소를 기반으로 린데는 급성장했다. 1907년 미국에 공장을 설립해 큰 성공을 거뒀다. 동시에 각종 산업용 가스 사업에 진출하면서 사업의 기틀을 다졌다. 수소기술 연구를 시작한 것도 1906년 무렵이다. 2차 세계대전 기간에는 나치로부터 전략기업으로 지정돼 미사일 등의 무기와 강제수용소 가스실을 건설하는 데 동원됐다.

2차 세계대전 기간 생산시설이 대부분 파괴됐지만, 서독의 경제발전으로 산업용 가스와 산소 수요가 급증하면서 린데의 사업도 빠르게 정상화됐다. 1955년에는 세계에서 첫 번째로 핵발전소를 건설했다. 1964년에는 서독에 세계 최대 액화산소 공장을 세웠고, 1970년에는 미국에 세계 최대 암모니아 합성 공장을 지었다. 이후 사업 확장과 인수합병(M&A)을 통해 몸집을 불렸다. 2018년에는 미국 프렉스에어와 합병하면서 세계 최대 산업용 가스 기업이 됐다. 현재 산소, 질소, 이산화탄소, 헬륨, 아르곤 등 산업용 가스를 다양한 산업군에 공급하고 있다.

미래 성장동력은 수소

미래 먹거리인 수소 시장도 선점하고 있다. 산업용 가스로 벌어들이는 안정적인 이익을 수소에 투자하면서 성장하는 구조다. 린데의 매출 비중은 제조업 정유화학 철강금속 등 경기민감 업종이 60%, 헬스케어 음식료 전기전자 등 수요가 지속적인 업종이 40%다. 전체 매출 가운데 10~20년 단위 장기계약이 22%에 달한다.

수소 기업으로서의 장점은 규모와 기술력이 세계 최고라는 것이다. 린데는 세계에서 200개의 수소충전소를 운영하고 있고, 보유한 수전해 수소 공장도 80개가 넘는다. 수전해란 물을 전기분해해 친환경 수소를 생산하는 기술을 말한다.

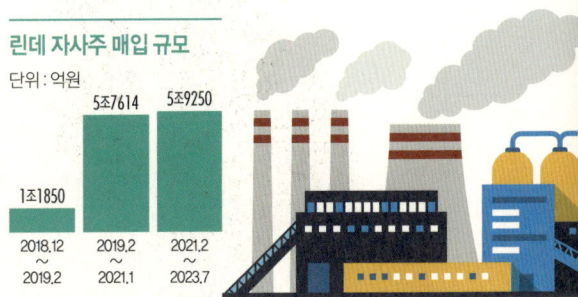

린데 자사주 매입 규모
단위: 억원
1조1850 (2018.12~2019.2)
5조7614 (2019.2~2021.1)
5조9250 (2021.2~2023.7)
자료: 린데

공동 프로젝트를 통해 세계 수소 사업에도 관여하고 있다. 지난 6월에는 효성화학 울산 용연공장 부지에 세계 최대 액화수소플랜트 공장을 착공했다. 2023년부터 효성중공업과 한국에 연간 1만3000t의 액화수소를 공급하겠다는 목표다. 2020년 10월에는 영국 수전해 기업인 ITM파워 지분 20%를 인수하고 조인트벤처(JV)를 설립했다.

프랑스 열차제조업체 알스톰과는 세계 최초 수소열차 프로젝트를 진행하고 있다. 이르면 내년 알스톰이 개발한 14대의 수소열차가 독일에서 공식 운행된다. 린데는 열차용 수소충전소 건설과 수소 공급을 맡았다.

수소경제의 궁극적 연료인 그린수소에서 우위를 점할 것으로 예상된다. 그린수소란 태양광이나 풍력 등 재생에너지에서 나온 전기로 물을 분해해 만든 수소를 가리킨다. 그린수소는 비용의 80%가 재생에너지를 통한 전기생산 비용이다. 린데는 재생에너지 공급사를 미리 확보하는 방식으로 그린수소의 원가를 낮추고 있다.

STOCK 추억의 종목

차별화된 '고객 경험' 전략
나이키

- #시가총액 2300억달러↑
- #D2C 전략 꾸준히 강화
- #中 불매 리스크 상존
- #현금 보유량은 연간 2조원 규모

주가 흐름 한눈에 보기

자료 : 구글

눈여겨봐야 할 투자 지표

상장시장	뉴욕증권거래소
티커명	NKE
업종	스포츠웨어
투자의견	강력매수
목표주가	185.15
자기자본이익률(ROE)	51.62%
주가수익비율(PER)	38.93배

※2021년 9월말 기준

자료 : 야후파이낸스 · 팁랭크

2021년 9월 말 기준 시가총액이 2300억달러가 넘는 나이키(NKE)는 세계에서 가장 큰 스포츠웨어 브랜드다. 1964년 창업주인 필 나이트와 빌 바우어만은 당시 아디다스 등 독일 기업이 독점하고 있던 운동화 시장에 뛰어들었다. 1980년대 농구 스타인 마이클 조던을 내세운 에어 조던 브랜드를 출시하면서 경쟁자들을 제치고 단숨에 업계 선두주자로 발돋움했다. 이즈음 기업공개를 단행하고 뉴욕증권거래소에 상장하면서 미국 운동화 시장 절반을 집어 삼켜버린다. 나이키의 스포츠 의류 브랜드 가치는 2021년 현재도 세계 1위다.

오늘날까지 미국 운동화 시장에서 점유율 절반을 차지하며 수십 년간 '나이키 시대'를 이어온 이미 성숙할 대로 성숙한 기업이지만 나이키는 여전히 미래 성장 가능성이 더 큰 회사로 꼽힌다. 코로나19는 오프라인 유통업계 전반에 큰 타격을 줬음에도 나이키는 꿋꿋이 매출과 영업이익 증가세를 지속했다. 디지털 플랫폼 중심 기업으로의 근본적 변신 덕분이었다. 코로나 위기 상황에서 남보다 앞선 '디지털 전환'을 이뤄내면서 코로나 시

나이키를 거친 스타.

| 나이키의 2021년 디지털 매출 | 2020년 대비 **41%** ↑ | 2019년 대비 **147%** ↑ |

2300억 달러
2021년 9월 말 기준 시가총액이 2300억달러가 넘는 나이키(NKE)는 세계에서 가장 큰 스포츠웨어 브랜드다.

대의 승자가 됐다.

성숙한 기업의 구조적 성장세
나이키는 2021년 6~8월(2022회계연도 1분기)에 매출 122억달러, 영업이익 21억달러의 호실적을 냈다. 시장 예상치보단 소폭 부진했지만 매출은 전년 동기 대비 16%, 영업이익은 20% 증가했다.

나이키는 이 같은 실적 발표와 함께 2022년도 2분기(9~12월) 매출 증가율이 한 자릿수 중반대로 떨어질 것이란 전망을 내놨다. 당초 월가에서는 나이키의 매출 증가율을 12% 수준으로 기대했지만 코로나19 재확산세에 따라 동남아시아 등지의 공장 내 생산 차질 및 재고 부족이 불가피해졌기 때문이다.

매트 프렌드 나이키 최고재무책임자(CIO)는 "향후 몇 개 분기에 걸쳐 전체 사업에서 단기적으로 재고 부족이 발생할 것으로 보인다"며 "평년 수준을 회복하려면 몇 개월은 걸릴 것"이라고 설명했다. 나이키 주가는 이 같은 발표 이후 150달러 밑으로 떨어졌고, 일부 월가 애널리스트는 나이키의 목표 주가를 하향 조정하기도 했다.

그러나 이런 단기 충격에도 장기적으로 나이키의 구조적 성장에 대해선 의

존 도나호 나이키 CEO

나이키 분기별 중화권 매출액 추이
단위: 백만 달러 / 단위: %
(2017 1분기 ~ 2021 3분기)
자료: 나이키·하나금융투자 ※회계연도 5월 결산

심의 시선이 거의 없다. 향후 공급 정상화를 고려하면 주가가 큰 폭의 조정을 받을 가능성은 낮아 보인다는 게 국내외 전문가들의 분석이다. 디지털 채널과 D2C(Direct to Customer·소비자직접판매) 채널을 통한 매출이 꾸준히 증가하고 있어 구조적으로는 마진 확대 상황이 지속되고 있기 때문이다.

코로나 시대의 승자
나이키는 코로나19 여파에도 꿋꿋이 이익을 내며 성장을 지속한 대표 사례로 꼽힌다. 2021회계연도(2020년 6월~2021년 5월)에는 매출이 전년 대비 19% 늘어난 445억달러를 기록했다. 특히 4분기(2021 3~5월) 매출은 전년 동기 대비 96% 늘어난 123억달러로 두 배가량 증가세를 보였다. 코로나19 이전인 2019년과 비교하면 21% 증가한 수치다.

성공 비결은 남보다 앞선 '디지털 플랫폼 전환'이다. 2021년 디지털 매출은 전년 대비 41% 늘었고, 2019년과 비교하면 147% 증가했다. 선제적으로 온라인 유통채널에 공을 들였고, 빅데이터를 기반으로 고객들이 원하는

운동 데이터를 디지털로 확인하는 나이키 운동화 / 나이키런클럽 앱

것을 일찌감치 파악해 제품 차별화에 성공했다.

나이키는 단순히 새로운 유통 시스템으로 디지털 플랫폼을 설치한 것이 아니라 기업 경영의 패러다임 전체를 디지털 플랫폼 중심으로 완전히 재설계했다. 이는 코로나19 이전부터 전사적으로 진행돼 왔다.

나이키는 2017년 뉴욕, 런던, 상하이 등 세계 12개 거점도시에 초대형 직영점을 내며 현지 유통업체 의존도를 줄이기 시작했다. 2019년엔 세계 최대 온라인 쇼핑몰인 아마존에 '납품 중단'을 선언했다.

나이키는 제조업체가 유통 플랫폼을 거치지 않고 자사 온라인몰 등에서 소비자에게 직접 제품을 판매하는 D2C 전략을 꾸준히 강화했다. D2C의 가장 큰 장점은 유통 단계를 줄여 가격 경쟁력과 수익성을 높일 수 있다는 것이다. 현재 40% 수준인 D2C 채널 매출 비중을 중장기적으로는 60%까지 올리겠다는 계획이다.

나이키가 매출 감소를 무릅쓰면서 '외톨이'를 자처한 배경엔 '데이터'가 있다. 나이키는 자체 온·오프라인 몰에 집중하면서 소비자 관련 데이터를 빠르게 축적해왔다. 데이터는 디지털 전환의 핵심이다. 뛰어난 분석 기술을 갖추고 있더라도 데이터가 부족하면 의미 있는 결과를 얻을 수 없다. 주요 글로벌 정보기술(IT) 업체들이 데이터를 보유한 스타트업을 비싼 가격에 사들이고 있는 이유다.

무료로 내려받을 수 있는 '나이키 트레이닝 클럽' 등 서비스 앱은 데이터 확보에 효자 노릇을 톡톡히 했다. 회원들에게 트레이닝 비디오와 운동용 음악 등을 무료로 제공하는 전략을 폈다. 소비자들이 즐겨 찾는 트레이닝 비디오의 종류 등을 분석해 집중할 제품군을 선별했다. 여성 요가복 등 히트 상품들은 치밀한 데이터 분석의 결과물이다.

고객 충성도→지속적인 성공

나이키의 대표적인 판매 전략으로는 스토리텔링도 있다. 1980년대 농구 황제 마이클 조던과 협업해 제작한 에어 조던 시리즈의 성공도 스토리텔링이 더해져 하나의 문화로 자리 잡았다. 실제 나이키는 조던 브랜드를 독자적으로 론칭해 운영 중이다. 에어 조던 성공 이후에도 타이거 우즈, 로저 페더러, 호나우두, 크리스티아누 호날두, 코비 브라이언트, 르브론 제임스 등 스포츠 각 분야 스타들과 계약을 맺어 하나의 라인을 출시하고 스토리텔링을 불어넣는 마케팅 방법을 고수하고 있다.

최근 들어서는 오프라인 매장에서도 다른 기업들과 차별화된 전략을 선보이고 있다. 나이키는 미국은 물론 전 세계에서 오프라인 매장을 가장 많이 보유한 기업 중 하나였다. 코로나19로 오프라인 매장의 타격이 커지자 판매의 핵심 채널을 디지털로 옮기면서 기존 오프라인 매장은 '나이키와 관련된 경험을 할 수 있는 공간'으로 개념을 바꿨다.

지역별 성장도 고르게 나타나고 있다. 나이키는 지난 5년 동안 유럽·중동·아프리카 지역에서 연평균 10%, 중화권 및 아시아·태평양·남미에서 각각 18%, 3%의 성장세를 보이고 있다. 나이키 브랜드 파워를 바탕으로 한 정가 판매 비중이 늘고 있고, 가격 인상도 진행하고 있다. 나이키 측은 운송과 물류 비용 증가를 이유로 하반기 중 제품 가격 인상을 예고했다.

코로나보다 무서운 中 불매 리스크

매년 성장세가 뚜렷한 기업이지만 리스크가 없는 건 아니다. 단기적으로는 코로나로 인해 대부분의 큰 공장이 몰려 있는 베트남 등 동남아에서의 공급 차질이 대표적이다. 나이키는 동남아 공급 차질 영향을 반영해 2022회계연도 매출 증가 가이던스를 기존 '10%대 초반'에서 '한 자릿수 중

나이키 분기별 디지털 판매 성장률
단위 : YoY, %
자료 : 나이키·하나금융투자 ※회계연도 5월 결산

될 것이란 관측이 나온다.

19년 연속 배당 늘려온 배당성장주

나이키 하면 해외 주식 투자자에게 빼놓을 수 없는 것이 배당이다. 나이키는 19년 동안 연속적으로 배당금을 증액해왔다. 최근 5년간 연평균 배당 증가율은 11.53%에 달한다. 2010년 주당 0.28달러를 지급했던 배당은 2020년 1.01달러로 10년 동안 네 배 늘었다.

나이키의 배당률은 1% 미만이라 시가배당률로만 보면 배당 투자에 특화된 종목은 아닐 수 있다. 하지만 그만큼 주가가 많이 올랐다는 얘기도 된다. 1990년 이후 주가는 30년간 200배가량 상승했다. 2017~2018년엔 시가배당률 1.4% 안팎을 기록하다가 2020년 1.5%까지 치솟은 이후 주가 상승으로 꾸준히 내려왔다.

투자자 사이에선 현금 흐름이 좋은 가운데 배당 성장이 꾸준하면서 주주 친화적인 행보가 예상되는 대표 배당 성장주로 꼽힌다. 연간 40조원에 달하는 매출에 현금 보유량은 연간 2조원 규모를 유지하고 있다.

팁랭크에 따르면 월가 애널리스트들은 나이키에 대해 '강력 매수(Strong Buy)' 의견을 내놓고 있다. 18곳의 증권사가 매수 의견을, 3곳이 비중 유지(Hold)를 제시했다. 최근 코로나19와 중국 리스크로 주가 타격이 있긴 했지만 평균 목표가는 185달러 수준으로 현재보다 27%가량 높다. 목표주가는 160~213달러 사이에 분포했다.

반대'로 하향 조정했다. 동남아 공급 상황은 중국은 2분기에, 북미는 3분기에 영향이 클 것으로 보인다.

특히 베트남은 나이키 신발의 51%, 의류의 30%를 만들어 내는 생산의 주요 축이다. 코로나19 재확산으로 베트남 정부가 도시를 봉쇄하면서 베트남 내 나이키 신발공장의 80%와 의류공장의 절반이 가동을 멈췄다.

다만 증권업계에서는 코로나 변수를 배제하긴 어렵지만 인도네시아 공장 재개, 10월부터 베트남 공장의 단계적 재개, 적극적인 생산기지 이동 계획 등을 고려하면 공급망 이슈가 단계적으로 해결될 것으로 보고 있다. 나이키 측은 2023회계연도부터는 완전한 회복세를 나타낼 것으로 관측됐다.

김재임 하나금융투자 연구원은 "스포츠 웨어 수요 강세, D2C와 디지털 비중 확대라는 전략 성공, 정가 판매 비중을 가장 크게 늘릴 수 있는 브랜드 파워 등을 고려하면 공급 차질로 인한 단기적 주가 조정은 오히려 좋은 투자 기회"라고 말했다.

오히려 나이키에 가장 부담스러운 악재는 중국 시장에서의 부진이다. 중국 내에서 나이키 불매운동이 불면서 지난 6~8월 중국 시장 매출이 전년 대비 1% 증가하는 데 그쳤다. 앞서 나이키는 중국 신장위구르 자치 지역에서 일어나는 소수민족 인권 탄압을 이유로 이 지역에서 나온 면화 구매 중단을 선언했다. 이후 중국에선 소셜미디어 등을 통해 나이키에 대한 불매운동이 벌어졌다. 중국 시장의 성장률 정체는 공급망이나 물류 차질보다 나이키에 장기적으로 더 큰 문제가

나이키가 기여할 가능성이 가장 큰 SDG 분야

SDG 3	건강과 웰빙
SDG 5	성평등
SDG 8	양질의 일자리와 경제 성장
SDG 12	책임 있는 소비 및 생산
SDG 13	기후 액션
SDG 17	목표를 위한 파트너십

STOCK 추억의 종목

탄소중립 시대에 어울리는 美 철강사
뉴코

#미국 1위 철강 업체
#6개월 주가 상승률 24%
#DRI 방식 업계 선두주자
#박슬래브 연주기(Mini mill) 상용화

주가 흐름 한눈에 보기 (단위: 달러)

자료: 구글

눈여겨봐야 할 투자 지표

상장시장	뉴욕거래소
티커명	NUE
업종	철강
투자의견	매수
목표주가	111.45
자기자본이익률(ROE)	27.49%
주가수익비율(PER)	7.67배

자료: 야후파이낸스·팁랭크
※2021년 9월말 기준

철강주는 ESG(환경·사회·지배구조) 투자 트렌드로 가장 큰 피해를 보는 업종 가운데 하나로 꼽힌다. 철강 생산 과정에서 에너지 소비가 많고, 이에 따라 온실가스 배출량도 크게 늘어날 수밖에 없기 때문이다. 실제 세계 이산화탄소 배출량 가운데 철강 생산 부문이 약 8%를 차지하고 있다. 하지만 투자자로선 철강주를 마냥 외면만 할 수도 없다. 철강은 산업의 쌀과도 같다. 경기민감주 가운데서 경기 상승세가 주가에 가장 빠르게 반영되는 업종 중 하나가 된 배경이다. 단기적인 피크아웃(실적 정점 통과) 우려를 피하면서 장기적으로도 ESG 트렌드를 좇아갈 수 있는 철강주 투자 방법을 고민하는 투자자에게 뉴코는 대안이 될 수 있다고 전문가들은 말한다.

세계 1위 전기로 철강사

뉴코(NUE)는 미국 1위 철강 업체이자 세계 1위 전기로 업체다. 뉴코 주가는 최근 100달러 선에서 움직이고 있다. 1개월 전 120달러대까지 올랐다가 단기 상승에 따른 밸류에이션(실적 대비 주가수준) 부담으로 조정을 받고 있다. 하지만 경기회복에 대한 기대감은 여전하다. 6개월 상승률은 24%가량이다. 같은 기간 국내 철강 대장주 포스코보다 높은 상승률이다.

철강주 주가가 친환경 성장산업으로 분류돼 있는 종목 못지않게 오를 수 있었던 이유는 이 회사의 차별적인 사업 구조 때문이다. 뉴코는 다른 철강

조강 톤당 온실가스 배출량 추이 :
NUCOR와 글로벌 평균과의 비교

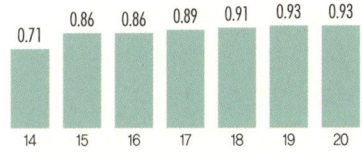

자료 : Nucor, 하이투자증권 리서치본부

업체처럼 철광석을 구입해 이를 녹여 철을 만드는 회사가 아니다. 흔히 '철쓰레기'라고 불리는 스크랩과 직접환원철(DRI)을 원료로 철강을 생산하는 전기로 업체다. 전기로는 포스코 같은 고로 업체 대비 환경오염이 적다. 뉴코가 북미 최대의 자원 재생 기업으로 꼽히는 이유다.

DRI(Direct Reduction Iron)는 철광석을 고체 상태에서 천연가스(CO,H)를 이용해 성질을 변하게 하는 과정을 거쳐 만들어진 분말 상태의 철원이다. DRI는 세계 제강 공정에서 사용되는 원료 중 5%밖에 활용되지 않을 정도로 비중이 낮다. 이 공정의 장점은 천연가스를 이용하면서 고로 등 다른 방식에 비해 탄소 배출량을 줄일 수 있다는 것이다. 최근엔 수소를 이용해 DRI를 생산하는 기술도 개발됐다.

ESG에 적합한 경쟁력

철강사들은 탄소배출을 줄이기 위해 탄소 포집 및 활용·저장 기술(CCUS)을 활용하거나 수소환원제철법 등의 방법을 연구하고 있다. 하지만 지금까지 구체적인 방법은 찾지 못했다. 아직까지는 중장기 계획 수준이다. 단기에 탄소 배출을 줄이려면 스크랩이나 DRI 사용을 늘려야 한다.

뉴코는 DRI 방식에서 업계 선두주자다. 천연가스를 사용하는 DRI 공장 2개를 가동 중이다. 생산능력은 총 450만t 규모에 달한다. 생산된 DRI를 자체 원료로 사용함은 물론, 다른 전기로업체 등에 판매하기도 한다. 주력 제품은 열연, 냉연도금류 등의 판재류다. 이 제품은 뉴코 지난해 전체 매출의 33%를 차지했다. 주로 건설, 에너지 쪽으로 매출이 발생한다.

실제 지난해 뉴코가 철강 1t을 만들면서 배출한 이산화탄소(CO_2)량은 0.93t으로 글로벌 철강사 평균(1.83t)의 절반 수준이다. 이 같은 추세는 10년 가까이 이어지고 있다. 김윤상 하이투자증권 연구원은 "온실가스 배출량이 타사 대비 적을 뿐 아니라 탁월한 원가 경쟁력으로 미국 내 경쟁업체보다 수익성이 높다"고 설명했다.

뉴코의 순이익률은 지난해까지만 해도 5% 언저리였지만 올해는 10%에 가깝게 올라왔다. 영업이익률도 지난해 8%대에서 14%로 올라섰다.

철강 관련 기술 발전도 눈여겨볼 만하다. 뉴코는 작은 규모의 제철소를 의미하는 마이크로 밀 분야를 선도하고 있다. 세계 최초로 박슬래브 연주기(Mini mill)를 상용화했다. 마이크

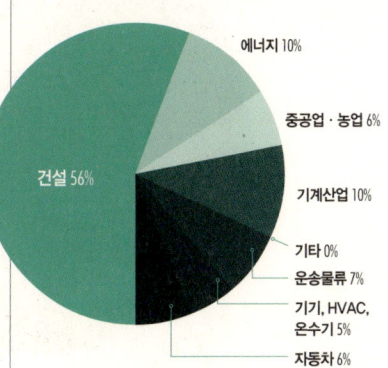

2020년 NUCOR의 전방산업별 판매 비중

건설 56%
에너지 10%
중공업·농업 6%
기계산업 10%
기타 0%
운송물류 7%
기기, HVAC, 온수기 5%
자동차 6%

자료 : Nucor, 하이투자증권 리서치본부

로밀보다는 공정 라인이 긴 미니 밀 단계다. 용강을 연속으로 주조해 기존 방식보다 슬래브 두께를 10분의 1 정도로 얇게 제조할 수 있는 기술이다. 기존 재가열로, 분괴공장 등의 공정을 생략할 수 있어 설비 소형화가 가능하다. 미니 밀은 압연라인 길이가 300~400m 정도로 기존의 일관 밀(최대 800m)보다 짧다. 하지만 마이크로밀은 50~60m에 불과하다.

이 같은 친환경 경쟁력은 ESG 투자 시대에서 철강주의 투자 대안으로 주목받을 수 있는 요인이다. ESG 펀드들이 철강 업종 비중을 줄이면서도 뉴코에 대한 비중을 유지하거나 늘릴 수 있는 이유다. 최근 주가 강세도 ESG 펀드가 매수한 영향을 받았다. 이 덕에 뉴코의 주가순자산비율(PBR)은 1.7배 이상이다. 통상 철강주들이 1배 이하의 PBR에 머무는 것과는 큰 차이가 난다. 배당주로서도 인정받는다. 지난 48년간 배당을 꾸준히 지급해왔다.

STOCK 추억의 종목

인류 역사와 함께한 글로벌 1위 제약사
화이자

#2021년 주가 17%↑
#코로나19 백신 매출 40조원
#100개의 신약 파이프라인
#전세계 방대한 판매 네트워크

주가 흐름 한눈에 보기 (단위: 달러)
자료: 구글

눈여겨봐야 할 투자 지표

상장시장	뉴욕증권거래소
티커명	PFE
업종	제약
투자의견	Hold
목표주가	45.55
자기자본이익률(ROE)	18.35%
주가수익비율(PER)	11.9배

※2021년 9월말 기준
자료: 야후파이낸스·팁랭크·모닝스타

코로나19 이후 미국 주식시장은 초호황을 맞았다. 인터넷, 모빌리티, 전자상거래 분야의 성장주는 2~3배 급등했고 코로나19 피해주인 항공, 유통, 화장품 등도 상승세로 돌아섰다. 하지만 유일하게 하락세를 거듭하는 업종이 있다. 인류의 오랜 필수재이자 경제 성장의 한 축을 담당해온 제약이다.

미국에 상장된 제약주는 코로나19 이전 주가의 절반도 회복하지 못하고 있다. 약가 인하를 내세운 조 바이든 미국 대통령이 당선되면서 수익성이 악화될 것이란 우려가 커졌기 때문이다. 최근에는 약가를 정부와 협의하도록 하는 법안이 발의되면서 주가가 또 한 차례 충격을 받았다.

하지만 화이자(PFE)는 2021년에만 주가가 17%(9월 28일 기준) 가까이 올랐다. 코로나19 백신이 대성공을 거두면서 매출이 급증한 덕분이다. 2021년 코로나19 백신 매출로만 335억달러(약 40조원)를 거둘 것으로 예상된다. 화이자는 백신으로 벌어들인 이익으로 인수합병(M&A)과 신약 개발을 확대하며 또 한번 도약을 노리고 있다.

코로나 백신 매출 40조원

미국에 상장된 빅파마(대형 제약사)는 대부분 하락세다. 존슨앤드존슨은 2021년 주가가 4% 오르는 데 그쳤다. 같은 기간 노바티스는 8% 떨어졌고, 머크도 5% 하락했다. 두 기업은 매출 기준 글로벌 4, 5위 제약사다. 반

| 2021년 빅파마 주가 | 4% ↑ 존슨앤드존슨 | 5% ↓ 머크 | 8% ↓ 노바티스 | 17% ↑ 화이자 |

> 화이자(PFE)는 2021년에만 주가가 17%(9월 28일 기준) 가까이 올랐다. 코로나19 백신이 대성공을 거두면서 매출이 급증한 덕분이다.

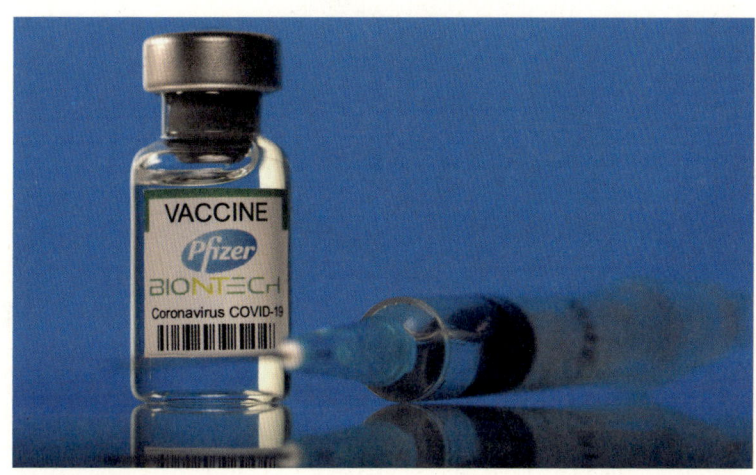

화이자가 개발한 코로나19 백신.

면 화이자는 2021년 17% 상승했다. 2021년 8월에는 사상 최고점을 찍으며 연초 이후 37% 오르기도 했다. 상승세를 이끈 것은 실적이다. 화이자는 2021년 매출로 800억달러(약 95조원)를 기록할 것이라고 예상했다. 2020년(420억달러) 대비 두 배 가까이 늘어난 규모다. 상반기 누적 매출은 전년 동기 대비 68% 증가한 335억5900만달러(약 40조원)를 기록했다. 같은 기간 순이익은 104억4000만달러(약 12조원)로 53% 확대됐다. 회사 측은 2021년 코로나19 백신(BNT162b2) 매출로 335억달러를 벌어들일 것이라고 전망했다. 2021년 전체 매출에서 차지할 것으로 예상되는 비중은 41.8%다. 공동개발사인 바이오엔테크와 나누는 수익, 연구개발(R&D) 비용 등을 제한 백신의 마진(매출 대비 순이익)은 20% 후반대다. 코로나19 백신으로만 올해 10조원 가까이 버는 것이다. 화이자는 코로나19 백신을 제외해도 10%의 성장을 달성했다고 발표했다.

335억 달러
2021년 코로나19 백신(BNT162b2) 매출로 335억달러를 벌어들일 것이라고 전망했다. 2021년 전체 매출에서 차지할 것으로 예상되는 비중은 41.8%다.

단발성 이익을 내지 않았다는 점을 강조한 것이다.

코카콜라가 가져온 나비효과

화이자는 매출 기준 세계 최대 제약사다. 1849년 설립돼 170년 역사를 자랑하는 회사다. 독일 이민자 출신인 찰스 화이자와 사촌인 찰스 에르하르트가 2500달러를 빌려 공동창업했다. 1891년 에르하르트가 사망하자 화이자가 그 지분을 시가의 50% 가격에 사들였다. 생존하는 사람이 동업자의 지분을 절반 가격에 매입할 수 있는 동업계약에 따라서다. 화이자는 세상을 떠나기 6년 전인 1900년까지 회사를 경영했다. 회사를 장남인 찰스 화이자 주니어가 승계했지만 5년 만인 1905년 회장직에서 축출됐다. 당시 전 재산인 150만달러를 경마로 날릴 정도로 도박에 빠져 있었기 때문이다. 1905년 3남인 에밀 화이자가 회장으로 선출돼 1941년까지 회사를 경영했다. 1941년 에밀이 사망한 이후 전문경영인 체제로 전환했다.

화이자는 창업 초기 구충제를 만들어 팔았다. 화학자인 찰스 화이자와 제과업자인 찰스 에르하르트의 기술이 합쳐진 결과다. 회사가 본격적으로 성장한 것은 코카콜라로 대변되는 탄산음료산업이 개화하던 1880년대다. 화이자는 탄산음료 필수원료인 구연산을 이탈리아에서 수입해 미국에 팔았다.

2차대전 기간 페니실린 생산

1914년 발발한 제1차 세계대전은 화이자에 더 큰 기회가 됐다. 수입길이 막히면서 미국에서 구연산 품귀현상이 빚어지자 화이자가 자체적으로 개발에 나섰기 때문이다. 1917년 화이자는 설탕에 균주를 배양해 구연산

STOCK 추억의 종목

을 만드는 방법을 발견했고, 1919년에는 대량생산에 성공했다.

구연산 생산은 화이자가 화학업체에서 제약사로 도약하는 밑거름이 됐다. 구연산 대량생산 과정에서 축적한 기술을 통해 2차 세계대전(1939~1945년) 기간 항생제인 페니실린을 대량생산할 수 있었기 때문이다. 연합군이 사용한 페니실린 물량의 대부분이 화이자 공장에서 생산됐다.

화이자는 단순한 생산업체에 안주하지 않았다. 항생제의 가치를 알아본 화이자는 1950년 자체 항생제인 옥시테트라사이클린을 개발하며 신약개발사로 변신했다. 첫 블록버스터 약품인 피록시캄(항염증제)은 1980년에 출시됐다. 1989년에는 발기부전 치료제 비아그라를 처음 발견했다.

비아그라는 화이자 연구진이 고혈압 치료제를 개발하는 과정에서 우연히 탄생했다. 1989년 임상 과정에서 발기부전 치료에 효과가 있다는 것을 처음 발견했다. 하지만 발기부전 치료제로 정식 승인된 것은 1998년이다. 화이자는 특허가 만료된 2017년까지 비아그라로 매년 10억~20억달러의 매출을 올렸다.

M&A로 1위가 되기까지

1997년 화이자는 미국 제약사 워너램버트와 고지혈증치료제 리피토(1996년 출시)에 대한 공동마케팅 계약을 체결했다. 하지만 1999년 워너램버트가 다른 기업과 합병하려고 하자, 적대적 M&A에 나서 2000년 워너램버트를 903억달러(약 106조원)에 인수했다. 이 딜은 아직까지도 제약업계 최대 규모 M&A로 기록된다.

블록버스터 의약품 리피토를 보유한 워너램버트를 인수한 화이자는 머크를 제치고 미국 1위 제약사로 올라섰다. 인수 이전에는 2위였다. 이후 파머시아(2002년), 와이어스(2009년), 호스피라(2015년) 등을 차례대로 사들이며 세계 1위 제약사로 올라섰다. 2014년에는 1118억달러를 들여 아스트라제네카를 인수하려 했지만 거절당했다.

자체 신약 개발과 M&A를 통해 화이자는 2019년 말 기준 블록버스터 의약품 10개를 보유하게 됐다. 블록버스터란 연간 매출이 10억달러 이상인 의약품이다. 하지만 수익성을 개선하고 성장을 도모하기 위해 작년 대규모 조직개편을 단행했다. 특허만료 사업부를 떼어내 신약 개발과 판매에 집중하는 것이 골자다.

2019년 말 특허만료 사업부인 업존을 제네릭 전문 기업인 마일란과 합병한 뒤 작년 11월 특허만료 의약품 전문 회사인 비아트리스를 출범시켰다. 블록버스터였지만 특허가 만료된 비아그라, 리피토 등이 비아트리스 상표로 묶였다. 화이자는 항암제, 희귀질환 치료제 등 특허보유 의약품 전문 회사로 변신했다.

화이자 사업 부문

Vaccines
백신

Hospital
병원용 의약품

Oncology
종양학

Inflammation & Immunology
염증 및 면역학

Internal Medicine
내과

Rare Disease
희귀 질환

화이자 대표 제품

- 폐렴구균 백신 프리베나
- 통증 치료제 리리카
- 혈중 콜레스테롤을 낮춰주는 리피토
- 항생제 지스로맥스
- 발기부전 치료제 비아그라

VIAGRA

비아그라는 화이자 연구진이 고혈압 치료제를 개발하는 과정에서 우연히 탄생했다. 화이자는 특허가 만료된 2017년까지 비아그라로 매년 10억~20억달러의 매출을 올렸다.

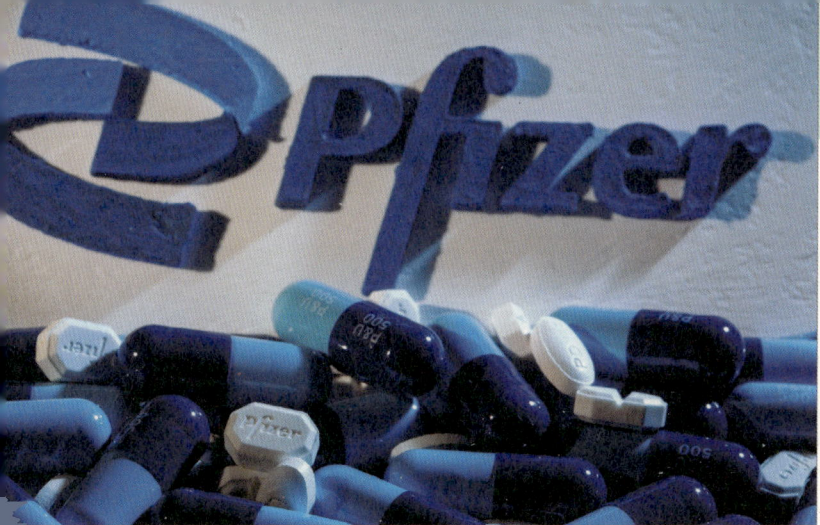

최근 알약 형태의 코로나19 치료제 임상2상을 시작한 화이자.

파이프라인 100개 보유

2021년 7월 말 기준 화이자는 총 100개의 신약 파이프라인을 보유하고 있다. 임상을 마치고 허가를 검토 중인 약물이 8개다. 임상3상 중인 약물은 23개, 임상2상은 40개, 임상1상은 29개다. 2021년 6월 미국 식품의약국(FDA)에서 허가를 받은 프리베나20은 가장 치료 범위가 넓은 폐렴구균 백신이자 잠재적 블록버스터 의약품으로 평가받는다.

리서치업체 모닝스타는 희귀 심장질환 치료제 빈다켈·빈다맥스도 잠재적 블록버스터로 주목했다. 빈다켈·빈다맥스는 세계 각국으로 출시되는 단계여서 매출이 지속적으로 증가할 것이라고 전망했다. 실제로 빈다켈·빈다맥스는 2021년 2분기 매출이 5억100만달러(약 6000억원)로 전년 동기 대비 77% 급증했다.

동시에 경구용 항응고제 엘리퀴스가 점유율을 늘려가며 전체 실적 성장을 주도할 것이라고 예상했다. 기존 치료제인 와파린보다 효능이 우수해 지속적으로 점유율을 확대할 것으로 전망되고 있어서다. 2021년 2분기 엘리퀴스 매출은 14억8100만달러(약 1조7500억원)로 전년 동기 대비 13% 증가했다.

다른 주요 의약품은 유방암 치료제 이브란스로 2분기 기준 14억400만달러(약 1조6600억원)의 매출을 기록했다. 전립선암 치료제인 엑스탄디는 2012년 출시됐지만 적용 환자군을 확대하면서 급성장하고 있다. 2분기 매출이 3억300만달러(약 3500억원)로 14% 증가했다. 코로나19 백신을 제외한 2분기 매출 증가율은 10%로 집계됐다.

성장과 배당 겸비한 만능주

화이자는 단기적으로 코로나19 백신으로 매출을 확대할 것으로 예상된다. 코로나19 바이러스가 종식되지 않을 것이란 관측이 나오고 있기 때문이다. 최근 알약 형태의 코로나19 치료제 임상2상도 시작했다. 코로나19가 장기간 이어진다면 예방과 치료 분야에서 독보적인 위치를 점유하는 기업이 될 수 있다.

최근 주가가 조정되면서 가격 부담도 적어졌다. 12개월 선행 주가수익비율(PER)은 12배 수준이다. 동시에 배당수익률은 3~4% 정도다. 코로나19에 대한 모멘텀과 배당에 따른 안정성을 동시에 노릴 수 있다. 연간 배당금도 매년 5~10% 늘리고 있다. 배당성향은 70%(배당금/순이익)에 달한다.

당장의 리스크는 바이든 행정부의 약가 인하 압박이다. 다만 약가 인하는 제약 업종 전체에 적용되는 것이어서 화이자만의 악재라고 볼 수 없다.

2분기 실적 발표를 통해 화이자는 미래 청사진으로 세 가지 키워드를 언급했다. 첫째는 혁신에 집중하는 바이오파마, 둘째는 퍼스트인클래스 파워하우스, 셋째는 안정적인 실적 성장형 기업이다. 이런 목표와 관련해 모닝스타는 "특허만료 사업부를 떼어낸 결정으로 화이자는 더 빠르고 혁신하는 기업이 될 것"이라고 평가했다.

화이자는 영업력이 뛰어난 제약사로도 평가받는다. 세계 각국에 방대한 판매 네트워크를 보유하고 있다. 특히 중국, 인도, 브라질, 러시아 등 의료 소비가 급증하는 신흥국에서 점유율을 빠르게 확대하고 있다. 희귀질환부터 항암제까지 아우르는 포트폴리오 덕분에 지난 170년간 보여준 성장세를 앞으로도 이어갈 것이란 전망이 나온다.

STOCK 추억의 종목

유통공룡, 온·오프라인을 넘나들다
월마트

#옴니 채널 전략
#제트닷컴 인수
#쇼피파이와 맞손
#전자상거래 시장 점유율 2위

주가 흐름 한눈에 보기

자료: 구글

눈여겨봐야 할 투자 지표

단위: 달러	매출	영업이익		상장시장	나스닥
				티커명	WMT
				업종	소매업
				투자의견	강력 매수
				목표주가	172.15
2020년 3분기	134억7800만원 / 5억7800만원			자기자본이익률(ROE)	12.32%
2020년 4분기	152억9700만원 / 5억4800만원			주가수익비율(PER)	20.63배
2021년 1분기	138억3100만원 / 6억9900만원				
2021년 2분기	141억4800만원 / 7억3954만원				

자료: 야후파이낸스·팁랭크 ※2021년 9월말 기준

'유통업의 몰락'이라는 말이 유행처럼 쓰이던 때가 있었다. 소비의 중심축이 오프라인에서 온라인으로 옮겨가면서다. 2018년 미국 126년 전통의 백화점 체인 시어스는 파산했다. 장난감 기업 토이저러스와 의류 업체 포에버21도 무너졌다. 국제신용평가사 무디스는 '소매업의 종말(retail apocalypse)'을 예언했다. 새로운 포식자 아마존이 미국 유통업 전체를 집어삼킬 듯했다. 그러나 월마트(WMT)는 이런 예상을 뒤집고 살아남았다. 오히려 2년 전보다 주가는 더 올랐다. 디그 맥밀런 월마트 최고경영자(CEO)는 "월마트의 강력한 점포와 디지털 역량의 결합이 성공의 열쇠"라고 말했다.

'온라인×점포' 전략으로 아마존과 맞서다

월마트의 부활은 온·오프라인을 넘나들며 자유롭게 상품을 구매할 수 있도록 하는 '옴니 채널 전략'에 있다. 오프라인 매장을 구닥다리 취급하는 분위기에도 월마트는 매장을 버리지 않았다. 미국 전역에 촘촘히 깔린 오프라인 매장은 오히려 월마트가 가진 최대 장점이었다.

월마트는 소비자들이 신선식품은 직접 눈으로 보고 구매하길 원한다는 점에 주목했다. 유통 과정에서 채소 등이 상하는 것을 걱정하는 소비자도 많았다. 월마트는 2015년부터 온라인으로 신선식품을 주문한 뒤 오프라인 매장에서 가져가는 서비스를 시작했다. 식료품을 온라인으로 주문한

적극적인 M&A 나선 월마트

슈바이 + 제트닷컴 + 무스조 + 플립카트 + 쇼피파이

뒤 방문 점포와 시간대를 선택해 주차장에 차를 세워놓으면 직원이 주문한 제품을 소비자 차량 트렁크까지 배달해준다.

코로나19 발생 이후 이 서비스 이용자는 크게 늘었다. 미국 인구의 90%는 월마트에서 10마일(16km), 70%는 5마일, 절반은 3마일 안에 살고 있다. 월마트는 언제든 온라인에서 간편하게 주문하고 집 근처에서 픽업할 수 있는 생필품 인프라였다.

최근에는 소비자 집 안으로 식료품·의약품 등을 당일 배송하는 '인홈' 서비스도 시작했다.

새로 확보한 온라인 고객을 충성 고객으로 만들기 위한 신규 서비스 '월마트플러스'도 지난해 내놨다. 연회비는 98달러로 아마존 프라임(119달러)보다 낮다. 무제한 무료 당일 배송 서비스를 이용할 수 있다. 도이치뱅크에 따르면 월마트플러스 도입 1년 만에 가입자 3200만 명을 확보하는 데 성공했다. 아마존 프라임 가입자의 약 86%에 해당하는 수치다.

이 같은 노력으로 2021년 2분기(5~7월) 월마트 매출은 1410억달러, 영업이익은 74억달러를 기록했다. 전년 대비 각각 2%, 21% 증가했다. 실적을 견인한 건 전자상거래 부문이었다. 전년대비 86% 증가했다. e커머스 매출 비중은 전체 매출의 19%로 확대됐다. 오프라인 유통공룡에서 e커머스 기업으로 체질 바꾸기에 성공한 것이다.

e커머스 점유율 확대 기대

월마트는 공격적인 인수합병(M&A)과 제휴로 온라인 시장 점유율을 높이겠다는 목표다. 월마트는 2016년 '아마존 킬러'로 불리던 전자상거래업체 제트닷컴을 33억달러에 사들였다. 2017년에는 슈바이, 무스조 등 패션쇼핑몰을 인수했다. 2018년 인도의 e커머스 플랫폼인 플립카트 지분 77%를 160억달러에 매입했다. 적극적인 M&A를 통해 온라인 유통에 대한 핵심 기술과 노하우, 전문인력, 브랜드 등을 한꺼번에 확보할 수 있었다. 2020년 6월엔 캐나다 e커머스 플랫폼 업체 쇼피파이와 손을 잡았다. 쇼피파이는 개발자 없이도 쉽게 쇼핑몰을 만들 수 있도록 돕는 업체다. 재고관리, 결제, 물류 등 쇼핑몰 운영에 필요한 서비스를 한꺼번에 제공하면서 최근 전자상거래 업계의 블루칩으로 떠올랐다. 이번 제휴로 쇼피파이의 플랫폼을 이용하는 판매업체들은 월마트닷컴에서도 물건을 팔 수 있게 됐다. 월마트는 쇼피파이 플랫폼을 이용하는 판매업체를 한꺼번에 포섭

이커머스 매출액 및 비중
단위 : 십억달러 / 단위 : %
온라인 매출액* — 온라인 비중**
이커머스 매출비중 상승
2015 2016 2017 2018 2019 2020 2021
자료: 월마트, 삼성증권
참고: *Walmart US 이커머스 매출액; **Walmart US 매출액 대비 비중 Calendar year 기준; 1월 결산

할 수 있는 효과를 누리고 있다. 이 같은 전략을 통해 월마트는 2020년 5월 처음으로 이베이(4.5%)를 제치고 미국 전자상거래 시장 점유율 2위(5.8%)를 차지했다.

월마트가 온라인 시장을 적극적으로 공략하고 있지만 오프라인 매장을 포기한 건 아니다. 오히려 더 강화하고 있다. 월마트가 가장 잘할 수 있는 오프라인 매장을 강화해 아마존이 제공할 수 없는 경험을 고객에게 제공하겠다는 목표다. '슈퍼센터' 전략이 대표적이다. 병원, 미용실, 은행 등이 입점해 있기 때문에 월마트 슈퍼센터 한 곳에서 한꺼번에 볼일을 끝낼 수 있다.

월마트는 최근 2022년 연간 실적 가이던스를 상향 조정했다. 매출은 올해 대비 6~7%, 영업이익은 11.5~14% 증가할 수 있다고 제시했다. 박종대 하나금융투자 연구원은 "미국 기준 매장 매출 증가율이 5~6%대로 높은 수준을 유지하고 있는 데다 e커머스 시장 점유율 확대도 기대되고 있다"고 전망했다.

고객이 온라인으로 주문한 신선식품을 차 트렁크에 싣고 있는 점원.

STOCK 주도주

파산 직전에서 인텔 최대 경쟁자로 떠오르다

AMD

#반도체 전문가 여성 CEO
#테슬라와 협력
#CPU, GPU 분야 가성비 전략
#자일링스(Xilinx) 인수

상장시장	나스닥
티커명	AMD
업종	반도체
투자의견	매수
목표주가	116.21
자기자본이익률(ROE)	66.27%
주가수익비율(PER)	35.58배

※2021년 9월말 기준

3058%. 미국 반도체 설계회사(팹리스) AMD가 지난 7년간 거둔 주가 상승률이다. 팀 쿡 최고경영자(CEO)가 취임한 2011년부터 애플이 10년간 기록한 주가 상승률(1200%)을 가뿐히 뛰어넘는다. AMD의 시가총액은 1283억달러에 달한다. 최근 7년간 65배 가까이 늘었다. 2014년 무렵 파산 직전까지 내몰렸던 AMD는 중앙처리장치(CPU) 시장에서 인텔을 위협하는 강력한 2위로 부활했다.

AMD가 기사회생할 수 있었던 건 리사 수 CEO의 공으로 평가된다. 시장에서 "수 CEO가 지휘봉을 잡고 있는 한 AMD는 결코 현실에 안주하지 않을 것"이라는 믿음이 굳게 자리 잡고 있다. AMD는 주력 분야인 PC와 게임용 콘솔 반도체를 넘어 데이터센터용 반도체 등으로 사업을 다각화하며 성장세를 이어나간다는 전략이다.

CPU · GPU 시장 2위

AMD는 반도체 생산 시설이 없는 팹리스 기업이다. AMD가 설계한 반도체는 세계 1위 파운드리(반도체 수탁생산) 업체인 대만의 TSMC가 생산한다. TSMC와의 끈끈한 협력 관계를 바탕으로 인텔보다 한발 앞서 7나노미터(nm·1nm=10억분의 1m) 공정에서 CPU 제품을 출시했다.

AMD 매출의 60%는 컴퓨팅 및 그래픽 부문에서 나온다. 데스크톱PC와 노트북에 들어가는 CPU, GPU(그래픽처리장치), APU(CPU와 GPU의 통합 프로세서) 등이 여기에 포함된다.

| FPGA (Field-Programmable Gate Array) | 프로그램이 가능한 비메모리 반도체 | 용도에 따라 재설계가 가능 | 데이터센터, AI, 5G 등에 적합 | 현재 1위 기업 자일링스(Xilinx) | AMD, 연말 자일링스 인수 완료 |

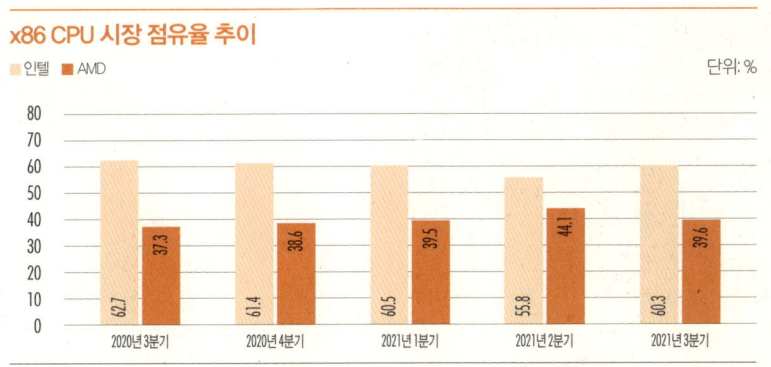

x86 CPU 시장 점유율 추이 (단위: %)
- 2020년 3분기: 인텔 62.7, AMD 37.3
- 2020년 4분기: 인텔 61.4, AMD 38.6
- 2021년 1분기: 인텔 60.5, AMD 39.5
- 2021년 2분기: 인텔 55.8, AMD 44.1
- 2021년 3분기: 인텔 60.3, AMD 39.6

자료 : 스태티스타

나머지 매출은 임베디드 및 세미커스텀 부문이 차지한다. 소니의 플레이스테이션5, 마이크로소프트(MS)의 엑스박스 시리즈 X·S 등 게임콘솔용 프로세서 등이 해당한다.

AMD는 CPU와 GPU 시장에서 점유율 기준 각각 세계 2위다. '만년 2위'라는 평가도 있지만 최근 CPU 시장에서 인텔의 독주를 빠르게 따라잡고 있다. 시장조사업체 스태티스타에 따르면 2021년 3분기 x86 CPU 시장에서 AMD의 점유율은 39.6%로 2014년 3분기보다 16%포인트 증가했다. 같은 기간 인텔의 시장점유율은 76.3%에서 60.3%로 감소했다. AMD는 GPU 시장에선 2020년 2분기 이후 점유율이 20% 아래로 입지가 다소 줄었다. 1위 업체인 엔비디아가 80% 초반대로 점유율을 확대하고 있기 때문이다.

벼랑 끝에 선 AMD

AMD는 1969년 페어차일드반도체에서 근무하던 제리 샌더스가 동료 7명과 함께 설립한 회사다. 페어차일드반도체의 다른 동료였던 로버트 노이스와 고든 무어가 인텔을 세운 이듬해 창업했다. 나스닥시장엔 1972년 상장했다. 창업 초반 AMD는 인텔의 제품을 복제해 저렴한 가격에 판매하는 업체에 불과했다. 2000년대 들어선 상황이 달라졌다. 2003년 AMD가 기존 32비트 명령어에도 호환되는 최초의 64비트 CPU '애슬론64'를 출시하면서다. AMD가 단기간에 인텔을 제치고 혁신적인 성과를 이뤘다는 평가가 나왔다. AMD는 인텔과 함께 CPU 시장을 지배하는 업체로 떠올랐다. 2006년 ATI를 인수하며 GPU 시장에도 진출했다. 그러나 성장세는 오래 가지 않았다. 2000년대 후반 이후 AMD는 인텔과의 시장 점유율 싸움에서 점차 밀려나기 시작했다. AMD가 후속 제품을 내놓지 못하는 사이 인텔은 신제품을 출시하며 승승장구

RYZEN

2017년엔 AMD의 대표 CPU 제품 '라이젠(RYZEN)'을 출시했다. 인텔 CPU의 절반 가격밖에 되지 않는 뛰어난 가성비(가격 대비 성능)로 시장의 반향을 불러일으켰다.

했다. 2006년 1분기 48%를 넘어섰던 AMD의 CPU 시장 점유율은 2년 뒤 28%대로 고꾸라졌다. AMD는 2006년부터 3년 연속 적자를 기록했다. AMD는 인력 감축까지 단행해야 했고 파산설도 나돌았다.

반도체 전문가, 수 CEO

분위기를 반전시킬 무기가 필요했다. AMD가 절체절명의 위기에 빠졌을 때 등장한 구원투수가 바로 수 CEO다. 2012년 그는 글로벌 비즈니스 총괄 부사장으로 AMD에 합류했다. 2014년 10월엔 AMD 역사상 최초의 여성 CEO로 임명됐다.

수 CEO는 대만계 미국인이다. 두 살 때 가족과 함께 미국으로 이민을 갔다. 그는 통계학자인 아버지와 회계사인 어머니의 높은 교육열 아래에서 자랐다. 피아노 연주를 10년간 배우기도 했다. 그녀는 어렸을 적부터 공학도의 기질을 보였다. 사물이 어떻게 작동하는지 관심이 많았다. 10세 때부터 오빠의 원격 조종 자동차를 분해하고 조립하는 걸 즐겼다.

1986년 수 CEO는 매사추세츠공과대(MIT)에 입학했다. 전공으로 전자공학을 선택한 수 CEO는 대학 1학년 때 실리콘 웨이퍼 제조 실험에 참여하며 반도체의 무궁무진한 잠재력을 발견했다. 수 CEO는 모교에 남아 반도체 연구로 석사와 박사 학위를 취

STOCK 주도주

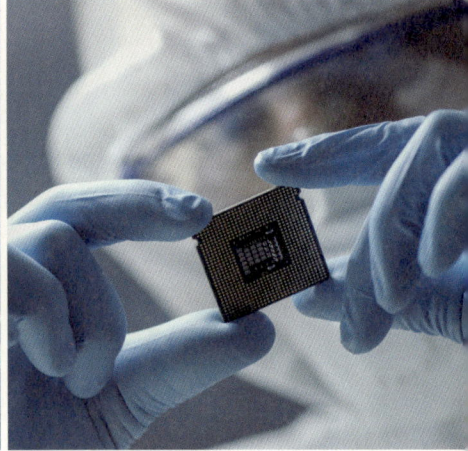

리사 수 AMD 최고경영자(CEO)가 자사의 CPU 제품 라이젠을 선보이고 있다

득했다. 학문적 연구보다 실용성을 추구했던 그는 이후 반도체 업계에 발을 내디뎠다. 반도체 기업 텍사스인스트루먼트에 입사한 뒤 IBM으로 옮겨 12년간 반도체 연구개발(R&D)에 매진했다.

1998년 수 CEO는 반도체 배선 방식의 패러다임을 뒤집는 업적을 세웠다. 기존엔 반도체 금속 배선에 알루미늄을 사용했지만 알루미늄보다 저항도가 낮은 구리로 대체한 것이다. 반도체 데이터 처리 속도가 한층 빨라지면서 구리 배선은 현재까지도 반도체업계의 표준으로 남았다. 수 CEO는 IBM에 몸담고 있는 동안 40개 이상의 반도체 관련 논문을 발표했다. 그가 한 회사의 CEO이기에 앞서 학계에서 존경받는 인물로 꼽히는 이유다.

고성능 컴퓨팅 시장 공략

수 CEO는 AMD의 성장을 위해서는 '선택과 집중'이 필요하다고 판단했다. 반도체 신제품 개발 주기가 3~5년으로 길기 때문에 여러 사업을 벌이지 않고 특정 분야에 집중하는 게 효율적이라고 생각했다. AMD는 경쟁 우위를 가지고 있으면서도 수익성이 높은 고성능 컴퓨팅 부문에 집중하기로 했다. AMD는 MS와 소니에 게임 콘솔용 APU를 공급하기 시작했다. 2017년엔 AMD의 대표 CPU 제품 '라이젠(RYZEN)'을 출시했다. 인텔 CPU의 절반 가격밖에 되지 않는 뛰어난 가성비(가격 대비 성능)로 시장의 반향을 불러일으켰다.

수 CEO의 전략은 성공적이었다. 2017년부터 AMD는 적자의 늪에서 벗어났다. 그가 취임한 지 3년째 되는 해였다. 2017년 영업이익은 1억2700만달러였다. 2020년엔 영업이익이 13억6900만달러로 늘어났다. 2020년 2분기부터 2021년 2분기까지 5개 분기 연속 영업이익이 시장 예상치를 웃돌았다. 코로나19 여파로 재택근무, 온라인 교육 등이 증가하면서 PC, 노트북, 게임기 등의 수요가 늘어난 영향이다.

2021년에도 고성장을 이어가고 있다. 2021년 2분기 AMD의 매출은 38억5000만달러로 2020년 같은 기간보다 99% 증가했다. 영업이익(8억3100만달러)은 전년 동기보다 무려 380% 늘었다. 2021년 실적 예상치도 높여 잡았다. AMD는 2021년 매출이 2020년보다 60% 늘어난 156억1600만달러를 기록할 것으로 전망했다. 기존 가이던스인 매출 증가율 50%보다 상향 조정한 것이다.

수 CEO는 "사람들이 반도체가 우리 삶에 얼마나 중요한지 깨닫고 있는 매우 독특한 시기"라며 반도체 시장의 지속적인 성장을 확신했다. 팁랭크에 따르면 월스트리트 애널리스트 15명 가운데 11명이 매수 의견을 제시했다. 이들 15명의 12개월 목표주가 평균은 116.21달러다.

데이터센터용 반도체 강화 나서

AMD는 세계 최대 전기차 업체 테슬라와도 협력하고 있다. 테슬라 모델 S와 X 차량에서 고성능 게임을 즐길 수 있는 인포테인먼트(정보+오락) 시스템에 AMD의 GPU가 활용된다. AMD는 테슬라와 맺은 계약 규모는 밝히지 않았다. 다만 테슬라는 지난해 6만 대가량의 모델 S, X 차량을 생산했다. 삼성전자와는 스마트폰의 두뇌로 불리는 애플리케이션프로세서(AP) 부문에서 최근 손을 잡았다. 삼성전자의 신작 AP '엑시노스 2200'은 2021년 안으로 출시될 예정이다. 이 AP는 기존 제품보다 GPU 성능이 개선된 것으로 알려졌다.

전 세계 프로그래머블반도체(FPGA) 1위 기업 자일링스(Xilinx)를 인수한 효과도 기대를 모으고 있다. 앞서 AMD는 2020년 10월 자일링스를 350억달러에 인수할 것이라고 밝혔다. FPGA는 회로 변경이 불가능한 일반 반도체와 달리 용도에 따라 재설계가 가능하다. 빅데이터 시대가 도래하며 급부상하고 있는 데이터센터에 활용된다. 인공지능(AI)과 5세대(5G) 이동통신에도 사용된다. 자일링스 인수 절차는 2021년 말 최종 마무리될 것으로 관측된다.

AMD가 자일링스를 품에 안으면 50년 넘게 이어진 인텔과의 경쟁은 데이터센터용 반도체 부문으로 확대될 전망이다. 인텔은 2015년 FPGA 2위 업체 알테라(Altera)를 인수하며 시장 공략에 나섰다. 데이터센터용 반도체 시장에서 인텔의 점유율은 90% 이상으로 압도적이다. 하지만 AMD의 시장 점유율이 2017년 1% 수준에서 2년 만에 8%로 확대되며 인텔을 추격하고 있다. 2021년 1분기 인텔의 데이터센터 매출은 전년 동기 대비 20%가량 줄어들기도 했다. 수 CEO는 "2021년 데이터센터용 반도체 매출이 크게 증가할 것으로 예상한다"고 전망했다.

치열해진 GPU 경쟁

AMD는 CPU 시장에서와 마찬가지로 GPU 분야에서도 가성비 전략을 내세우고 있다. 그러나 독보적 1위 엔비디아를 넘기 위해선 갈 길이 멀다. 2021년 1분기 AMD의 GPU 시장점유율은 직전 분기(19%)보다 하락한 17%를 기록했다. 이런 가운데 경쟁자도 늘어날 전망이다. 2021년 8월 인텔이 게이밍 그래픽카드 브랜드 아크를 출시하겠다고 밝힌 것이다. 인텔은 2022년 초 아크를 시장에 공개한다는 계획이다.

펫 겔싱어 인텔 CEO는 "엔비디아보다 더 높은 수준의 슈퍼 컴퓨터용 GPU를 내놓겠다"고 선전포고를 날렸다. 인텔은 GPU 생산 물량을 대만 반도체 기업 TSMC에 맡긴다는 계획이다.

코로나19가 가속화한 반도체 공급난은 업계의 최대 걸림돌이다. 반도체 수요는 폭발적으로 늘고 있는데 생산이 따라가지 못하고 있기 때문이다. 그러나 뒤집어 보면 이는 곧 AMD에 호재이기도 하다. PC, 노트북, 게임용 콘솔 등에 필요한 반도체를 찾는 수요가 그만큼 크다는 방증이어서다. 수 CEO는 2021년 3월 CNBC와의 인터뷰에서 "반도체 수요가 아주 강하다"며 "반도체 공급난은 AMD에 호재"라고 말했다. 반도체 수급 불균형도 큰 문제가 아니라고 진단했다. 그는 "반도체 공급난은 재앙이 아니며 수요 불균형에 따른 일시적 현상에 불과하다"며 "AMD의 반도체 공급 상황은 TSMC의 도움으로 개선돼 나갈 것"이라고 전망했다.

380%
2021년 2분기 AMD의 영업이익(8억3100만달러)은 전년 동기보다 무려 380% 늘었다.

인텔 vs AMD

	AMD	인텔
2021년 매출 전망	156억1600만 달러	776억 달러
시가총액	1283억 달러	2250억 달러
데이터센터용 반도체 시장 점유율	8%	90% 이상
인수 기업	FPGA 1위 기업 자일링스(Xilinx)	FPGA 2위 기업 알테라(Altera)

자료: 각 사

STOCK 주도주

마지막까지 살아남을 사이버 보안업계 강자
크라우드스트라이크

#실적서프라이즈
#재구독률 120%
#고객 98% 재계약
#기술경쟁력 우위 '팰컨'

주가 흐름 한눈에 보기

자료: 구글 *2020년 12월 16일 상장

눈여겨봐야 할 투자 지표

상장시장	나스닥
티커명	CRWD
업종	사이버보안
투자의견	강력매수
목표주가	314.90
자기자본이익률(ROE)	−21.57%
주가수익비율(PER)	N/A

자료: 야후파이낸스·팁랭크 ※2021년 9월말 기준

코로나19 이후 원격근무 활성화, 연이은 대규모 해킹 사태로 사이버보안의 중요성이 커지고 있다. 사이버보안 기술은 누구나 인터넷에 연결되고 모든 사물에 접근할 수 있는 권한이 생기는 4차 산업혁명 시대에 그 어떤 산업보다 우선적으로 발전할 수밖에 없는 산업이다. 사이버보안 문제가 해결되지 않으면 사물인터넷(IoT), 자율주행 자동차 등 어떤 신기술도 완성될 수 없기 때문이다.

올해 들어선 조 바이든 미국 행정부와 빅테크 기업들도 잇따라 사이버보안을 강조하면서 관련 종목이 주목받고 있다. 미국 사이버 보안업체 크라우드스트라이크(CRWD)는 2021년 2분기 실적 서프라이즈를 기록한 데 이어 코로나19 이후에도 구조적 성장세를 이어갈 대표적인 기업으로 꼽힌다. 다수 기업이 사이버보안 산업 경쟁에 뛰어든 가운데서도 기술적 우위를 점하고 있어 국내외 증권업계에서는 마지막까지 살아남을 승자로 크라우드스트라이크를 지목하는 이들이 많다.

9개 분기 연속 실적 서프라이즈

크라우드스트라이크는 최근 아홉 차례 실적 발표에서 모두 기존에 제시했던 매출과 주당순이익(EPS) 가이던스 상단을 웃도는 성과를 내놨다. 2021년 2분기 매출은 3억4000만달러로 전년 동기 대비 70% 늘어났다. EPS는 0.11달러를 기록했다. 매출과 EPS는 각각 시장 추정치를 4.5%,

| 사이버보안 기술주 투자 기회 요인 | **1** 코로나19
코로나19 이후 원격근무 활성화,
대규모 해킹 사태 | **2** 바이든 행정부
2021년 5월 사이버보안 기준
강화하는 행정명령에 서명 | **3** 글로벌 기업
구글, 마이크로소프트, 애플 등
사이버보안 투자 확대 계획 |

26.1% 웃돌았다. 구독 고객도 1만 3000곳으로 작년 대비 81% 증가했다. 재구독률 역시 120%로 양호했다는 평가다.

크라우드스트라이크의 빠른 성장세는 고객 수 증가에서도 알 수 있다. 2017회계연도 기준 고객 수는 450곳에 불과했지만 2021년 현재는 8400곳을 웃돈다. 약 4년 동안 1770% 증가했다.

기존 고객 이탈률은 2% 내외로 유지되고 있다. 서비스를 이용해본 고객의 98%는 재계약을 한다는 얘기다.

점점 더 중요해지는 사이버보안 강화

사이버보안은 코로나19 이후 중요성이 더 강조되고 있다. 2021년 들어선 미국 정부도 나섰다. 바이든 행정부는 2021년 5월 사이버보안 기준을 강화하는 행정명령에 서명하며 공적 영역에서의 사이버보안을 강화했다. 또 최근에는 바이든 대통령이 애플, 아마존, 구글, 마이크로소프트(MS) 등 빅테크와 금융회사, 기간산업 관련 업체 최고경영자(CEO)를 백악관에 불러 회의를 열고 사이버보안에 힘써달라고 주문했다. 이에 MS, 구글, 애플 아마존 등 기업들도 사이버보안 강화와 관련한 투자 계획을 발표하며 화답했다. 구글은 5년간 100억달러, MS는 5년간 200억달러 등을 사이버보안에 투자하겠다고 밝혔고 애플도 공급망 보안 강화 조치를 내놨다.

현재 미국 내에서만 50만 명에 육박하는 사이버보안 인력이 부족한 상황

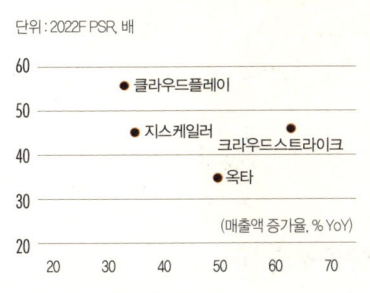

경쟁사 대비 가장 빠른 성장
단위 : 2022F PSR 배
자료 : Bloomberg, 한국투자증권
※2021년 대비 2022년 매출 증가율 기준

매출액 고성장에 영업이익률 개선 동반
단위 : 백만달러 매출액 영업이익률 단위 : %
자료 : S&P글로벌

이어서 단기적으로는 크라우드스트라이크와 같은 서비스형 소프트웨어(SaaS)를 활용한 보안 기업과의 협업이 확대될 것이란 관측이다.

사이버보안 산업의 선두 위치

사이버보안 산업은 경쟁이 치열해지면서 어떤 기업이 최후에 살아남을 것이냐가 관건이 되고 있다. 크라우드스트라이크의 보안 플랫폼 '팰컨'은 업종 내에서 기술적 경쟁 우위를 갖춘 상품으로 평가된다. 오늘날 가장 정교하고 강력한 차세대 보안 플랫폼으로 꼽힌다.

팰컨은 외부 공격을 차단하기 위해 인공지능, 머신러닝, 그래프 데이터베이스 기술 등을 활용한다.

또 팰컨은 커널 기반으로 만들어진 경량화된 보안 플랫폼으로 다른 보안 업체에서 쫓기 힘든 기술적 우위를 통해 진입장벽을 형성하고 있다. 그래프 데이터베이스 기술과 경량화된 에이전트 기술은 크라우드스트라이크가 특허를 보유하고 있는 부문이다.

밸류에이션 부담?…
구조적 성장에 주목

크라우드스트라이크는 2020년 3월 코로나19 폭락장에서 주가가 30달러 선까지 떨어졌다가 최근 240달러를 웃돌며 거래되고 있다. 1년 반 만에 주가가 여덟 배 뛴 것이다. 단기간에 급등한 만큼 밸류에이션(실적 대비 주가수준) 부담 우려도 나온다.

그러나 증권업계에서는 구조적 성장에 더 주목해야 한다고 강조한다. 크라우드스트라이크의 2022년 주가매출비율(PSR·주가/주당 매출액)은 46배로 높게 책정돼 있다. 2022년 PSR은 지스케일러 47배, 옥타 36배, 클라우드플레어 52배 등 경쟁사와 비슷한 수준이다. 그러나 실적 성장세를 같이 보면 다른 평가가 나온다. 내년 크라우드스트라이크의 매출 증가율은 60%에 달할 것으로 추정되는데 경쟁사 평균은 40%에 불과하다. 오태완 한국투자증권 연구원은 "멀티플 부담에도 실적의 구조적 성장세를 주목할 필요가 있다"고 말했다.

STOCK 주도주

IT모니터링의 절대 강자
데이터독

- # 전년 동기 대비 매출 67%↑
- # 몰타르 데이터 인수
- # 프랑스 파리에 연구개발센터 설립
- # APM 분야 선두주자

주가 흐름 한눈에 보기
단위 : 달러

자료 : 구글

눈여겨봐야 할 투자 지표

상장시장	나스닥
티커명	DDOG
업종	클라우드 모니터링
투자의견	매수
목표주가	151
자기자본이익률(ROE)	-5.89%
주가수익비율(PER)	355배

자료 : 야후파이낸스·팁랭크 ※2021년 9월말 기준

소프트웨어 기업 데이터독(DDOG)의 로고에는 사명과 같이 '개 그림'이 그려져 있다. 비츠(Bits)라는 이름의 개 한 마리가 어딘가에서 찾아낸 사진 문서를 입에 문 채 들고 온 모습이다. 이 그림 한 장에 데이터독이 추구하는 사업 방향이 집약돼 있다.

정보기술(IT) 데이터에 대한 모니터링 서비스를 제공하는 클라우드 소프트웨어 회사라는 의미를 강조하고 있다. 데이터독은 고객의 클라우드 서비스 이용 환경 및 상황을 실시간으로 관찰한 데이터를 수집·분석해 오류를 대비하고 문제를 해결하는 서비스를 제공한다.

꾸준히 개선되는 수익성

데이터독은 2021년 2분기 매출이 2억 3355만달러(약 2770억원)를 기록했다. 전년 동기 대비 67% 증가한 금액이다. 영업이익률은 13%로, 전년 동기에 비해 2%포인트 늘어났다. 시장에서는 데이터독의 수익성이 꾸준히 개선되고 있다는 평가가 나온다. 2021년 2분기 연평균 계약액이 1000달러 이상인 고객도 총 1610건 늘어 전년에 비해 59% 증가했다.

데이터독의 2021년 3분기 매출은 전년 동기 대비 60% 늘어난 최대 2억 4800만달러로 추정된다. 권윤구 한국투자증권 수석연구원은 데이터독에 대해 "경쟁사 대비 높은 매출 증가율을 자랑하고 있다"며 "인공지능(AI), 클라우드 보안 등 관련 생태계에 대한 적극적인 투자 확대로 향후 경쟁

데이터독 소프트웨어 특징

- 서비스 전체 한눈에 보기 가능
- 애플리케이션 성능 모니터링, 문제 해결 및 최적화
- 상황에 맞는 로그 데이터 분석 및 탐색
- 클라우드 네이티브 환경에서 트래픽 흐름 시각화
- 실시간 대화형 대시보드 구축
- 사용자 경험 기반 비즈니스

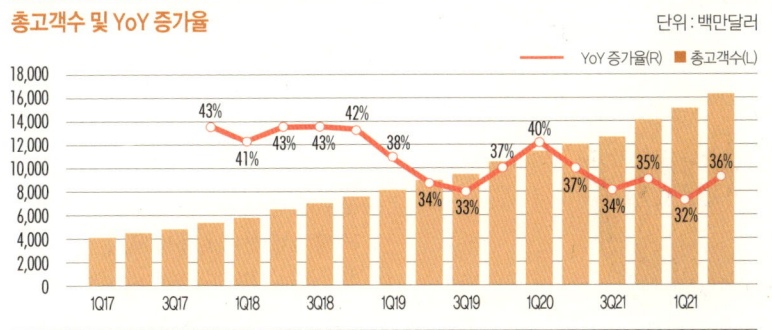

총고객수 및 YoY 증가율 (단위: 백만달러)
자료: 데이터독, 미래에셋증권 리서치센터

력 강화가 예상된다"고 전망했다.

"개발과 운영 마찰 없애자"

데이터독은 2010년 미국 뉴욕에서 탄생했다. 프랑스 국적의 올리비에르 포멜 최고경영자(CEO)와 알렉시스 르콕에 의해서다. 두 사람은 원래 온라인 교육용 소프트웨어 기업인 와이어리스제너레이션에서 근무한 동료 직원이었다. 폭스뉴스를 갖고 있는 뉴스코퍼레이션이 당시 이들의 직장을 인수한 뒤 두 사람은 의기투합하며 "직접 창업해 우리만의 사업을 펼쳐보자"고 마음먹었다.

마침 두 사람이 창업하고 싶어 한 아이템은 딱 한 가지로 의견이 모였다. 포멜은 "개발자와 시스템 관리팀은 종종 서로 상반된 목표를 갖고 일할 수밖에 없는데, 이들의 마찰을 줄일 수 있는 제품을 개발해야겠다고 생각했다"고 설명했다.

창업 이후 데이터독은 빠르게 성장해 아마존웹서비스(AWS)와 마이크로소프트(MS) 애저, 구글 클라우드 플랫폼, 레드햇 오픈시프트, VM웨어, 오픈스택 등을 포함한 다양한 업체로 고객사를 늘려나갔다.

2015년엔 몰타르 데이터(Mortar Data)를 인수해 몰타르 직원들과 데이터 분석 능력을 데이터독 플랫폼에 흡수했다. 같은 해 프랑스 파리에 연구개발센터도 세웠다. 2016년엔 성장팀을 지원하기 위해 미국 뉴욕시 본사 건물을 뉴욕타임스빌딩 전체 층으로 옮겼고, 직원 수는 당시 한 해 동안 두 배로 증가했다. 이듬해 데이터독은 APM 베타 버전을 시중에 공개했다. 처음으로 풀스택 모니터링 서비스를 탑재한 제품이었다.

데이터독은 2018년 마덤보(Madumbo), 2020년 언디파인드랩스(Undefined Labs) 인수에 이어 올해도 두 건의 인수를 발표하며 클라우드 생태계를 확대하기 위한 투자를 본격화하고 있다. 클라우드 기반 앱 보안 솔루션 업체인 '스크린(Sqreen)'과 데이터 파이프라인 플랫폼 벡터(Vector)의 개발사인 '팀버테크놀로지(Timber Technologies)'를 인수하기로 결정한 것이다.

시스코 인수 제안도 거절

실시간 데이터 통합 플랫폼으로 출발한 데이터독은 이처럼 끊임없는 개발과 인수합병(M&A) 등을 통해 사업 영역을 확장해왔다. 2012년 인프라 모니터링, 2017년 APM(앱 성능 관리), 2018년 실시간 로그 수집 및 관리 서비스 등에 진출했다. 특히 APM 분야에서 동급 최고의 성능을 자랑하는 선두주자다. APM 경쟁사로는 나지오스, 자빅스 등 170여 곳이 있다. 고객정보 분석업체 슬린텔에 따르면 데이터독의 APM 시장 점유율은 14.26%에 달한다.

포멜은 데이터독의 성장 가능성을 알아본 글로벌 기업이 내민 인수 제안도 거절했다. 데이터독은 2019년 9월 미국 나스닥에 주당 27달러로 데뷔해 상장 첫날 주가가 40% 급등했다. 당시 시가총액은 78억달러 수준이었다. 블룸버그통신은 "데이터독이 기업공개(IPO)를 앞두고 몇 주간 시스코로부터 최소 70억달러 이상의 인수 가격으로 합병을 제안받았으나 거절했다"고 보도했다.

시장에선 이를 두고 글로벌 네트워크 기업인 시스코가 데이터독의 기술을 확보하려는 의지가 상당했다는 점, 데이터독은 시스코의 인수 제안 금액이 전혀 아쉽지 않을 만큼 공모 자금 확보에 대한 자신감이 있다는 점 등을 짐작할 수 있는 대목이라는 분석이 나왔다. 그로부터 2년이 지난 2021년 9월 데이터독의 시가총액은 457억3000만달러를 돌파했다.

STOCK 주도주

글로벌 전자서명 1위 기업
도큐사인

언택트 대표주
미국 내 점유율 75%
전자서명 시장 규모 성장 지속
디지털 계약 관리(CLM) 서비스 확장

주가 흐름 한눈에 보기

단위 : 달러

자료 : 구글

눈여겨봐야 할 투자 지표

단위 : 달러 ■매출 ■영업이익

2020년 3분기	2020년 4분기	2021년 1분기	2021년 2분기
3억8290만 / 4910만	4억3090만 / 7460만	4억6910만 / 9320만	5억1180만 / 9970만

상장시장	나스닥
티커명	DOCU
업종	소프트웨어
투자의견	강력매수
목표주가	340.29
자기자본이익률(ROE)	-46.17
주가수익비율(PER)	116.77배

자료 : 야후파이낸스·팁랭크
※회계연도 1월 결산, 영업이익은 조정(Non-GAAP) 기준
※2021년 9월말 기준

미국 나스닥시장에 상장된 도큐사인(DOCU)은 글로벌 전자서명 1위 업체다. 코로나19가 확산하기 시작한 2020년부터 언택트 대표주로 각광받았는데, 최근에는 전자서명의 편리함 때문에 코로나19 사태가 끝나도 꾸준히 성장할 것이란 예상이 나온다.

시장 선점한 1위 업체

전자서명이란 블록체인 기술을 이용해 본인 인증은 물론 계약서 공증까지 해주는 서비스다. 미국에서 2000년 전자서명과 관련한 법이 제정되며 시장이 태동했다. 미국이 2018년부터 모든 정부기관의 인프라를 디지털화하는 법을 시행한 게 전자서명 시장을 성장시킨 계기로 평가받는다. 국내에서도 2020년부터 전자서명법이 시행돼 민간업체들이 관련 서비스를 내놓고 있다.

도큐사인은 전자서명 최대 시장인 미국 내 점유율이 75%에 달한다. 2위인 어도비(7%)와 큰 격차를 보이고 있다. 도큐사인은 전자서명을 사용하면 평균 32.5일이 걸리는 계약 기간을 2일로 단축할 수 있다고 설명한다. 도큐사인 고객사 중 하나인 기업용 고객관계관리(CRM) 소프트웨어 업체인 세일즈포스의 경우 전자서명을 통해 계약당 19달러40센트의 비용을 절감했다. 1월 결산 기업인 도큐사인의 2022회계연도 2분기(2021년 5~7월) 매출은 5억1180만달러로 전년 동기 대비 49.6% 늘었다. 조정 영업이익(주식보상비용, 무형자산 감가상각비 등을

도큐사인의 강점	■ 시장 선점 ■ 매력적인 비즈니스 모델	■ 애플, 마이크로소프트, 구글, 삼성, 비자 등 대기업 고객 다수 확보 ■ 포천 500대 기업 중 70% 이상이 고객

제외하고 낸 이익)은 9970만달러로 181.8% 증가했다. 컨센서스(증권사 추정치 평균)에 비해서도 17.0% 많았다. 2분기에는 인도 등 해외 매출도 전년 동기 대비 71% 늘었다.

도큐사인 매출 구조는 구독과 전문 서비스 및 기타로 구성돼 있다. 2분기 기준으로 구독 매출 비중이 96%, 전문 서비스 및 기타가 4%를 차지한다. 구독이 회사의 주요 비즈니스 모델이기 때문에 안정적인 수입을 올릴 수 있다는 장점이 있다.

시장 규모 5년간 네 배 커질 듯

글로벌 시장조사 업체 마켓앤드마켓은 전자서명 시장 규모가 2021년 37억달러에서 2026년 141억달러로 네 배 가까이 커질 것으로 예상했다. 이 기간 연평균 성장률이 31%에 이를 것으로 추정된다.

그럼에도 현재 전자서명 시장의 침투율(해당 상품을 한 번이라도 사용해 본 고객 비중)은 6~8%에 불과하다. 시장에서 도큐사인의 추가 성장 가능성을 높게 보는 이유다.

유진투자증권은 도큐사인의 강점으로 △시장 선점 △기업고객 △매력적인 비즈니스 모델 등을 꼽았다. 2003년 창업한 도큐사인은 미 정부 사업을 수주하기 위해 필요한 연방 위험 및 인증 관리프로그램(FedAMP) 자격을 전자서명 업체 중 처음으로 획득했다. 이를

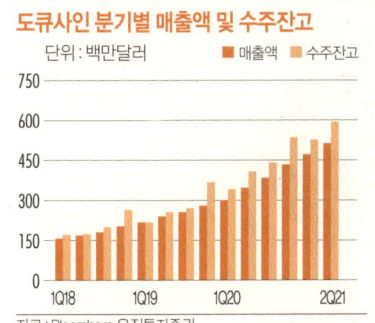

도큐사인 분기별 매출액 및 수주잔고
단위: 백만달러
자료: Bloomberg, 유진투자증권

전자서명 시장규모 전망치
단위: 억달러
2021년	37
2022년	48
2023년	63
2024년	82
2025년	108
2026년	**141**
자료: 마켓앤드마켓, 유진투자증권

통해 시장을 선점한 결과 애플, 마이크로소프트, 구글, 삼성, 비자 등 대기업 고객을 다수 확보할 수 있었다. 포천 500대 기업 중 70% 이상이 도큐사인의 고객사다.

도큐사인의 2분기 기준 기업고객 수는 전년 동기 대비 49.5% 늘어난 14만 8000곳이다. 2년 만에 기업고객 수가 세 배 이상 증가했다. 기업고객 수는 도큐사인 전체 고객 수의 14%에 불과하지만 매출에서 차지하는 비중은 88%에 이른다.

CLM 등으로 사업영역 확장

도큐사인은 전자서명 서비스 외에 계약서 준비부터 체결 후 관리까지 해주는 '디지털 계약 관리(CLM)' 서비스로 사업 영역을 확장하고 있다. 각 기업에 맞는 형태로 차별화된 서비스를 제공하기 때문에 록인효과(고객을 묶어두는 효과)가 큰 것으로 평가받는다.

도큐사인은 CLM 서비스를 위해 실소프트웨어, 라이브오크 테크놀로지스 등 관련 기업을 차례로 인수했다. 이를 통해 계약준비-서명-공증-관리 등 계약 밸류체인 전 분야를 수직계열화했다.

2분기 기준으로 도큐사인의 기존 고객 매출 순유지율은 124%다. 구독 서비스를 이용하는 기존 고객들이 과거보다 더 많은 돈을 내고 있다는 의미다. 고객들이 전자서명뿐 아니라 CLM 서비스까지 사용하고 있어서다. 하나금융투자는 이런 추세가 하반기에도 지속될 것으로 전망했다.

김중한 삼성증권 연구원은 "도큐사인은 언택트 관련주 피크아웃(고점 통과) 우려가 극대화된 지난 5월 저점(179.50달러) 이후 꾸준히 상승했다"며 "전자서명으로 유입된 고객들이 CLM 서비스를 추가로 사용하며 안정적으로 확장되고 있다"고 말했다. 한병화 유진투자증권 연구원은 "도큐사인은 단순히 전자서명 서비스만 제공하는 것이 아니라 계약 준비부터 서명, 공증, 관리 이행까지 계약 전 과정에 대해 클라우드 구독 서비스를 제공한다"며 "기능을 계속 업그레이드하기 때문에 고객당 구독 매출이 증가할 전망"이라고 설명했다.

9월 29일 기준 도큐사인의 주가는 256.89달러다. 연초 대비 15.56% 상승했다. 팁랭크의 평균 목표가격은 340.29달러다. 목표가격을 제시한 15명의 애널리스트 전원이 매수 의견을 냈다. 이 목표가를 기준으로 할 때 32.47% 상승할 여력이 있다.

STOCK 주도주

기회의 시장 남미의 아마존
메르카도 리브레

\#라틴아메리카 점유율 1위

\#2021년 2분기 매출 17억달러

\#10년 이상 갖고 갈 주식

\#2022년 매출추정치 90억달러

주가 흐름 한눈에 보기
단위: 달러

(2018년~2021년 주가 그래프: 500~2000달러 구간)

자료: 구글

눈여겨봐야 할 투자 지표

상장시장	나스닥
티커명	MELI
업종	전자상거래
투자의견	강력매수
목표주가	2076.32
자기자본이익률(ROE)	-0.14%
주가수익비율(PER)	N/A

자료: 야후파이낸스·팁랭크
※회계연도 1월 결산. 영업이익은 조정(Non-GAAP) 기준
※2021년 9월말 기준

메르카도 리브레(Mercado Libre·MELI)는 국내에 생소한 기업이지만 해외주식에 관심 있는 투자자라면 이미 '라틴아메리카의 아마존'으로 익숙한 종목이다. 코로나19 팬데믹 직전인 2020년 2월 말 730달러 선이던 주가는 2021년 1900달러를 넘어섰다. 160% 이상 뛰었다. 코로나19를 계기로 소비 유형이 전자상거래 위주로 바뀌면서 수혜를 본 대표적인 종목으로 꼽힌다. 시가총액은 아마존의 5% 수준이지만 온라인 거래가 덜 활성화된 라틴아메리카에서는 아마존을 제치고 점유율 1위를 차지하고 있는 기업이다. 가격이 이미 많이 올라 매수에 부담을 느낄 수도 있지만 국내외 투자 전문가들은 여전히 더 큰 성장성과 상승 여력을 가진 종목으로 추천한다.

2분기도 강한 성장세

메르카도 리브레는 2021년 2분기 매출 17억달러, 주당순이익 1.37달러를 기록했다. 이는 시장 예상치를 각각 15%, 637% 웃도는 수준이다. 매출이 전년 동기 대비 102% 늘어난 점이 눈에 띈다. 2020년 코로나19를 계기로 강한 성장세를 보였음에도 2021년에도 그 흐름이 이어지고 있다는 것을 보여줬기 때문이다.

2007년 8월 라틴아메리카 기업 최초로 나스닥에 상장한 메르카도 리브레는 전자상거래를 기반으로 메르카도 파고(결제 플랫폼), 메르카도 엔비오스(물류), 메르카도 크레디토(영업자

메르카도리브레 비즈니스 모델	■ Mercado Libre 마켓플레이스 물류/배송	■ Mercado Pago ■ Mercado Advertising 핀테크 광고서비스	■ Mercado Shops ■ Mercado Classifieds 앱스토어 솔루션 게시 광고

금 대출) 등 다양한 사업을 하고 있다. 아르헨티나에 본사를 두고 있지만, 법인은 미국에 등록돼 있어 법적으로는 미국 회사이기도 하다.

2021년 2분기 메르카도 리브레에서 판매된 상품들의 판매액 합계는 2020년 코로나19 대유행의 정점이던 때와 비교해 46% 증가했다. 특히 메르카도 파고를 통해 결제한 금액은 전년 동기 대비 72% 늘었다.

2020년 코로나19로 인한 이동제한 조치로 글로벌 전자상거래 업체들이 반사이익을 보면서 메르카도 리브레도 그 물결에 올라탔고, 성장세는 2021년 오히려 더 가파르게 나타나고 있다는 얘기다. 2020년까지만 해도 라틴아메리카에서는 15세 이상 소비자의 30%가량만이 인터넷을 통해 상품을 구매할 정도로 신흥시장이었다. 1999년 설립된 메르카도 리브레는 현지에선 가장 신뢰할 수 있는 브랜드와 친숙함을 무기로 전자상거래와 디지털 뱅킹을 결합한 디지털 경제 확대를 이끌고 있다.

라틴아메리카는 기회의 시장

메르카도 리브레는 해외주식 전문가 사이에선 '10년 이상 갖고 갈 주식'으로 꼽힌다. 라틴아메리카에서 가장 큰 전자상거래 업체로 아르헨티나, 볼리비아, 브라질, 칠레, 콜롬비아, 코스타리카, 도미니카공화국, 멕시코, 스페인, 에콰도르, 과테말라, 온두라스,

페루, 파나마, 우루과이, 베네수엘라 등에서 높은 점유율을 차지하고 있다. 브라질은 매출에서 약 55%의 가장 큰 비중을 차지하는 지역이다. 아르헨티나가 25%, 멕시코가 15% 등으로 뒤를 잇는다.

장기적인 투자 기회를 보려면 먼저 인터넷이 라틴아메리카에 얼마나 더 보급될 여지가 있는지 파악해야 한다. 코로나19를 계기로 2020년 처음 중남미에서 전자상거래 매출이 1000억달러까지 늘었지만, 여전히 이 지역 전체 소매 활동의 5%에 불과하다. 라틴아메리카에서는 은행 등 금융시설이 부족해 85%가량의 거래가 대부분 현금으로 이뤄진다.

2025년까지 이 지역에서 모바일 인터넷 사용자는 4억2300만 명에 달할 것으로 추정되고 있다. 이는 여전히 전체 인구의 64%에 불과하다. 그러나 인터넷 보급 속도가 향상되고 있어 오프라인 은행보다 메르카도 리브레의 e커머스 및 디지털 뱅킹 접근이 더 빠르게 이뤄질 것이란 전망이 나온다.

"10년 이상 갖고 갈 주식"

시장조사업체 스태티스타에 따르면 2021년 세계 전자상거래 시장 규모는 4조8910억달러에 달한다. 2024년께는 6조3880억달러까지 커질 것으로 예상되고 있다. 이 중 남미 시장의 규모는 올해 493억달러 수준이며,

85%

라틴아메리카에서는 은행 등 금융시설이 부족해 85%가량의 거래가 대부분 현금으로 이뤄진다.

남미 전자상거래 시장 규모

2021년 493억달러
2025년 680억달러

자료 : 스태티스타

2025년엔 680억달러에 이를 것이란 관측이 나온다.

아마존, 월마트, 이베이 등 글로벌 전자상거래 업체들이 남미를 공략하고 있지만 메르카도 리브레의 존재감이 확고해 생태계를 흔들어놓기는 쉽지 않은 상황이다.

코로나19로 많은 디지털 기업이 성장했고 밸류에이션도 올라갔지만 메르카도 리브레는 약간 예외적인 경우다. 코로나19 이전인 2019년 7월 주가매출비율(PSR)이 19배였는데, 올해 예상 매출(69억달러)을 반영하면 9월 기준 13배의 PSR 수준에서 거래되고 있다.

이는 매출 증가율이 2분기 102%에 달했음에도 주가는 저렴해졌다는 의미다. 경제가 정상화되면 코로나 수혜주들은 매출 성장이 둔화되며 타격을 받을 것이란 우려가 나오지만 메르카도 리브레는 향후 성장 전망도 밝다. 2022년에도 매출 추정치가 90억달러 수준으로 올해보다 30% 증가할 것으로 예측된다.

STOCK 주도주

테러 없는 세상을 위한 다크나이트를 꿈꾸다
팔란티어

#9·11 테러가 창업 계기
#캐시우드가 찍은 혁신 기업
#2분기 매출 49%↑
#코로나19 수혜 기업

주가 흐름 한눈에 보기
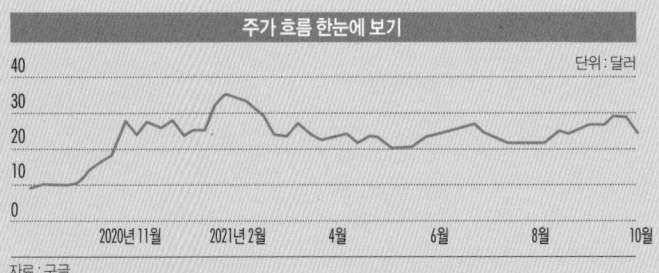
자료: 구글

눈여겨봐야 할 투자 지표

상장시장	뉴욕증권거래소
티커명	PLTR
업종	소프트웨어
투자의견	매도
목표주가	336.19
자기자본이익률(ROE)	−90.32%
주가수익비율(PER)	115.86배

자료: 야후파이낸스·팁랭크   ※2021년 9월말 기준

2011년 5월 2일 새벽. 미군 특수부대가 스텔스 헬기를 타고 파키스탄 아보타바드 외곽 마을로 날아갔다. 아보타바드의 한 저택이 오사마 빈 라덴의 은신처일 가능성이 높다는 분석이 나왔기 때문이다.

미국 중앙정보국(CIA)이 빈 라덴의 '연락책'을 수년간 추적한 끝에 얻은 단서였다. 당시 사람들은 빈 라덴이 동굴에 숨어 있을 것이라고 믿었다. 동굴 대신 마을 안가에 머무르고 있을 것이라는 CIA의 예측은 맞았고, 작전팀은 그를 사살하는 데 성공했다. 9·11 테러가 발생한 지 10년 만의 일이다. 작전명은 '넵튠 스피어'였다.

빈 라덴을 추적하는 과정에 깊숙이 관여한 민간 기업이 있다. 빅데이터 분석 플랫폼 팔란티어(PLTR)다. 군인과 스파이, 경찰 등이 수집한 정보를 모아 분석한 뒤 사람이 발견하기 어려운 숨어 있는 연결고리나 테러리스트들의 네트워크를 밝히는 역할을 한다. CIA뿐만 아니라 미 연방수사국(FBI), 미 국가안전보장국(NSA) 등 정보기관과 미 해병대 등 군대가 주요 고객사다. 고객사 특성상 이들의 성과는 대부분 베일에 가려져 있다.

빈 라덴 추적에 관여한 데이터 분석 기업

빈 라덴 사살 작전에 대해 다룬 책 〈The Finish〉에서 저자인 마크 보덴은 팔란티어에 대해 "'킬러 앱'이라는 명성을 얻을 만하다"고 설명하며 팔란티어가 빈 라덴 추적에 기여했음을

| 팔란티어 주요 고객사 | CIA 미국 중앙정보국 | FBI 미국 연방수사국 | NSA 미국 국가안전보장국 | USMC 미국 해병대 | NIH 미국 국립보건원 | FDA 미국 식약청 |

페이팔 창업자 출신으로 팔란티어를 창업한 피터 틸.

설명했다.

팔란티어는 '페이팔 마피아(페이팔 창업자 출신 기업인들)' 대표주자인 피터 틸이 2003년 공동 창업한 회사다. 영화 '반지의 제왕'에 나오는 간달프의 천리안 수정구슬의 이름을 따왔다. 서로 관련이 없어 보이는 데이터를 분석해 전 세계에서 발생하는 일들을 인지하고 통찰한다는 비즈니스 모델을 은유적으로 표현했다.

틸은 기업이 국가 안보에 공헌해야 한다는 신념을 갖고 있었다. 9·11 테러는 창업의 계기가 됐다. 테러리스트의 공격을 막기 위해 페이팔에서 구현한 사기 방지 프로그램을 응용해 관련 서비스를 시작했다. 팔란티어의 최초 외부 투자자는 CIA의 벤처캐피털 담당 조직인 인큐텔(In-Q-Tel)이었다. 팔란티어는 크게 두 가지 서비스를 제공한다. 첫 번째가 '팔란티어 고담' 서비스다. 고담은 영화 다크나이트의 배경이 되는 범죄 도시 이름이다. 보이지 않는 곳에서 시민을 지키는 다크나이트처럼 빅데이터 분석으로 범죄와 테러를 감지하고 예방하는 솔루션

을 제공하겠다는 의미다.

고담은 폐쇄 회로 TV(CCTV) 영상, 위성 사진, 통신 기록, 은행 계좌, SNS 등 비정형화된 데이터들을 모아 유기적으로 연결해 분석한다. 빈 라덴의 은신처를 확인하는 작업뿐만 아니라 아프가니스탄 전쟁 당시 미 해병대가 적의 공격을 사전에 감지할 때, 자국 요원을 살해한 멕시코 마약 조직의 위치를 파악하는 데도 고담이 활용됐다.

민간 기업을 대상으로 하는 분석 서비스도 있다. 이름은 '팔란티어 파운드리'다. 초기에는 금융 사기와 부실 대출 방지 등에 주로 사용됐다. 최근에는 제품 생산 및 공급망 관리, 제약 회사의 임상시험 계획 수립, 타깃 광고 효과 증대, 결제 데이터 분석을 통한 구매자 유지 등에 폭넓게 활용되고 있다.

정부 사업에서 민간 사업으로 영토 확장

아직 수익성 확보는 과제로 남아 있다. 매출 규모는 빠르게 늘어나는 데 비해 영업 적자 폭은 줄어들지 않고 있기 때문이다. 팔란티어는 컨설팅 회사와 같은 비즈니스 모델을 갖고

9.11테러
9·11 테러는 창업의 계기가 됐다. 테러리스트의 공격을 막기 위해 페이팔에서 구현한 사기 방지 프로그램을 응용해 관련 서비스를 시작했다.

있다. 고담과 파운드리 두 서비스 모두 팔란티어와 고객 간 계약 기간에 한정해 필요한 서비스를 제공한다. 팔란티어 직원을 고객인 정부 기관이나 민간 기업에 일정 기간 파견해 소프트웨어 설치 및 활용을 지원한다. 고객사가 늘어날수록 인건비 부담도 커지는 구조다.

최근 팔란티어가 클라우드 기반의 소프트웨어 플랫폼인 '팔란티어 아폴로'를 출시한 배경이다. 아폴로는 고담과 파운드리를 지원하는 SaaS(서비스형 소프트웨어) 플랫폼이다. 고객에게 보다 빠른 소프트웨어 업데이트 서비스를 제공한다. 더 적은 엔지니어 인력으로 소프트웨어를 구축·배포하는 것이 가능하다.

"2025년까지 연간 30% 이상 성장"

2020년 9월 상장한 팔란티어의 공모가는 10달러였다. 캐시 우드 아크인베스트 최고경영자(CEO)가 찍은 혁신 기업으로 주목받으면서 2021년 1월 말 39달러까지 치솟기도 했다. 다만 팔란티어의 장기 성장성과 주가에 대한 평가는 엇갈린다. 팁랭크에 따르면 이 회사 목표 주가는 24달러, 투자 의견은 '점진적 매도(moderate sell)'다. 지난 3개월간 6명의 애널리스트 중 3명은 매도, 2명은 보유, 1명은 매수를 추천했다.

STOCK 주도주

동남아와 대만 시장을 이끄는 전자상거래 플랫폼
씨

- #2020년 매출 43억 달러
- #신규 자금 60억달러 유치 계획
- #중국시장 의존도↓
- #문화적 특성 활용한 마케팅 전략

주가 흐름 한눈에 보기
단위: 달러

자료: 구글

눈여겨봐야 할 투자 지표

상장시장	뉴욕증권거래소
티커명	SE
업종	전자상거래·게임·핀테크
투자의견	매수
목표주가	367.51
자기자본이익률(ROE)	−80.4%
주가수익비율(PER)	N/A

자료: 야후파이낸스·팁랭크   ※2021년 9월말 기준

2019년 12월 말 기준 시가총액 100억 달러 이상인 아시아 기업 가운데 지난해 주가가 가장 많이 오른 종목은 싱가포르 인터넷 서비스 기업 씨(Sea·종목코드 SE)였다. 씨는 2020년 한 해 동안 몸집이 다섯 배 이상 불어 시총 1026억달러(작년 12월 22일 기준) 규모 기업이 됐다. 뉴욕증권거래소(NYSE)에 상장한 씨의 주력 사업은 전자상거래와 온라인 게임, 온라인 결제다. 코로나19 사태로 인한 반사이익을 누렸다는 분석이 많았다.

씨의 '고공행진'은 현재 진행형이다. 이 회사 주가는 2021년 들어 73.95% 급등했다. 지난 9월 3일에는 52주 신고가(353.37달러)를 기록하기도 했다. 2020년 씨의 뒤를 이어 주가 상승률 2위에 오른 중국 전기자동차 업체 비야디(BYD)는 2021년 들어 주가가 21.77% 상승한 데 그쳤다. 3위를 차지했던 중국 전자상거래 업체 핀둬둬는 오히려 주가가 43.13% 빠졌다. 글로벌 기업 대다수가 코로나19 위기 속에서 생존을 위해 안간힘을 쓰고 있는 가운데 씨의 성장 비결에 관심이 쏠린다.

인기 모바일 게임 개발

씨는 2009년 싱가포르에 설립됐다. 주요 사업 지역은 동남아시아다. 온라인게임개발업체 가레나와 전자상거래업체 쇼피, 디지털 결제업체 씨머니 등 3개 사업을 핵심축으로 두고 있다. 전문가들은 "캐시카우인 모바일 게임에서 이익을 창출하고 있다"며 "성장성과 규모가 압도적인 동남아 시장에서 핀테

| 씨의 핵심분야 | 가레나
온라인 게임 개발 업체 | 쇼피
전자상거래 업체 | 씨머니
디지털 결제업체 |

크 및 전자상거래 분야의 최강자로 자리매김했다"고 말했다. 시장에서는 "신흥국에서 보기 드문 기술주" "동남아의 테슬라"라는 평가도 나온다.

가레나는 130개국 이상의 시장에서 서비스하고 있는 온라인 게임 업체다. 게임을 개발하기도 하지만 좋은 게임을 발굴해 각국 시장에 유통하는 사업을 펼치고 있다. 가레나가 개발한 대표 게임으로는 '프리 파이어'가 있다. 외딴섬에서 49명의 경쟁자와 10분간 생존 경쟁을 벌이는 슈팅 게임이다. 프리 파이어는 2019년과 2020년 세계에서 가장 많은 다운로드 횟수를 기록했다.

가레나의 핵심 경쟁력 중 하나는 텐센트와 긴밀한 협력 관계를 유지하고 있다는 점이다. 텐센트는 가레나의 지분 25.6%를 보유하고 있다. 가레나는 텐센트가 개발한 PC·모바일 게임을 2023년까지 동남아 시장에서 우선적으로 유통할 수 있다. 가레나는 인기 게임 '리그오브레전드'의 개발 회사 라이엇게임즈, 미국 게임 개발회사 일렉트로닉아츠(EA), 인기 게임 배틀

쇼피는 동남아 전자상거래 시장을 이끄는 플랫폼으로 꼽힌다.

그라운드 개발사 펍지(PUBG)와도 긴밀한 협력 관계에 있다.

동남아의 아마존

씨의 전자상거래 사업체 쇼피는 2015년 출범했다. 중국 알리바바의 경쟁사이면서 동남아와 대만 시장을 이끄는 전자상거래 플랫폼으로 꼽힌다. 회사 측은 "쇼피는 매일 수천만 명의 소비자에게 쉽고 빠르고 즐거운 온라인 쇼핑 경험을 제공한다"며 "통합 결제와 원활한 주문 처리는 물론 광범위한 제품 구성을 갖추고 있다"고 설명했다.

쇼피는 동남아 쇼핑 앱 가운데 월간 사용자 수가 가장 많다. 여기서 동남아 시장은 말레이시아 필리핀 싱가포르 태국 베트남을 가리킨다. 2020년에는 전 세계 쇼핑 앱 가운데 세 번째로 많이 다운로드된 앱에 이름을 올렸다.

쇼피는 공격적인 시장 확대에 나서고 있다. 로이터통신에 따르면 쇼피는 폴란드 시장 진출을 준비 중이다. 폴란

드는 이미 씨의 게임업체 가레나가 활동 중인 곳이다. 쇼피가 처음 진출하는 유럽 전자상거래 시장이라는 점에서 의미가 있다. 시장조사업체 유로모니터에 따르면 폴란드 전자상거래 시장의 가치는 160억유로(약 22조원)로, 서구 다른 국가들에 비해 성장 여지가 큰 것으로 평가받는다. 쇼피는 중남미 시장을 공격적으로 확장한 뒤 인도 시장에 진출한다는 전략을 세우고 있다. 월스트리트저널(WSJ)에 따르면 씨는 전환사채(CB), 신주인수권부사채(BW) 등의 발행을 통해 최소 60억달러 규모의 신규 자금을 유치할 계획이다. 새로운 자금은 잠재적인 전략적 투자와 신사업 인수에 사용한다는 방침이다. 쇼피의 사업 확장에 쓰일 것이라는 관측이 많다.

강해지는 핀테크 사업

씨의 핀테크 및 금융 서비스 플랫폼인 씨머니는 2014년 출범했다. 기술

130개국

씨의 온라인 게임 개발 업체 가레나는 130개국 이상의 시장에서 서비스하고 있는 온라인 게임 업체다.

STOCK 주도주

을 활용한 금융 서비스를 통해 소비자와 기업의 삶을 개선하는 것을 목표로 두고 있다. 씨머니는 모바일 지갑, 지불, 신용 거래 등 다양한 디지털 금융 서비스를 제공한다. 대표적인 서비스로는 쇼피페이, S페이레이터 등이 있다. 2021년 2분기 씨머니의 모바일 지갑 서비스를 통한 지불액 규모는 41억달러를 넘어섰다. 전년 동기 대비 150% 증가한 규모다.

최근 씨는 핀테크 부문 강화에 공을 들이고 있다. 2020년 12월에는 싱가포르 금융당국으로부터 디지털 은행 라이선스를 취득했다. 2021년 1월에는 인도네시아 은행 BKE를 인수했다. 네이선 나이두 블룸버그인텔리전스 애널리스트는 "지불 분야를 넘어서 대출과 보험, 자산관리, 기타 금융 서비스를 포함해 씨머니 사업을 성장시킬 수 있을 것"이라고 전망했다.

글로벌 컨설팅 회사 베인앤드컴퍼니에 따르면 동남아 인구의 70% 이상이 제도권 금융 서비스 혜택을 받지 못하고 있다. 전체의 60% 이상은 현금을 사용하고 있다. 이런 시장 환경이 씨의 핀테크 사업에 좋은 기회로 작용할 수 있다는 관측이 나온다.

추가 성장 기대

시장은 씨의 놀라운 실적 성장에 주목하고 있다. 씨는 2020년 43억7566만달러의 매출을 올렸다. 전년(21억7538만달러)보다 100% 이상 급증했다. 코로나19 확산 이후 많은 사람이 온라인 쇼핑과 비디오 게임, 디지털 결제 서비스를 사용하면서 반사이익을 누린 측면이 크다. 하지만 이전에도 씨의 매출은 매년 빠른 속도로 증가했다. 2017년 매출은 4억1419만달러였으나 이듬해인 2018년 매출은 두 배가량 불어난 8억2697만달러였다. 2021년 들어서도 매출 증가세는 지속되고 있다. 지난 2분기 매출은 22억8055만달러로, 1분기(17억6364만달러)보다 30% 가까이 늘었다. 전문가들은 씨가 디지털 엔터테인먼트와 전자상거래, 디지털 금융 서비스로 구성된 통합 플랫폼을 갖춘 점이 지속적인 실적 성장의 원동력으로 작용했다고 보고 있다.

60억 달러

씨는 전환사채(CB), 신주인수권부사채(BW) 등의 발행을 통해 최소 60억달러 규모의 신규 자금을 유치할 계획이다.

씨 2분기 부문별 매출
단위 : 달러

부문	2020년	2021년
디지털 엔터테인먼트	3151만	8203만
전자상거래	2억6740만	6억4919만
디지털 금융 서비스	8240만	1억6627만

자료 : 씨 ※4~6월 기준

쇼피의 홍보 모델로 활동한 국내 걸그룹 블랙핑크.

씨가 다양한 신흥시장에 진출해 있다는 점은 성장 가능성을 높이고 있다. 동남아와 대만, 인도네시아, 중남미 등을 활동 무대로 하기 때문에 사업 리스크가 분산된다는 분석이다. 중국 시장에 대한 의존도가 크지 않다는 것도 장점으로 작용하고 있다. 최근 중국 규제당국의 테크 기업 규제가 강화되고 있기 때문이다. 씨는 브라질 시장에 진출해 중남미 최대 전자상거래 업체인 메르카도리브레에 도전장을 내민다는 계획도 세우고 있다.

씨는 현지의 문화적 특성을 활용해 효과적인 마케팅 전략을 구사하기도 했다. 동남아인은 평균 모바일 이용시간이 하루 4시간 안팎으로 긴 편이다. 쇼피는 이런 동남아 소비자를 앱에 묶어두기 위해 쇼핑코인을 내걸고 퀴즈를 풀도록 하거나 라이브 챗, 쇼피 피드 등 판매자와 직접 소통할 수 있는 채널을 마련했다.

나이두 애널리스트는 "2017년 나스닥 시장 상장 이후 주가가 20배 이상 급등했지만 여전히 전망은 긍정적"이라며 "코로나19 사태 이후 수요가 강세를 유지할 것으로 예상하고 있고, 쇼

가레나는 다양한 e스포츠 행사를 개최한다.

씨머니는 디지털 혁신에 속도를 내고 있다.

피의 브라질 등 중남미 진출을 기대한다"고 말했다. 그는 "코로나19 사태 이후에도 사람들은 디지털 서비스와 온라인 플랫폼에 열광할 것"이라며 "포스트 코로나 시대가 온다고 해도 쇼피 서비스의 편리함을 버리지 못할 것"이라고 했다.

다만 여전히 적자를 면치 못하고 있다는 점은 앞으로 씨가 풀어야 할 숙제로 지목된다. 씨는 2020년 16억1806만달러의 순손실을 기록했다. 전년(14억6280만달러)보다 순손실 규모가 커졌다. 2021년 상반기에도 8억5613만달러 순손실을 냈다. 지난 2분기 기준 주당순이익은 -0.61달러였다. 시장이 예상했던 주당순이익은 -0.49달러였다.

기회의 장, 쇼피

- 동남아 쇼핑 앱 중 가장 많은 월간 사용자 수 통합 결제
- 원활한 주문 처리
- 광범위한 제품 구성
- 2020년 기준 전 세계 쇼핑 앱 중 세 번째로 많이 다운로드
- 폴란드 시장 진출 준비

WSJ가 집계한 씨의 주당순이익 컨센서스(증권사 추정치 평균)는 2021년 3분기 -0.63달러, 4분기 -0.19달러다. 2021년 주당순이익 전망치 평균은 -2.47달러다. 2022년에는 -1.21달러, 2023년은 0.85달러로 예상됐다. 목표주가 컨센서스는 368.66달러로, 현재 주가 대비 8% 상승 여력이 있다는 분석이다.

WSJ에 따르면 최근 23명의 월스트리트 애널리스트를 대상으로 조사한 결과 20명이 씨에 대해 매수 의견을 냈다. 3명은 비중 확대 의견을 제시했다. 2021년 7월에는 애널리스트 24명 가운데 매수 의견이 19명, 비중 확대 2명, 중립 1명이었다.

공동창립자 3인방은 누구

씨는 포레스트 리(Forrest Li) 회장 겸 최고경영자(CEO)와 강 예(Gang Ye) 최고재무책임자(CFO), 데이비드 첸(David Chen) 최고제품책임자(CPO) 등 3명이 2009년 5월 공동 설립했다.

리 회장은 상하이자오퉁대에서 공학 학사 학위를 딴 뒤 스탠퍼드대 경영대학원에서 MBA 학위를 취득했다. 지난달 기준 블룸버그 빌리어네어(억만장자) 지수에 따르면 리 회장의 순자산 규모는 198억달러로 싱가포르에서 최고 부자에 이름을 올렸다.

예 CFO는 2010년 3월부터 씨 이사회 멤버로 활동하고 있다. 2017년 1월 최고운영책임자(COO)로 재직했으며 2010년 3월부터 2016년 12월까지 그룹 최고기술책임자(CTO)를 지냈다. 씨 설립 이전에는 식품 가공기업 월마 인터내셔널과 싱가포르 경제개발위원회에서 근무했다. 그는 미국 카네기멜론대에서 컴퓨터 과학 및 경제학 학사를 취득했다.

첸 CPO는 쇼피를 공동 창립한 인물이다. 그는 2017년 1월부터 2019년 12월까지 그룹 비서실장을 맡았다. 2009년 5월부터 2016년 12월까지는 그룹 COO로 일했다. 씨 창립 이전에는 싱가포르 항구 컨테이너 터미널 관련 사업을 운영하는 PSA에서 일했다. 그는 싱가포르국립대 컴퓨터공학과를 졸업했다. 예 CFO의 순자산은 108억달러, 첸 CPO는 36억달러 규모로 알려져 있다.

STOCK 주도주

세계 1위 ITSM 소프트웨어기업
서비스나우

세계 1위 ITSM 소프트웨어기업
2분기 실적 어닝서프라이즈
기존 고객 계약갱신율 97%
경쟁사 추격은 경계 요인

주가 흐름 한눈에 보기
단위: 달러

자료: 구글

눈여겨봐야 할 투자 지표

단위: 달러

분기	매출	영업이익
2020년 3분기	11억5200만	6900만
2020년 4분기	12억5000만	1800만
2021년 1분기	13억6000만	9700만
2021년 2분기	14억9000만	5100만

상장시장	뉴욕증권거래소
티커명	NOW
업종	소프트웨어
투자의견	강력매수
목표주가	673.9
자기자본이익률(ROE)	5.93%
주가수익비율(PER)	89.97배

※ 2021년 9월말 기준

미국 뉴욕증권거래소 상장사인 서비스나우(NOW)는 정보기술(IT) 서비스를 관리·지원하는 IT서비스관리(ITSM) 소프트웨어를 클라우드 방식으로 제공하는 회사다. 서비스나우는 글로벌 2000기업(G2K)의 42%가 사용하는 세계 1위 ITSM 소프트웨어 기업이다. 프레드 루디가 2003년 설립한 회사다.

ITSM은 무엇인가

서비스나우의 주력인 ITSM은 고객이 필요로 하는 여러 IT 서비스를 관리·제공하는 솔루션이다. 서비스나우는 클라우드 기반 플랫폼(Now Platform)을 구축해 다양한 업무 자동화 기능을 구현하고 있다. 단순 업무부터 데이터 분석, 인공지능(AI)을 활용한 예측 및 해결책 도출 기능 등을 제공한다. 웹에서뿐만 아니라 모바일을 통한 업무 기능을 제공한다. 마이크로소프트(MS) 팀즈와도 연동된다. 서비스형 소프트웨어(SaaS) 중에서도 ITSM은 고성장이 기대되는 산업으로 꼽힌다. 코로나19를 계기로 전 세계에서 업무 자동화 수요가 급증했

1

ITSM

ITSM은 고객이 필요로 하는 여러 IT 서비스를 관리·제공하는 솔루션이다. 서비스형 소프트웨어(SaaS) 중에서도 ITSM은 고성장이 기대되는 산업으로 꼽힌다.

1. 프레드 루디(Fred Ludy) 서비스나우 창업자
2. 서비스나우 제품 사진(서비스나우 제공)
3. 서비스나우 제품 사진(서비스나우 제공)

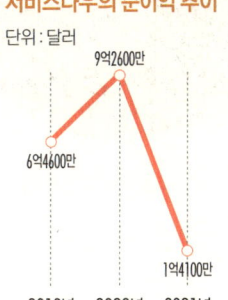

서비스나우의 순이익 추이
단위 : 달러
- 2019년: 6억4600만
- 2020년: 9억2600만
- 2021년(상반기): 1억4100만

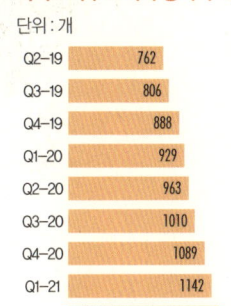

서비스나우 고객사 증가 추이
단위 : 개
- Q2-19: 762
- Q3-19: 806
- Q4-19: 888
- Q1-20: 929
- Q2-20: 963
- Q3-20: 1010
- Q4-20: 1089
- Q1-21: 1142
- Q2-21: 1201

기 때문이다. 백신 접종률이 높아지면서 코로나19 확산세가 꺾이면 전 세계 기업 대부분이 사무실 근무를 본격 재개하게 된다. 하지만 코로나19 이후에도 사무실 근무와 재택근무가 혼합된 '하이브리드형' 근무가 대세일 것이라는 전망이 지배적이다. 이럴 경우 ITSM의 필요성이 더욱 커지게 된다. IT 업무가 클라우드로 빠르게 전환되고 있는 점도 기대 요인이다. 하나금융투자는 최근 보고서에서 서비스나우의 미래 기대 요인으로 △기업의 IT 업무 자동화 수요 확대 △미국 정부의 IT 시스템 클라우드 전환 가속화를 꼽았다. 클라우드 ITSM 수요가 늘어나면 1위 기업인 서비스나우가 가장 대표적인 수혜 기업이 될 것이라는 관측이다.

올해 '깜짝실적' 이어가

서비스나우는 2021년 7월 2분기(4~6월) 실적을 발표했다. 미국 월스트리트의 추정치를 뛰어넘는 깜짝실적(어닝서프라이즈)을 냈다는 평가다. 서비스나우의 2분기 매출은 지난해 같은 기간보다 32% 늘어난 14억900만달러를 기록했다. 구독 매출이 증가했기 때문이다. 2분기 구독 매출은 13억3000만달러로 지난해 같은 기간보다 31% 늘었다. 구독 cRPO(12개월 내 매출로 인식되는 계약의 가치)는 34% 증가한 47억달러였다.

고객사도 꾸준히 늘어나는 추세다. 연간계약규모(ACV)가 100만달러 이상인 계약 수는 2분기 기준 1201개로 지난 1분기보다 59곳 늘었다. 100만달러 이상 ACV 계약의 평균 금액은 350만달러로 2019년 2분기(290만달러)보다 20% 이상 증가하며 양과 질 모두에서 좋은 성과를 거뒀다는 평가다. 기존 고객의 계약갱신율은 97%로 고객 충성도도 매우 높다.

서비스나우는 기존에 제시했던 실적 가이던스를 상향하며 자신감을 드러내기도 했다. 회사는 2021년 구독 매출 전망치를 55억3000만~55억4000만달러로 높였다. 2020년보다 29% 늘어날 것이라는 낙관적 전망이다. 기존 가이던스보다 7300만달러 늘려 잡은 수치다. 영업이익률은 24.5%로 예상했다. 잉여현금흐름 마진 예상치는 31%다.

김재임 하나금융투자 연구원은 "2021년 하반기에는 미국 정부를 대상으로 한 계약이 본격적으로 시작될 것"이라며 "하반기에도 깜짝 실적을 이어갈 가능성이 높다"고 분석했다.

높은 기대 충족 여부가 관건

서비스나우가 깜짝 실적을 이어가며 시장 기대가 한껏 높아진 상태에서 이를 충족시킬 만한 결과가 2021년 하반기에도 나올 수 있을지 관건이다. 하반기에 대기업, 정부 등 우량 고객을 얼마나 확보·유지할지 여부가 시장의 관심사다.

경쟁사 추격도 경계 요인이다. 다른 SaaS 기업이 클라우드 ITSM 시장을 잠식할 가능성을 배제하기 어렵다는 분석이 나온다.

STOCK 주도주

아마존이 키운 아마존 대항마
쇼피파이

#회원 수 256만 명
#블랙프라이데이 매출 51억달러
#지난해 주가 184%↑
#아마존 대항마로 우뚝

주가 흐름 한눈에 보기

자료 : 구글

눈여겨봐야 할 투자 지표

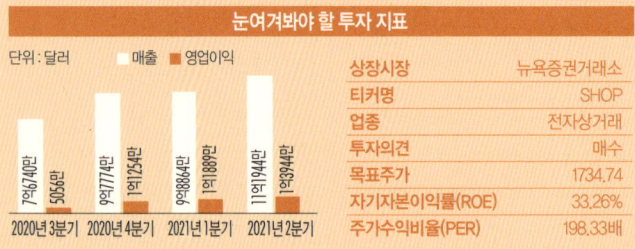

상장시장	뉴욕증권거래소
티커명	SHOP
업종	전자상거래
투자의견	매수
목표주가	1734.74
자기자본이익률(ROE)	33.26%
주가수익비율(PER)	198.33배

자료 : 야후파이낸스 · 팁랭크   ※ 2021년 9월말 기준

'쇼피파이(SHOP)는 최고의 투자자산이다.'

글로벌 투자은행 모건스탠리가 최근 전자상거래 솔루션업체 쇼피파이에 대해 이같이 묘사했다. 2021년 7월 발표한 51개 구조적 성장주 추천 종목에서다. 모건스탠리는 "쇼피파이는 전자상거래 시장에서의 성장성뿐 아니라 D2C(Direct to Consumer·소비자 직접 판매), SaaS(서비스형 소프트웨어) 기반 상거래, 옴니채널(온·오프라인 매장을 결합해 소비자가 언제 어디서든 구매할 수 있도록 한 쇼핑 시스템) 소매업 등의 트렌드를 자본화할 수 있는 좋은 포지션을 갖고 있다"고 설명했다.

중소상공인 특화 공략법

캐나다 오타와에 본사를 둔 쇼피파이는 온라인 쇼핑몰 설립 및 운영 업무를 지원하는 솔루션을 개발한다. 누구나 쉽게 인터넷 쇼핑몰을 창업해 관리할 수 있고, 월 이용료가 최저 29달러로 저렴하다는 점 때문에 중소기업과 소상공인 사이에서 인기를 끌었다. 쇼피파이 소프트웨어를 이용하는 판매자 수는 올 7월 기준으로 175개국에 걸쳐 총 170만 명에 달한다. 카니예 웨스트와 라디오 헤드 등 유명 가수들도 자신의 앨범 등을 팔기 위해 이 회사 서비스를 이용한다. 제너럴일렉트릭(GE), 테슬라 같은 대기업도 쇼피파이 고객이다. 올버즈, 짐샤크, 하인즈 등 글로벌 소비재 기업들의 캐나다 유통망은 대부분 쇼피파이가 담당한

| 트렌드 자본화 포지션 보유한 쇼피파이 | **D2C** (Direct to Consumer) 소비자 직접 판매 | + | **SAAS** (서비스형 소프트웨어) 기반 상거래 | + | **옴니채널** 온·오프라인 매장을 결합해 소비자가 언제 어디서든 구매할 수 있도록 한 쇼핑 시스템 |

다고 보면 된다. 자체 결제 플랫폼 샵페이와 물류회사 등도 추가해 브랜딩부터 마케팅, 광고, 결제, 배송 등 전 과정에 걸친 종합 솔루션 제공 업체로 거듭나고 있다.

코로나19로 오프라인 판매 비중을 줄이고 온라인에 주력하려는 기업과 상인이 크게 늘면서 쇼피파이의 솔루션 수요 역시 폭증했다. 아마존과 같은 전자상거래 플랫폼에 입점해 수수료를 내는 대신 쇼피파이 솔루션을 활용해 자체 쇼핑몰을 운영하기를 원하는 사례도 증가했다.

그 덕분에 쇼피파이는 깜짝 실적을 이어가고 있다. 올 1분기 매출은 9억8865만달러(약 1조1573억원)를 기록해 작년 동기 대비 110% 늘었다. 2분기 매출은 전년 같은 기간보다 57% 증가한 11억1944만달러였다. 2분기 세후당기순이익은 8억7910만달러, 주당순이익(EPS)은 6.90달러를 기록했다. 이는 지난해 2분기 각각 3600만달러, 0.29달러를 기록한 것을 감안하면 급등한 수치다. 주가는 지난해 184% 올랐고, 올해도 50% 이상 상승했다. 시가총액은 올 9월 기준으로 1841억5000만달러에 달한다.

뉴욕의 소매컨설팅업체를 운영하고 있는 월터 로엡은 최근 경제전문지 포브스에 "쇼피파이가 성공할 수 있었던 동력은 사업 운영에서 많은 도움이 필요한 소규모 상인에게 매우 신중하게 초점을 맞춘 덕분"이라며 "2000년대 이후 인터넷 상거래는 모멘텀을 계속 확장해왔기 때문에 쇼피파이 역시

토비 뤼케 쇼피파이 창업자 겸 최고경영자.

총 거래대금
단위 : 십억달러   단위 : 전년대비,%
자료 : 쇼피파이, 삼성증권

170만명
쇼피파이 소프트웨어를 이용하는 판매자 수는 올 7월 기준으로 175개국에 걸쳐 총 170만 명에 달한다.

새로운 고객 확보를 통해 더 큰 성장을 이어갈 것"이라고 전망했다.

아마존이 키운 '아마존의 대항마'

투자전문매체 배런스는 최근 '쇼피파이는 어떻게 아마존에 대항하는 기업으로 성장할 수 있었나'라는 기사를 통해 쇼피파이의 강점을 분석했다. 소매업 데이터베이스 분석기업 인텔리전스노드의 산지브 술라리아 최고경영자(CEO)는 쇼피파이에 대해 "전자상거래를 민주화시켰다"고 평가했다. 판매자끼리 무한 가격 경쟁을 붙이는 것으로 유명한 아마존 방식과 달리 쇼피파이는 상인들이 언제 어디서든 판매할 수 있게 '엔드 투 엔드 서비스'를 제공해 준다는 이유에서다.

쇼피파이가 기업공개(IPO)를 한 2015년 글로벌 전자상거래 1위 업체 아마존은 "내년부터 제3자 판매자인 중소상인 등을 위한 아마존 웹스토어 서비스를 종료할 것"이라고 발표했다.

STOCK 주도주

이에 더해 쇼피파이와 파트너십을 맺은 사실을 밝히며 제3자 판매자들에게 쇼피파이로 플랫폼을 옮겨갈 것을 권유했다. 당시 아마존과의 협업 소식에 쇼피파이 주가가 20% 이상 급등하는 등 주목받았다.

여세를 이어 2017년 1월에는 쇼피파이의 업주들이 아마존 플랫폼에서도 제품과 상품을 판매할 수 있도록 플랫폼 통합 서비스를 제공하기로 했다. 쇼피파이 판매자들로서는 별도의 추가 관리 없이 아마존에서도 매출을 일으키게 됐다. 당시 이 같은 발표에 쇼피파이 주가는 10%가량 상승했다. 아마존이 버린 서비스였지만 쇼피파이는 이를 계속 성장시켰고 아마존의 사업 파트너로까지 성장한 것이다. 어느덧 시장에서 '아마존의 적수'라는 수식어가 따라붙었다. 쇼피파이는 전자상거래 분야의 전통 강호 이베이까지 제칠 정도였다.

쇼피파이는 자사 솔루션을 통해 일어나는 매출의 2.9%+30센트를 수수료로 적용한다. 반면 아마존은 플랫폼에 입점한 판매자에게 평균 30%의 수수료를 매기고 있다. 지난해 상당수 소상공인과 기업이 높은 수수료 때문에 아마존을 떠나 쇼피파이로 옮긴 것으로 알려졌다. 그 결과 작년 블랙프라이데이 주말에만 쇼피파이 플랫폼을 활용해 개인 및 기업이 올린 매출은 51억달러로, 같은 기간 아마존에 입점한 개인·기업이 낸 실적(48억달러)을 웃돌았다.

아마존은 쇼피파이의 영향력 확대를

2.9%+30센트

쇼피파이는 자사 솔루션을 통해 일어나는 매출의 2.9%+30센트를 수수료로 적용한다. 반면 아마존은 플랫폼에 입점한 판매자에게 평균 30%의 수수료를 매기고 있다.

막기 위해 지난해 임원 10여 명을 투입해 '프로젝트 산토스'로 불리는 태스크포스(TF)를 가동했다. 프로젝트 산토스는 쇼피파이를 분석하고 사업모델을 복제하는 방안을 연구하고 있다. 올해 초에는 '호주의 쇼피파이'라고 불리는 전자상거래몰 구축 솔루션 기업 셀즈를 인수했다.

'괴짜 프로그래머' 뤼케의 작품

쇼피파이는 독일 출신 고교 중퇴생 토비 뤼케가 캐나다에서 창업했다. 쇼피파이의 성공은 플랫폼 기술력 측면에서 탄탄한 기본기가 뒷받침됐기 때문이다. 뤼케는 독일 프랑크푸르트 근교의 코블렌츠라는 도시에서 자란 컴퓨터광이다. 독학으로 프로그래밍을 배웠고, 고등학교 시절 지멘스에서 프로그램 엔지니어 인턴으로 일하려고 17세에 학교를 중퇴했다.

쇼피파이는 2004년 뤼케가 스노보드용품 쇼핑몰을 창업하기로 마음먹은 게 계기가 됐다. 쇼핑몰 홈페이지를 만들다 보니 당시 널리 쓰이던 '마이크로소프트 커머스'나 '야후 스토어스' 등 도구가 미흡해 보였다.

이후 자체 전자상거래 엔진을 프로그래밍하기로 마음먹었다. 만들고 보니 기존 제품보다 더 간결하면서 빠르고

시각적으로도 우수했다. 인터넷 커뮤니티에 초기 전자상거래 관련 앱을 공개하자 이용자 반응이 폭발적이었다. 결국 스노보드보다 이 소프트웨어를 파는 게 더 유망하다고 판단해 업종을 바꿨다.

입소문을 타면서 고객사가 20여 개로 늘었고 2006년 10월 8000달러의 매출을 올렸다. 이후 캐나다 토론토와 미국 실리콘밸리 등에서 투자자들이 찾아오면서 사업 확장 기반을 다졌다. 쇼피파이 고객은 더욱 늘어났고, 2015년 미국 뉴욕증권거래소에 상장됐다. 지속적인 투자로 적자를 내고 있었는데도 상장 당시 시가총액은 12억7000만달러 안팎에 달했다.

이 괴짜 프로그래머가 몇 년 만에 글로벌 기업의 CEO로 큰 비결 중 하나는 능력 있는 사람을 알아보고, 조언에 귀 기울일 줄 안다는 점이다. 뤼케는 자신이 내성적인 기술자라는 사실을 알고 경영에선 동료들을 믿고 의지했다.

뤼케는 뉴욕타임스(NYT)와의 인터뷰에서 "투자자와 만나 회의하고 대화하는 일이 시간을 허비하는 게 아니라는 걸 깨닫는 데 몇 년이 걸렸다"고 말했다. 그럼에도 회사를 성장시킬 수 있었던 건 창업 초기에 공동창업자인 스콧 레이크와 최고운영책임자(COO)인 할리 핀켈스타인 등을 믿고 전권을 맡겼기 때문이다.

뤼케는 올 5월 "회사가 가족 같은 곳이란 말은 가당찮은 말"이라는 내용의 직원에게 보낸 사내 이메일이 유출돼

화제의 중심에 서기도 했다. 뤼케는 "쇼피파이는 가족이 아니라 팀일 뿐"이라고 강조했다. 쇼피팸(Shopifam)과 같은 단어를 사용해 감성에 기대다 보면 사내 저성과자를 내보내기 어렵게 만든다는 이유에서다.

앞으로가 더 '탄탄대로'

회사 업무가 몇 배로 늘어났지만 뤼케는 분기마다 '은둔 주간(studio weeks)'이라고 불리는 휴식기를 갖곤 한다. 그의 음악가 친구들이 영감을 얻는 행위를 벤치마킹한 것이다. 캐나다 오타와 사무실에 박혀 코드를 작성하거나 책을 들고 숲속에 들어가 미래를 구상한다. 앞으로의 변화를 예상해 쇼피파이의 장기 비전을 설정하고, 이를 바탕으로 회사의 운영 방향이 올바른지 생각해본다.
예컨대 미래에는 소비자들이 문자 메시지, 스냅챗, 넷플릭스 등 온라인과 모바일 어디에서나 실시간 쇼핑을 할

STUDIO WEEKS

뤼케는 분기마다 '은둔 주간(studio weeks)'이라고 불리는 휴식기를 갖곤 한다. 오타와 사무실에 박혀 코드를 작성하거나 책을 들고 숲속에 들어가 미래를 구상한다.

것으로 예상했다. 온라인 쇼핑이 더욱 확산하면서 가상현실(VR)의 중요성도 높아질 전망이다. 뤼케는 이런 생각을 바탕으로 신사업 진출에 속도를 내고 있다. 빅데이터와 인공지능(AI)에 대한 대규모 투자가 대표적이다. AI가 수십만 명의 판매자를 추적해 성공과 실패를 결정하는 요소를 학습하고, 이를 활용해 판매자에게 컨설팅 서비스를 제공하는 모델을 만들어가고 있다.
코로나19로 많은 소매업체가 전자상거래로 판매 중심축을 옮겨야 했을

때 쇼피파이는 이를 더 쉽게 돕기 위해 새로운 기능이 담긴 앱을 출시하기도 했다. 뤼케는 당시 "아마존은 제국을 건설하기 위해 노력하고 있고, 우리는 반란군을 무장시키려 하고 있다"는 글을 소셜미디어에 올렸다. 아마존, 이베이, 월마트 등 '유통 공룡'이 주로 활약하는 시장에서 중소상공인이 그들만의 독특한 판매 공간을 만들 수 있게 돕겠다는 취지다.
글로벌 빅테크 기업과의 제휴 전략을 통한 영역 확장에도 탁월하다. 샵페이 결제 시스템을 구글과 페이스북에서도 사용할 수 있게 한 게 대표적이다. 샵페이는 고객이 결제 과정 중 입력해야 하는 과정을 줄여 온라인 결제를 더 쉽게 할 수 있는 인스턴트 결제 시스템이다.
짧은 동영상 공유 앱으로 유명한 중국 틱톡과도 제휴를 맺어 이용자가 동영상 시청 중에도 간편하게 쇼핑을 즐길 수 있는 서비스를 제공하고 있다. 쇼피파이 판매자도 틱톡 계정을 통해 제품을 다양하게 홍보할 수 있다.
올 2분기 쇼피파이 신규 가입자는 1억1800만 명이었다. 2017년 결제 서비스를 시작한 후 누적 결제 금액은 300억달러에 달한다. 쇼피파이는 미국 내 전체 전자상거래 주문 처리 금액 중 11%를 차지하고 있다. 한주기 삼성증권 연구원은 "중소 판매자 기반 옴니채널의 표준으로 진화하는 쇼피파이의 장기적, 구조적 성장은 코로나19 이후에도 지속될 것"이라고 전망했다.

STOCK 주도주

버핏이 투자한 클라우드 기반 기술주
스노플레이크

워런 포트폴리오
빅3클라우드와 차별화
독보적 DB클라우드 허브
데이터도 사고파는시대

주가 흐름 한눈에 보기

자료: 구글

눈여겨봐야 할 투자 지표

상장시장	뉴욕증권거래소
티커명	SNOW
업종	소프트웨어
투자의견	매수
목표주가	320
자기자본이익률(ROE)	-26.56%
주가수익비율(PER)	-1768배

자료: 야후파이낸스·팁랭크 ※2021년 9월말 기준

슈퍼볼 경기가 열리는 날은 미국 전역에서 피자헛 직원들이 가장 바쁜 날이다. 매년 슈퍼볼을 앞두고 피자헛 본사 데이터 서비스팀은 골머리를 앓아야 했다. 피자 주문이 밀려들면서 쌓이는 데이터가 평상시의 세 배에 달했다. 문제는 이 데이터를 저장할 공간이 없다는 점이었다.

슈퍼볼만을 위해 자체 서버를 새로 구축하는 것은 시간과 돈 낭비였다. 클라우드 기반 데이터 창고 서비스를 운영하는 스노플레이크(SNOW) 서비스를 이용하게 된 배경이다. 이 서비스를 통해 고객 정보부터 주문하는 피자 종류, 배달 시간까지 다양한 데이터를 실시간으로 확인할 수 있게 됐다. 머신러닝 알고리즘 분석을 통해 주문 상황은 물론 앞으로의 주문까지 예측할 수 있게 됐다. 파이잘 케이피 피자헛 데이터서비스팀 시니어 매니저는 "스노플레이크 데이터 장터에서 내려받은 지역별 날씨 정보를 접목해 날씨와 피자 주문의 상관관계도 분석했다"며 "날씨에 특화된 마케팅 캠페인을 기획할 수 있게 됐다"고 했다.

'데이터 장벽'을 허물자

2012년 설립돼 2020년 9월 뉴욕증권거래소에 상장한 스노플레이크는 이처럼 기업을 대상으로 클라우드 기반 데이터 창고 및 분석 서비스를 제공하는 회사다. 상장 당시 워런 버핏도 투자에 나서 화제가 됐다. 버핏은 기술주와 공모주 투자에 회의적인 것으로 유명하다. 버핏이 스노플레이크 공모

데이터 공유플랫폼 스노플레이크 독보적 진화	■ 가장 진화된 형태의 데이터 플랫폼 스토리지와 컴퓨팅을 분리시켜 성능 개선, 비용 구조 최적화 ■ 데이터 익스체인지 Data Exchange 어떤 기업이든 데이터만 보유하고 있다면 데이터 마켓플레이스를 통해 시장 거래 가능 ■ 글로벌 클라우드 3사 경쟁협력 아마존, 마이크로소프트, 구글의 인프라에서 스노플레이크 구동

주 투자에 나섰다는 소식에 비즈니스 인사이더는 "진짜 유니콘을 보는 것보다 드문 일"이라고 평가했을 정도다.

과거 기업들은 자체 서버를 구축하고 그곳에 자사 데이터를 저장해왔다. 보안 유지를 위해서였다. 문제는 서버를 지속적으로 구축하기엔 데이터 양이 너무나 방대해졌다는 점이다. 코로나19를 계기로 재택근무가 확산하면서 클라우드의 필요성은 더 커졌다. 늘어난 데이터를 탄력적으로 저장하고 빠르게 분석하기 위해 스노플레이크 같은 클라우드 기반 데이터 창고 수요가 크게 늘어났다.

아마존, 마이크로소프트(MS), 구글, 페이스북 등 기존의 클라우드 강자들은 경쟁사인 동시에 파트너다. 기존 클라우드 플랫폼을 활용하던 고객사들도 스노플레이크의 문을 두드린다. 스노플레이크를 활용하면 '데이터 장벽(Data silo)'을 무너뜨릴 수 있기 때문이다. 주요 고객사 중 하나인 펩시코는 전 세계에서 다양한 음료군을 판매한다. 지역·부서별로 서로 다른 클라우드 플랫폼을 활용하고 있어 전 세계 고객 및 구매 데이터를 통합하고 분석하는 데 어려움을 겪었다. 스노플레이크는 아마존 AWS, MS 애저, 구글 클라우드 등 서로 다른 클라우드 플랫폼에서 데이터를 끌어와 이를 통합 분석할 수 있도록 해 준다. 북미 지역 아마존 클라우드에 저장된 데이터와 아시아 지역 MS 클라우드에 저장된 데이터를 통합해 분석할 수 있는 플랫폼 역할을 하는 것이다.

현재 스노플레이크의 고객사는 5000개에 달한다. 마이크론, 펩시코, 언더아머, 블랙록, 도어대시 등 제조, 유통, 금융, 스타트업까지 고객군이 다양하다. 스노플레이크의 궁극적인 목표는 고객 풀을 늘려 '데이터 공유 플랫폼(Data marketplace)' 역할을 하는 것이다. 누구든 자신이 원하는 데이터를 사고팔 수 있도록 해 준다. 피자헛이 날씨와 피자 주문의 상관관계를 분석한 것처럼 서로 다른 데이터가 합쳐질수록 무궁무진한 분석과 새로운 마케팅 전략을 수립할 수 있다.

"유일한 단점은 고평가된 주가"

글로벌 애널리스트들은 "스노플레이크의 유일한 단점은 주가"라고 평가한다. 이 회사의 2020년 매출은 5억9205만달러인데, 공격적인 마케팅으로 영업손실이 5억4394만달러에 달한다. 스노플레이크의 요금제는 정액제가 아니라 사용량 기반으로 과금되

스노플레이크 매출 전망
단위: 십억 달러

연도	매출
2019	
2021	
2023	
2025	
2027	
2029	~11

자료: 비저블알파 ※2022년부터는 전망치

기 때문에 고객 입장에서는 불필요한 기능에 대해 돈을 낼 필요가 없어 경제적이다. 반면 스노플레이크 입장에선 구독료를 받는 경쟁사와 비교해 수익성 측면에서는 불리하다.

그럼에도 주가는 고공행진이다. 2020년 12월에는 주가가 공모가(120달러)의 세 배가 넘는 390달러까지 치솟으면서 110년 역사의 IBM 시가총액을 제치기도 했다. 당시 스노플레이크 시가총액은 1100억달러까지 치솟았다. 같은 해 IBM의 매출은 약 736억달러, 영업이익은 69억달러였다. 설립된 지 8년 된 적자 회사가 매출 100배 규모 전통 강호의 시가총액을 넘어서면서 기술주 거품 논란도 일었다. 투자자들이 10년 후 매출까지 끌어와 투자한다는 것이다.

이후 조정을 거쳐 2021년 10월 1일 기준 주가는 303달러, 주가매출비율(PSR)은 104배다. 월스트리트 애널리스트들이 제시한 목표 주가 평균은 320달러다. 높은 밸류에이션을 정당화하는 것은 장기 실적 전망이다. 회사 측도 굉장히 긴 시각에서 매출 목표를 제시했다. 회계연도 2029년까지 100억달러 매출을 기록하겠다고 발표했다. 월스트리트저널은 "투자자들이 단기 투자에 집중하는 대신 가끔은 매우 긴 시각으로 투자를 한다"며 "다른 클라우드 소프트웨어 업체들과 비교해 수익성은 떨어지지만, 이 회사가 장기 목표를 달성하는 데 어려움을 겪을 것이라고 예상하는 애널리스트는 거의 없다"고 설명했다.

STOCK 주도주

아마존 무찌른 핀테크 혁신기업
스퀘어

- # 전자지갑 서비스
- # P2P캐시앱 서비스
- # 원스톱 금융솔루션
- # 시가총액 1222억달러

주가 흐름 한눈에 보기

(단위: 달러)

자료: 구글

눈여겨봐야 할 투자 지표

상장시장	뉴욕증권거래소
티커명	SQ
업종	금융
투자의견	매수
목표주가	313.38
자기자본이익률(ROE)	24.58%
주가수익비율(PER)	95.06배

자료: 야후파이낸스·팁랭크
※2021년 9월말 기준

스퀘어(SQ) 창업자 짐 매켈비는 2008년까지만 해도 미국 세인트루이스에서 유리 공예가로 활동하고 있었다. 여느 때처럼 매켈비가 유리공예 작업실에 앉아 있을 때 전화기가 울렸다. 새집의 욕실에 설치할 유리 수전을 사고 싶다는 주문이었다.

그런데 고객은 아메리칸익스프레스 카드로 결제하고 싶다고 했다. 매켈비의 작업실에선 마스터카드와 비자카드만 가능했다. 결국 매켈비는 그 손님을 놓쳤다. 상심에 빠진 그 순간 손에 든 애플 아이폰을 쳐다봤다. "아이폰으로 책도, TV도, 지도도, 사진도 볼 수 있는데 신용카드 결제는 왜 안 될까?" 휴대용 카드리더기 선두주자 스퀘어의 시작이었다.

3.5㎜짜리 리더기가 만든 혁신

한국에선 판매관리시스템(POS)이라는 하나의 단말기만 있으면 카드 종류와 관계없이 결제가 가능하다. 중계 업무를 하는 부가가치통신망(VAN) 덕분이다. 하지만 해외에선 당연한 일이 아니다. 미국엔 VAN 같은 비즈니스 모델이 없다. 미국에선 아직도 수표 사용이 일반적이다. 신용카드 발급 기준도 한국보다 훨씬 엄격하다.

스퀘어는 이 같은 문제를 파고들었다. '언제 어디서나 간편하게 카드 결제가 가능한 시스템'을 만드는 걸 목표로 삼았다. 그들이 이용한 건 아이폰의 이어폰 단자였다. 단자에 꽂고 카드를 긁으면 바로 결제가 가능한 3.5㎜ 크기의 작고 하얀 정사각형 카드 리더기

새로운 캐시카우 CashApp

1 미래 은행업의 강력한 기반
2 새로운 은행이자 머니센터
3 탈중앙화된 금융서비스 플랫폼

를 발명했다. 신용카드 결제에 필요한 하드웨어, 소프트웨어 구매와 유지·보수 비용이 부담스럽거나, 신용평가 기준 충족이 어려워서 카드 결제 시스템을 구축하지 못했던 소상공인에게 적합한 결제 솔루션이었다.

원스톱 금융 솔루션

스퀘어는 신용카드로 결제하면서 중소사업자들이 느꼈을 모든 문제를 '한 방'에 해결했다. 모든 고객에게 같은 거래 수수료를 적용했다. 기존 4%였던 수수료율을 2.75%로 내렸다. 사업 확장 속도를 올리기 위해 무료 가입 서비스도 제공했다. 업계 최초였다. 리더기를 공짜로 주고 의무약정도 없앴다. 대금 지급 속도도 높였다. 기존 신용카드 프로세스 업체는 결제 승인을 내는 데만 며칠씩 소요됐다. 스퀘어는 카드사로부터 대금을 받기 전에 고객에게 먼저 대금을 지급했다.
광고는 필요 없었다. "스퀘어 한 번 써봐"라는 입소문 덕분에 창업 후 2년간 매주 매출이 10%씩 늘었다. 카드 결제 시장에서 소외됐던 중소형 가맹점 시장을 개척하면서 2009년 4000만달러 수준이던 매출은 2013년 5억5000만달러로 급증했다.

아마존을 이기다

그러나 시련은 금세 찾아왔다. 2014년 아마존이 스퀘어와 같은 비즈니스 모델을 적용한 카드 리더기를 30% 낮은 가격에 내놨다.
아마존은 스퀘어의 가장 취약한 부분을 파고들었다. 아마존은 리더기를 직사각형으로 만들어 카드가 흔들리지 않게 했다. 스퀘어가 운영하지 않던 실시간 고객 지원 전화 서비스도 시작했다. 수수료율은 1.95%로 내렸다.
스퀘어는 소상공인에게 필요한 추가 서비스를 제공하는 데 집중했다. 고객의 성별, 나이, 결제 정보를 통해 소상공인이 자신의 주 고객이 누군지 분석할 수 있는 서비스를 제공했다. 직원 급여, 재고 등을 관리할 수 있는 플랫폼도 제공했다. 영세 사업자들에겐 리더기를 일단 먼저 줬다. 대금은 나중에 받았다.
소상공인이 선택한 건 아마존이 아니라 스퀘어였다. 막강한 자금력과 플랫폼 서비스로 무장한 아마존은 결국 1년 만에 카드 리더기 시장에서 철수해야 했다. 아마존을 물리친 스퀘어는 2015년 상장에 성공했다.

새로운 캐시카우, 캐시앱

스퀘어는 코로나19를 계기로 또 한 번 몸집을 늘렸다. 오프라인 가맹점

CashApp 연간이용자
단위 : 백만명
자료 : Square, 신영증권 리서치센터

을 중심으로 사업을 운영하던 스퀘어는 코로나19 확산 이후 온라인 업체들로 눈을 돌렸다. 그 결과 2020년 매출은 전년 대비 101% 증가한 94억9760만달러를 기록했다. 지난 1년간 스퀘어 주가는 81.67% 상승했다. 시가총액은 1222억달러(약 141조4000억원)에 달한다.
2018년 캐시앱 비즈니스를 통한 개인 현금 매니지먼트 시스템으로 사업 영역을 급속히 확장하고 있다. 전자지갑 서비스인 캐시앱을 통해 개인 간 거래(P2P) 송금, 주식, 비트코인 거래, 예금, 현금카드, 해외 결제 등 개인을 위한 모든 종합 금융서비스를 제공하고 있다. 2020년 가입자 수는 3600만 명으로 전년 대비 50% 늘었다.
증권가에선 캐시앱을 스퀘어의 새로운 캐시카우로 여기고 있다. 스퀘어는 장기적으로 캐시앱을 '원스톱 금융 솔루션'으로 발전시키겠다는 목표다. 거래나 송금뿐 아니라 캐시앱 대출 상품도 출시했다. 주 사용자가 1020세대인 페이팔과 달리 개인 사업자를 주 고객으로 종합 금융 서비스를 제공해 수익을 창출하겠다는 것이다.

STOCK 주도주

고객 연결 돕는 차세대 클라우드 기업
트윌리오

\# CPaaS 시장 독보적 1위
\# 데이터 플랫폼 기업 세그먼트 인수
\# 매출 매년 40% 이상 증가
\# 수신자 부담 문자 플랫폼 집업 인수 계획

주가 흐름 한눈에 보기

자료: 구글

눈여겨봐야 할 투자 지표

상장시장	뉴욕증권거래소
티커명	TWLO
업종	소프트웨어
투자의견	강력 매수
목표주가	462.15
자기자본이익률(ROE)	-9.73%
주가수익비율(PER)	5752배

자료: 야후파이낸스·팁랭크   ※2021년 9월말 기준

"일시적 서비스 중단으로 차량 탑승 요청에 대한 답변을 받지 못할 수 있습니다."

2011년 차량호출업체 우버는 고객에게 이 같은 내용의 안내 메일을 급히 보냈다. 우버의 자동 문자 메시지 서비스가 '먹통'이 된 데 따른 것이었다. 클라우드 기반으로 고객 커뮤니케이션 플랫폼을 제공하는 트윌리오(TWLO)엔 '기회'였다. 우버의 메일을 받은 제프 로슨 트윌리오 공동창업자 겸 최고경영자(CEO)는 곧바로 당시 우버 CEO였던 트래비스 캘러닉을 찾아갔다. 2008년 문을 연 신생 기업 트윌리오가 우버와 계약을 맺은 계기다.

이로써 우버 이용객은 트윌리오를 통해 운전자 도착 시간이 담긴 문자를 안정적으로 전달받을 수 있게 됐다. 트윌리오는 우버에 이어 에어비앤비, 나이키, JP모간 등 굴지의 글로벌 기업으로 고객사를 넓혀 나가며 클라우드 기반 커뮤니케이션 플랫폼(CPaaS) 시장에서 독보적 1위를 유지하고 있다.

고객사와 소비자의 연결고리

트윌리오는 우버처럼 기업·소비자 간 거래(B2C)를 하는 고객사에 소통에 필요한 애플리케이션 인터페이스(API)를 제공하는 회사다. 고객사 대신 문자, 전화, 영상 등 클라우드 기반 커뮤니케이션 시스템을 구축하면 고객사는 별도의 소프트웨어 개발 없이 소비자와 연결된다. 소비자는 자신도 모르는 사이 트윌리오와 소통하고 있는 것이다.

트윌리오의 강점은 다수의 글로벌 통

트윌리오의 다양한 채널	Messaging 문자 주고받기	Progammable voice 전세계 전화 연결	Video HD 실시간 비디오 애플리케이션	Twilio live 대화형 오디오 및 비디오 라이브 스트리밍	Email 전자 메일 메시지

신사와 협력하는 네트워크를 통해 안정적인 커뮤니케이션을 지원한다는 것이다. 시장조사업체 시너지리서치그룹에 따르면 2021년 2분기 기준 CPaaS 시장에서 트윌리오의 점유율은 38%에 달한다. 경쟁업체 보나지(Vonage)는 11.8%, 신치(Sinch)는 8.1%에 불과하다.

트윌리오는 아마존웹서비스(AWS) 출신인 로슨 CEO와 그의 동료 두 명이 미국 샌프란시스코에서 세운 회사다. 2004년부터 약 2년간 AWS에서 근무한 로슨 CEO는 '고객'에 집중한다는 아마존의 경영 원칙을 트윌리오에 그대로 적용했다. 고객 중심형 서비스에 힘입어 트윌리오는 'FAANG(페이스북·애플·아마존·넷플릭스·구글)'보다 빠르게 성장하는 차세대 클라우드 기업으로 평가받고 있다. 캐시 우드 CEO가 이끄는 아크인베스트먼트의 투자를 받기도 했다.

지난 5년간 트윌리오 매출은 매년 40% 이상 증가했다. 코로나19가 덮친 2020년 매출은 전년 대비 55% 급등한 17억6000만달러(약 2조742억원)를 기록했다. 코로나19로 디지털 커뮤니케이션을 활용하는 기업이 늘어난 덕분이다. 2021년 2분기 매출은 6억6893억달러로 전년 같은 기간보다 약 67% 증가했다. 활성 사용자 계정 수는 2019년 17만9000명에서 2020년 22만1000명으로 23.4% 늘었다.

좋은 실적 덕분에 주가는 5년간 450% 뛰었다. 트윌리오 주가의 지난 1년간 상승폭은 56%를 넘는다. 현재 시가총액은 625억달러에 달한다. 다만 이익은 거두지 못하고 있다. 2021년 상반기 순손실(4억3440만달러)은 전년 같은 기간(1억9470만달러)보다 두 배가량 증가했다.

M&A 통한 시너지 효과

미국 투자자문사 잭스에퀴티리서치에 따르면 전문가들이 예상하는 트윌리오의 2021년 매출은 26억6000만달러다. 전년보다 51% 증가한 규모다. 내년 매출 예상치는 올해보다 30% 많은 34억4000만달러다.

인수합병(M&A)에 따른 시너지 효과도 주목되는 부분이다. 트윌리오는 지난해 고객 데이터 플랫폼 기업 세그먼트를 32억달러에 인수했다. 문자, 전화 등 트윌리오의 서비스를 경험하는 소비자에 대한 이해도를 높이기 위

34억 4000만달러

2021년 매출은 26억6000만달러로 예상된다. 전년보다 51% 증가한 규모다.
내년 매출 예상치는 올해보다 30% 많은 34억4000만달러다.

트윌리오 사용자 계정 수   단위:명

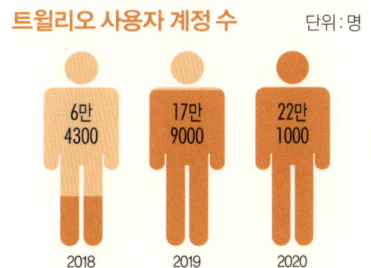

2018	2019	2020
6만4300	17만9000	22만1000

해서다. 로슨 CEO는 "데이터 사일로(단절)로 인해 무분별한 마케팅 문자 메시지가 전달된다면 고객 관계가 파괴된다"며 "트윌리오와 세그먼트는 데이터 사일로를 해체해 고객사가 소비자와 훌륭한 관계를 구축할 수 있도록 지원할 것"이라고 강조했다.

트윌리오는 최근 수신자 부담 문자 플랫폼 집입을 8억5000만달러에 인수한다는 계획도 밝혔다. 집입은 미국, 캐나다를 넘어 유럽에도 영업망을 갖추고 있다. 이번 인수로 3만 명 이상의 소비자 기반을 확보해 트윌리오의 메시지 사업 부문을 강화할 수 있을 것이란 분석이 나온다. 집입 인수는 올해 마무리될 전망이다. 미 투자은행 제프리스의 애널리스트 사미드 사마나는 "장기적 관점에서 이번 인수는 트윌리오의 고객 관계를 강화해 핵심 사업에 도움을 줄 수 있다"고 평가했다.

문제는 코로나19 사태 이후다. 코로나 특수가 끝난 후에도 성장할 수 있을지에 대한 물음에 트윌리오는 "그렇다"고 확신한다. 로슨 CEO는 "소비자들이 은행 영업 지점으로 돌아가려고 할까요?"라고 반문하며 "이젠 디지털 경험 시대"라고 강조했다. 그는 "소비자들은 점점 더 개인화된 콘텐츠를 바라고 있다"며 "기업들은 이런 기대에 부응하기 위해 디지털 전환 노력을 가속화하고 있다"고 말했다.

주식정보사이트 팁랭크에 따르면 월스트리트 애널리스트 15명 가운데 14명이 매수 의견을 제시했다. 12개월 목표주가 평균은 462.15달러다.

STOCK 루키주

부동산 활황에 주목받는 '미국판 직방'
컴패스

> # 프롭테크(부동산+기술) 기업
> # 데이터 분석 서비스 제공
> # 소프트뱅크 10억달러 투자
> # 부동산 거래 건수 증가율 140%

주가 흐름 한눈에 보기
단위: 달러

자료: 구글

눈여겨봐야 할 투자 지표

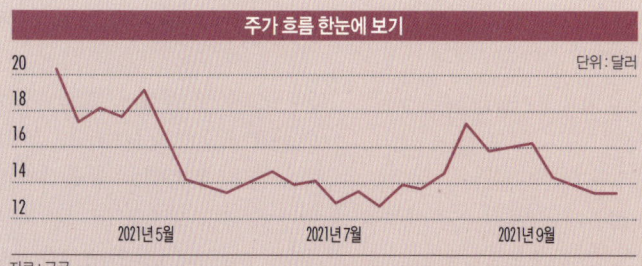

상장시장	뉴욕증권거래소
티커명	COMP
업종	부동산중개
투자의견	매수
목표주가	22.8
자기자본이익률(ROE)	N/A
주가수익비율(PER)	-20.82배

자료: 야후파이낸스·팁랭크 ※2021년 9월말 기준

미국 집값이 30년 만에 최고 상승률을 기록하면서 부동산시장이 과열되고 있다. 미국 부동산 온라인 중개 플랫폼회사 컴패스(COMP)가 주목받는 이유다. 컴패스는 편리한 거래 방식과 고객 데이터 분석을 통해 부동산 중개인을 끌어모으며 1년 만에 시장 점유율을 두 배로 늘렸다. 2021년 2분기에는 매출이 두 배 이상 증가하기도 했다.

중개업자들이 애용하는 플랫폼

2012년 설립된 컴패스는 미국의 대표 프롭테크(부동산+기술) 기업이다. 트위터 엔지니어였던 오리 앨런과 맥킨지, 골드만삭스 등에서 근무한 로버트 레프킨 등이 공동 창업했다. 미국 62개 도시권에서 부동산 거래를 중개하고 있으며 제휴한 부동산은 2만 곳에 달한다.

컴패스는 부동산 거래 절차를 간소화하고 효율성을 높여 고객은 물론 부동산 중개인으로부터 인기를 끌고 있다. 각 지역의 부동산 중개인과 계약을 맺어 거래를 중개한다. 한국의 부동산 중개 플랫폼인 직방이나 다방과 비슷하다.

경쟁 업체인 질로우나 레드핀에 비해 컴패스는 전통적인 방식인 부동산 중개에 집중한다. 질로우는 부동산 중개보다 부동산 매물과 가격 정보를 알려주는 플랫폼에 가깝다. '아이바잉(iBuying)' 서비스를 통해 직접 부동산을 사들여 수리한 뒤 판매하기도 한다. 레드핀은 중개 서비스를 제공하

숫자로 보는 컴패스

- 2021년 1분기 영업이익 210만달러
- 부동산 거래 건수 증가율 140%
- 미국 62개 지역 15개 도시 진출
- 제휴 부동산 2만 곳
- 계약 고객의 90% 이상 유지
- 부동산 중개인 이탈률 10% 이하

면서 직접 자체 중개인을 고용해 부동산을 팔고 있다.

반면 컴패스는 철저히 중개업에 집중하고 있다. 질로우의 아이바잉과 비슷한 서비스인 '컴패스 컨시어지'는 직접 부동산을 사들여 수리하는 게 아니라 부동산 판매자의 집수리 견적을 짜주고 판매까지 도와주는 서비스다. 부동산 중개에 좀 더 초점을 맞춘 것이다.

여기에 컴패스는 부동산 중개인에게 인공지능(AI) 데이터 분석 서비스를 제공한다. 사이트 방문자의 데이터를 분석해 어떤 집이 잘 팔리고 어떤 고객이 어떤 형태의 집을 찾는지 부동산 중개인이 쉽게 알 수 있게끔 했다. 그 결과 올 2분기 컴패스와 계약한 부동산 중개인이 1분기 대비 20% 늘었다. 또 계약한 부동산 중개인 중 90% 이상이 이탈하지 않고 플랫폼에 머물러 업계에서 중개인 이탈률이 가장 낮았다.

미국 투자전문매체 모틀리풀은 "주택 판매자의 89%와 주택 구매자의 88%가 여전히 부동산 중개인을 이용하고 있고, 이 수치는 지난 10년 동안 거의 변하지 않았다"며 "이런 면에서 컴패스의 비즈니스 모델은 여전히 효과적"이라고 분석했다.

컴패스는 손정의 회장의 일본 소프트뱅크그룹이 투자한 것으로도 유명하

다. 소프트뱅크는 컴패스에 10억달러(약 1조1780억원)를 투자해 지분의 35%가량을 보유하고 있는 것으로 알려졌다.

뛰는 집값에 매출도 고공행진

컴패스는 미국 집값 상승률이 사상 최고치를 기록하는 등 주택시장 호황에 급성장하고 있다. 코로나19 사태로 인해 금리가 낮아져 주택 수요는 늘었지만 원자재값과 인건비가 뛰어 주택 공급은 턱없이 부족한 상황이다.

S&P 코어로직 케이스실러에 따르면 2021년 6월 미국 주택가격지수는 전년 동월 대비 18.6% 상승했다. 30년 만의 최고 상승률이다. 8월에도 미국의 평균 집값은 1년 전보다 14.9% 올랐다. 주택 재고는 1년 전보다 13.4% 감소했다. 미국 부동산중개업체 리얼터닷컴에 따르면 미국 내 주택 부족 물량은 524만 채에 달한다.

부동산시장에 뭉칫돈이 몰리자 컴패스 매출은 고공행진하고 있다. 2021년 1분기 매출은 11억1400만달러(약 1조3122억원)로 전년 동기 대비 약 80% 늘었다. 2분기에는 매출이 19억5100만달러(약 2조2982억원)로 작년 같은 기간보다 186% 증가했다. 게다가 1분기 영업이익은 210만달러(약 24억원)로 2분기 대비 102% 늘면서 흑자 전환했다.

로버트 레프킨 컴패스 최고경영자(CEO)는 "2021년 2분기 기준 컴패스의 시장 점유율은 6.2%로 전년(3.3%)보다 두 배 정도 증가했다"며 "부동산

미국 주택 평균 매매가
단위: 달러

- 2019년 2분기: 37만6700
- 2020년 2분기: 37만4500
- 2021년 2분기: 43만4200

자료: 미국 통계청

거래 건수 증가율도 140%로 업계 평균인 32%를 훨씬 웃돌았고, 하반기에는 더욱 성장할 것으로 기대하고 있다"고 말했다.

공격 투자로 성장세 이어간다

컴패스는 장기적으로 성장세를 이어갈 것으로 전망된다. 주택시장 호황이 지속될 것으로 보이는 데다 공격적인 투자로 시장 점유율을 확대하고 있어서다. 컴패스는 2021년 2분기 15개 도시에 새로 진출해 미국 인구의 약 45%가 살고 있는 62개 지역에서 사업을 운영하고 있다.

다만 투자에 집중한 탓에 아직 수익이 나지 않고 있다는 게 약점으로 지적된다. 모틀리풀은 "소프트뱅크가 투자한 우버나 도어대시 같이 컴패스도 막대한 투자로 부동산 중개인을 끌어모았기 때문에 적자가 이어질 것으로 예상된다"고 했다. 미국 금융정보 사이트 팁랭크에 따르면 컴패스는 월가 애널리스트 5명 중 4명에게 '강력 매수' 등급을 받았다. 향후 1년 주가 목표 평균치는 22.8달러다.

PROP TECH

부동산(Property)과 기술(Technology)의 합성어로, 모바일 채널과 빅데이터 분석, VR(가상현실) 등 하이테크 기술을 기반으로 하는 부동산 서비스를 말한다.

STOCK 루키주

어글리 슈즈로 실현한 어닝 서프라이즈
크록스

#영업이익 500% 폭증
#어닝 서프라이즈
#ESG 경영
#인플루언서 마케팅

주가 흐름 한눈에 보기

자료: 구글

눈여겨봐야 할 투자 지표

상장시장	나스닥
티커명	CROX
업종	의류
투자의견	매수
목표주가	179.67
자기자본이익률(ROE)	256.99%
주가수익비율(PER)	18.8배

자료: 야후파이낸스·팁랭크   ※2021년 9월말 기준

최근 의학 드라마에 꼭 등장하는 것이 있다. 낭만, 로맨스, 권력 싸움? 아니다. 바로 크록스(CROX) 신발이다. 최근 종영한 인기 드라마 '슬기로운 의사생활'에서도 의료진은 하나같이 앞이 뭉툭하고 구멍이 뚫려 있는 크록스 신발을 신고 있다. 실제 의사들이 크록스를 애용하는 이유는 간단하다. 편안하고 가볍기 때문이다.

편안한 신발의 대명사가 된 크록스는 2021년 1, 2분기 50% 넘는 매출 증가율(전년 동기 대비)을 자랑하며 급성장하고 있다. 코로나19로 편안한 신발을 찾는 사람이 늘었고, 유명 연예인과 협업해 MZ세대(1980~2004년생)를 사로잡았다. 실적은 그대로 주가에 반영됐다. 크록스 주가는 올 들어 100%, 최근 1년간 270%가량 급등했다.

실용적 신발에서 힙한 신발로

2002년 미국 콜로라도주에서 탄생한 크록스의 목표는 시작부터 철저히 '실용성'이었다. 린든 핸슨 등 크록스 창업자들은 바다에서 서핑하던 중 신발에 물이 들어가 애를 먹었다. 이때 "물이 쉽게 빠지는 신발이 있으면 좋겠다"는 아이디어를 떠올렸고 연구개발 끝에 크록스를 창업했다.

크록스의 녹색 정책

- 2030년까지 탄소 배출 0% 달성 목표
- 탄소 발자국 50% 감소
- 크로슬라이트 생산 폐기물의 45% 재활용
- 2020년에 판매된 신발의 85%를 박스없이 판매

미국 10대에게 사랑받는 크록스 브랜드 선호도 조사 결과

2017년	38위
2018년	13위
2019년	7위
2020년	**8위**

자료: 파이퍼제프리

1. 지비츠를 통한 퍼스널라이징이 가능한 크록스
2. 매장에 진열되어 있는 클로그 모델
3. 저스틴 비버와 협업한 크록스

크록스의 대표 상품인 클로그(clog)는 '어글리 슈즈'라고 불린다. 앞부분이 뭉툭하고 구멍이 뚫려 있다. 투박한 디자인이다. 대신 편안함을 자랑한다. 자체 개발한 특수 소재를 활용해 가볍고 쉽게 미끄러지지 않는다.

크록스는 물놀이 등 레저 시장을 겨냥했지만 특유의 편리함 덕분에 학교부터 병원에서까지 사랑받는 실내화로 거듭났다. 크록스는 글로벌 시장에서도 호평받으며 2002년 출시된 이후 전 세계적으로 7억 켤레 넘게 팔렸다. 최근에는 실용성에 '힙함'이 더해져 MZ세대에게 주목받고 있다. 크록스 신발을 자신의 마음대로 꾸밀 수 있는 액세서리인 '지비츠'가 최근 인기를 끌면서 '나만의 것'을 추구하는 MZ세대를 사로잡고 있다.

또 크록스는 미국의 인기 스타 저스틴 비버와 포스트 말론, 디자이너 베라 브래들리 등과 협업한 제품을 내놓아 MZ세대의 큰 호응을 얻었다. 이 제품들은 출시된 지 몇 시간 만에 매진됐다.

'집콕 핫아이템' 코로나19 반사이익

코로나19로 패션업계가 어려움을 겪는 동안에도 크록스는 함박웃음을 지었다. 코로나19로 외출이 어려워지자 사람들이 집이나 공원에서 편하게 신을 수 있는 크록스를 찾기 시작했기 때문이다.

크록스는 디지털 플랫폼에서도 영향력을 확대하고 있다. 틱톡에서 크록스 관련 동영상 조회수는 15억 회에 달한다.

크록스의 2020년 매출은 13억8600만달러, 영업이익은 2억1400만달러로 각각 전년 대비 13%, 66% 늘었다. 코로나19로 인한 봉쇄 조치로 상당 기간 오프라인 매장 문을 닫았음에도 호실적을 낸 것이다. 매출 증가세는 2021년 들어 가팔라졌다. 크록스의 1분기 매출은 4억6010만달러로 월가의 전망치인 4억1500만달러를 뛰어넘었다. 2020년 1분기보다 약 63% 증가했다.

2021년 2분기 실적은 그야말로 '어닝 서프라이즈'였다. 매출은 6억4100만달러로 지난해 같은 기간보다 93% 증가했고, 영업이익은 세 배 이상 늘었다. 미주 지역에서 매출은 136% 증가했다. 크록스는 "2021년에도 작년 대비 매출이 60~65% 늘어날 것으로 예상한다"고 했다.

ESG 경영으로 성장세 이어간다

크록스는 코로나19 사태 이후에도 성장 모멘텀을 이어갈 것으로 전망된다. MZ세대가 크록스의 주요 소비층으로 자리잡고 있어서다. 신한금융투자에 따르면 MZ세대가 전체 소비에서 차지하는 비중은 2030년까지 55%에 달할 것으로 예측된다.

크록스가 ESG(환경·사회·지배구조) 경영에 앞장서고 있다는 점도 긍정적이다. 크록스는 2030년까지 탄소중립을 달성하겠다고 선언했다. 환경오염을 줄이는 바이오 소재도 공개하며 2022년까지 모든 신발에 이 소재를 사용하겠다고 발표했다. 미국 경제매체 패스트컴퍼니는 "젊은 세대는 물건을 구매할 때 환경보호에 힘쓰는 브랜드를 구매하는 경향이 있다"며 "크록스의 정책이 성장세에 도움이 될 것"이라고 분석했다.

이현지 신한금융투자 연구원은 보고서에서 "크록스의 12개월 선행 주가수익비율인 12MF PER이 16.6배로 글로벌 경쟁사 평균(22.5배)보다 낮은 수준"이라며 "단기 주가 급등에도 가격 부담은 높지 않다"고 분석했다.

STOCK 루키주

d·local

우루과이 최초 핀테크 유니콘 기업
디로컬

- # 남미의 페이팔
- # 상장 두달만에 주가2배
- # 상장 전부터 흑자
- # 전년대비 매출186%증가

주가 흐름 한눈에 보기
단위: 달러

자료: 구글

눈여겨봐야 할 투자 지표

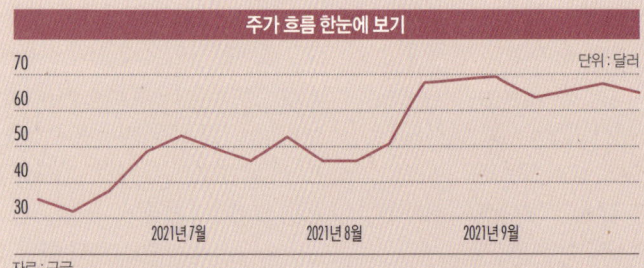

상장시장	나스닥
티커명	DLO
업종	금융
투자의견	중립
목표주가	57.38
자기자본이익률(ROE)	N/A
주가수익비율(PER)	140.59배

자료: 야후파이낸스·팁랭크
※2021년 9월말 기준

혁신의 계기는 사소한 경우가 많다. 우루과이 최초 핀테크 유니콘 기업(기업가치 10억달러 이상 스타트업) 디로컬(DLO)의 시작도 비슷하다. 세바스티안 카노비치 디로컬 최고경영자(CEO)는 할머니를 포함한 주변인의 해외 결제를 도와주다가 창업 아이디어를 떠올렸다. 그의 가족 가운데 국제 결제가 가능한 신용카드를 갖고 있는 건 카노비치가 유일했다. 너나 할 것 없이 그에게 결제를 부탁하자 좀 더 편리한 서비스가 있으면 좋겠다는 생각이 들었고 회사까지 세우게 됐다.

디로컬(티커 DLO)은 '남미의 페이팔'로 불린다. 2016년 우루과이에서 설립된 디로컬은 신흥국 이용자 등을 위해 결제 플랫폼을 제공하는 회사다. 동남아시아, 아프리카, 중남미 등 세계 30개국에 있는 약 600개의 결제 수단을 연결해 주고 있다.

작은 나라에서 꾼 거대한 꿈

우루과이는 우리에게 소고기, 콩(대두) 수출국으로만 알려진 낯선 국가다. 시장도 작다. 우루과이 인구는 약 384만 명에 불과하다. 5182만 명에 달하는 한국 인구의 13분의 1 수준이다. 자국민을 대상으로 한 서비스만으로는 글로벌 규모의 기업으로 발돋움하기 어려운 환경이다.

카노비치 CEO는 이 같은 환경이 오히려 해외로 빠르게 사업을 확장할 수 있는 발판이 됐다고 설명했다. 카노비치는 한 인터뷰에서 "아무도 우루과

디로컬 주요 비즈니스	**Payins** 카드 결제 월 할부, 은행 송금, 전자 지갑, 자동이체 및 현금 지급 제공	**Payouts** 신흥국에서의 결제에서 기업 간 유통 연결	**Direct Issuing** 실물 카드와 모바일 가상 카드를 발급

이를 신경 쓰지 않는다는 것을 알고 있었기에 이에 적응하기 위해 노력해야 했다"며 "우루과이는 규모가 작아 우리는 항상 밖으로 눈을 돌려야 했다"고 말했다.

그는 "서로 다른 두 나라 사이를 매개하는 것이 우루과이 DNA"라며 모국에서 기회가 부족한 것이 오히려 회사에 긍정적인 영향을 끼쳤다고 강조했다.

디로컬은 중국 등 해외 사업 확대에 적극적이다. 디로컬의 경영진도 세계 각지에 흩어져 있다. 스페인, 미국, 아르헨티나, 이스라엘 등 세계 전역에서 디로컬 직원들이 맹활약 중이다. 2021년 현재 '5살' 스타트업이 된 디로컬은 이미 6개국에 지사를 세웠다.

신흥국 틈새시장 개척

전자상거래의 핵심은 '간편함'이다. 하지만 신흥국들은 오랫동안 수혜를 보지 못했다. 중남미를 포함한 아프리카, 동남아 등 신흥 시장은 글로벌 결제 인프라가 상대적으로 빈약하다. 플랫폼이 통일되지 못했고, 결제 시스템과 방법이 복잡하고 어렵다.

디로컬은 글로벌 기업을 포함한 신흥국 기업들과 개인 사용자들을 연결하는 데 주력한다. 이들이 제공하는 서비스는 크게 세 가지다. 우선 개인 사용자에게 지역 카드 결제와 송금, 자동이체 등을 도와주는 '페이인' 서비스가 있다. 제휴를 맺은 기업을 대상으로 디로컬이 고객 결제금을 입금해주는 '페이아웃' 서비스도 제공한다. 디로컬의 금융 서비스를 이용할 수 있

중남미 주요국 전자상거래 매출 증가율

국가	전자상거래 매출 증가율 (전년 대비)
멕시코	43.4%
브라질	66.0%
칠레	30.9%
페루	50.0%
아르헨티나	70.0%

자료 : KOTRA *2020년 기준

는 실물·가상카드 직접 발급 서비스도 운영한다.

미국 경제전문지 포브스는 디로컬의 사업 방식을 두고 "틈새시장을 개척했다"고 평가했다. 우루과이에서 시작했기에 바깥으로 눈을 돌릴 수밖에 없었지만 미국과 유럽 등지에서 스트라이프나 아디옌과 같은 핀테크 기업과 경쟁하는 대신 신흥국을 중심으로 사업을 확대해 나갔다는 것이다.

디로컬은 수수료로 수익을 낸다. 예를 들면 아마존과 같은 기업이 100달러 상당의 거래를 할 때 디로컬은 4달러의 수수료를 청구한다. 일반 결제대행 회사 평균 요금의 네 배에 달한다.

디로컬의 이런 전략은 수익성 개선에 도움이 됐다. 적자를 면치 못하는 일부 핀테크 기업과 달리 디로컬은 상장하기 전부터 흑자를 냈다. 디로컬은 아마존, 디디, 마이크로소프트(MS), 스포티파이, 윅스 등 글로벌 회사와 제휴 관계를 맺으며 플랫폼의 입지를 다져가는 중이다. 지난해엔 이들을 포함한 330여 개 제휴 기업으로부터 21억달러 상당의 결제를 처리하기도 했다.

상장 두 달 만에 주가 두 배

디로컬은 2021년 6월 나스닥시장에 데뷔했다. 확정 공모가는 21달러였지만 상장 당일 종가는 32.4달러를 기록했다. 이후 주가는 빠르게 뛰었다. 8월 20일 디로컬 주가는 66.94달러를 기록하며 상장한 지 두 달 만에 두 배 넘게 올랐다. 최근 주가도 60달러대 중반에서 움직이고 있다.

성장세도 가파르다. 2021년 2분기 디로컬의 매출은 5800만달러(약 689억원), 조정 EBITDA(상각 전 영업이익)는 2590만달러로 전년 동기 대비 각각 186%, 212% 올랐다.

성장 여력도 충분하다. 코로나19로 중남미 지역의 전자상거래가 활성화됐다는 점도 디로컬에 호재다. 중남미 전자상거래 시장은 2021년 1100억달러 규모에서 내년에는 1230억달러 수준으로 커질 것으로 전망된다. 전자상거래 시장에서 중남미 지역이 높은 성장세를 보이고 있는 점도 주목된다.

30개국 600개

디로컬은 동남아시아, 아프리카, 중남미 등 세계 30개국에 있는 약 600개의 결제 수단을 연결해 주고 있다.

STOCK 루키주

빠르게 성장하는 차세대 기술주
가이

- #중국 혁신 선도 100대 기업
- #정밀부품도 진출
- #연평균 성장률 49.2%
- #VR·AR 기기 연구개발 시작

주가 흐름 한눈에 보기

자료: 구글

눈여겨봐야 할 투자 지표

상장시장	심천(선강통)
티커명	002241
업종	전자
투자의견	매수
목표주가	55.53
자기자본이익률(ROE)	18.44%
주가수익비율(PER)	25.94배

자료: 인베스팅닷컴·야후파이낸스 ※2021년 9월말 기준

메타버스, 스마트워치, 가상현실(VR), 증강현실(AR) 등등…. 아마도 이 가운데 하나는 지난 5년간 당신의 관심을 사로잡았을 확률이 높다. 떠오르는 신기술로 기업들이 관심을 두고 있는 분야다.

미래 산업에 관심이 많다면 주목해야 할 중국 기업이 하나 있다. 선전증권거래소에 상장된 가이(고어텍·002241)다. 가이는 앞서 열거한 모든 사업을 하고 있다. VR·AR, 스마트 웨어러블 디바이스, 완전무선이어폰(TWS) 등을 포함한 전자제품 분야에서 빠르게 성장하는 기업이다. 애플 이어폰을 공급하고, 페이스북을 고객사로 두는 등 탄탄한 글로벌 빅테크(대형 정보기술기업)와도 사업을 벌이고 있다.

애플의 든든한 파트너

중국 산둥성 웨이팡에 본사를 둔 가이는 2001년 설립됐다. 2006년 중국 과학연구원과 음향연구소를 설립하며 기술 연구에 힘썼고, 2008년 5월 선전증권거래소에 상장했다. 이후 전문성을 확보하며 사업을 확대해 나가고 있다. 2014년 하이엔드 스피커 생산으로 유명한 덴마크의 다인오디오를, 2016년에는 주파수 증폭 기술을 보유한 AM3D를 인수했다. 2017년에도 VR·AR 기술을 가진 코핀의 지분

Metaverse

가이는 신기술로 주목받는 메타버스 관련 시장에서도 사업을 확대하고 있다. 메타버스 보급에 필수적인 VR·AR 기기에 관심을 쏟고 있다.

| 가이 주요 상품 | ■ TWS를 포함한 유·무선 이어폰 등 음성인식 기기
■ 스마트워치, VR·AR 기기, 로봇 등 스마트 기기 | ■ 전자파적합성기기(EMC)
■ 미세전자기계시스템(MEMS) |

1. 가이의 매출 절반을 차지하는 완전무선이어폰(TWS)
2. 가이의 VR 헤드마운트 디스플레이(HMD)

을 매입하는 등 혁신을 위한 광폭 행보를 이어가고 있다.

가이의 주요 상품은 다음과 같다. TWS를 포함한 유·무선 이어폰 등 음성인식 기기와 스마트워치, VR·AR 기기, 로봇 등을 포함한 스마트 기기 등을 생산하고 있다. 또 전자파적합성기기(EMC), 미세전자기계시스템(MEMS) 등 정밀부품도 시장에 내놓고 있다. 2020년 기준으로 음성인식 기기 부문이 전체 매출의 46.2%를 차지했다. VR·AR 및 스마트워치 제조를 포함한 스마트기기 부문은 30.6%, 정밀기기 부품 매출이 21.1%를 차지하며 뒤를 이었다.

가이의 매출 절반을 담당하고 있는 음성인식 기기 부문에서의 성과가 주목된다. TWS가 효자 노릇을 톡톡히 했다. 관련 시장이 커지고 있을 뿐만 아니라 2018년 애플과 계약을 맺으며 안정적인 매출을 확보했다.

세계 스마트폰 판매량이 감소하고 있지만 무선이어폰 시장은 빠르게 성장 중이다. 무선이어폰을 포함한 귀 착용품의 시장 규모는 2019년 327억달러(약 38조5200억원)로 전년보다 다섯 배 가까이 커졌다. 가이는 애플에만 의존하는 기업이 아니다. 고객사에는 애플 외에 안드로이드 TWS 제조사인 화웨이, 샤오미 등이 있다. 가이가 돋보이는 이유다. 다양한 공급처를 확보하고 있을 뿐만 아니라 앞으로 TWS 시장 확대 효과도 톡톡히 누릴 전망이다.

가이는 신기술로 주목받는 메타버스 관련 시장에서도 사업을 확대하고 있다. 메타버스 보급에 필수적인 VR·AR 기기에 관심을 쏟고 있다. 가이는 이미 이와 관련된 센서와 블루투스 모듈 등 부품의 자체 제조 능력을 갖췄다.

미래에 더 좋을 차세대 기대주

성장세가 꾸준한 것이 가이의 장점이다. 최근 3년간 연평균 성장률(CAGR)은 49.2%에 달한다. 주가 흐름도 긍정적이다. 2019년 잠시 하락세를 보인 뒤 꾸준히 우상향 중이다. 2021년 현재 가이의 주가 상승률은 20%에 달한다. 중국 증시의 전반적인 부진에도 상승세를 이어왔다.

실적도 가파르게 성장하고 있다. 올 2분기 매출 162억6000만위안(약 2조9600억원)을 달성했다. 지난해 같은 기간보다 78.7% 늘었다.

VR·AR 기기 등 미래 먹거리에 주력하고 있어 앞으로의 성장성도 높게 평가된다. 고객사와의 협력을 강화하고 있는 것도 주목된다. 애플, 페이스북, 소니 등을 고객사로 두고 있는 만큼 이들의 성장이 가이의 실적을 견인할 것이라는 전망이 나온다. 내년에는 VR 시장의 50% 이상을 점유하고 있는 페이스북의 오큘러스 프로와 애플의 VR 기기, 소니의 플레이스테이션 VR 2세대 등의 출시가 예정돼 있다. 가이가 이들 고객사의 제품을 생산할 가능성이 높은 것으로 전망된다. 실적 호조에 힘입어 가이는 올 3분기 순이익 전망치를 지난해 같은 기간보다 20~40% 늘어난 14억8300만~47억3000만위안으로 제시했다.

49.2%
가이의 최근 3년간 연평균 성장률(CAGR)은 49.2%에 달한다.

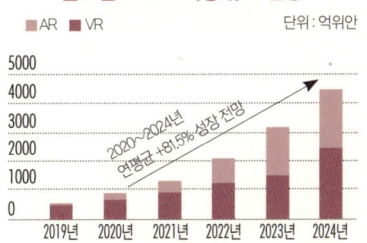

글로벌 VR AR 시장 규모 전망 (단위: 억위안)
자료: IDC·KB증권 *2021년 이후 추정치.

STOCK 루키주

ETF 전성시대 대표 수혜주
모건스탠리캐피털인터내셔널(MSCI)

- #국제금융펀드의 투자기준
- #지수 시장 점유율 1위
- #영업이익률 51% 육박
- #반짝실적 아닌 밝은전망

주가 흐름 한눈에 보기 (단위: 달러)
자료: 구글

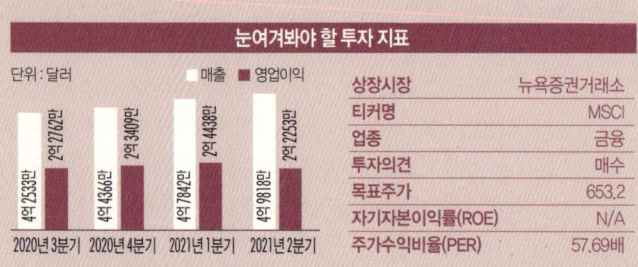

눈여겨봐야 할 투자 지표

상장시장	뉴욕증권거래소
티커명	MSCI
업종	금융
투자의견	매수
목표주가	653.2
자기자본이익률(ROE)	N/A
주가수익비율(PER)	57.69배

자료: 야후파이낸스·팁랭크 ※2021년 9월말 기준

당신이 상장지수펀드(ETF)에 투자할 때 가만히 앉아서 돈을 쓸어 담는 기업이 있다. 바로 지수업계 점유율 1위 업체인 모건스탠리캐피털인터내셔널(MSCI)이다. 원리는 간단하다. ETF는 지수를 추종해 수익률을 결정한다. 그리고 이 지수를 사용한 데 따른 수수료를 지수를 만든 MSCI 같은 업체에 지불한다. ETF에 돈이 몰릴수록 지수 업체가 돈을 쓸어 담는 구조인 것이다. ETF 전성시대를 맞아 MSCI가 대표 수혜주로 떠오르고 있다. 2020년 전 세계 ETF 운용자산은 7조7360억달러(약 9916조원)로 2년 만에 70% 가까이 급증했다. MSCI 주가도 덩달아 지난 1년 새 약 86% 급등해 ETF 효과를 톡톡히 누리고 있다.

지수업계 점유율 1위

MSCI는 지수를 제공하는 업체다. 다우존스, S&P500과 같이 시황을 체크해 지수를 내놓는다. MSCI는 국가, 산업, 규모 등 다양한 기준으로 주가 지수를 만든다. MSCI가 운용하는 지수만 해도 전 세계적으로 16만 개가 넘는다. 이 지수는 국제 금융펀드들의 투자 기준이 된다. MSCI 지수를 참조하는 자금 규모는 전 세계적으로 12조달러에 달한다.

MSCI 지수는 한 나라의 운명을 좌지우지하기도 한다. MSCI는 신흥국 지수와 선진국 지수를 따로 산출하는데, 현재 신흥국 지수에 들어가 있는 한국이 선진국 지수에 편입되면 코스피 4000 시대를 열 수 있다고 할 정도

금융시장의 메가트렌드 ETF

- 지난 10년간 세계 ETF의 운용자산은 572% ↑ 상품 수 513% ↑
- 미국 증시에서 ETF가 차지하는 비중은 올 1분기 말 기준 6.7%
  10년 전(3.2%) 대비 두 배 이상↑

주요 글로벌 지수 시장 점유율

- MSCI 25%
- S&P 24%
- FTSE 러셀 19%
- 기타 32%

*2020년 기준
자료: 버튼테일러 인터내셔널 컨설팅

로 경제적 효과가 크기 때문이다. 전국경제인연합회에 따르면 MSCI 선진국 지수 편입 시 국내 시장에 새로 유입되는 자금은 최소 18조원에서 최대 62조원에 달할 것으로 전망된다.

MSCI는 ETF 인기에 실적도 좋아지고 있다. 지수를 추종하는 ETF가 그 대가로 지수 업체에 수수료를 내고 있어서다. 미국 시장조사업체 버튼테일러 인터내셔널 컨설팅의 보고서에 따르면 지수 업체들의 2020년 매출은 전년보다 9.7% 증가한 41억달러(약 4조8318억원)로 사상 최대치를 찍었다. 지난 5년간 연평균 매출 증가율은 11%에 달했다. 업계 1위인 MSCI의 매출 점유율이 25%로 가장 많았고, S&P(24%)와 FTSE러셀(19%)이 그 뒤를 이었다.

ETF 성장에 힘입어 MSCI는 최근 두 자릿수 매출 증가율을 기록하고 있다. 2021년 2분기에는 작년 동기보다 21.6% 증가한 4억9818만달러(약 5871억원)의 매출을 올렸다. 주목해야 할 부분은 높은 영업이익률이다. MSCI의 2분기 영업이익률은 51%에 달한다. 반짝 실적도 아니다. 최근 3년간 실적에서 영업이익률은 50%에 육박한다. 지수 시장을 선점한 효과다.

ESG 선점해 날개 달아

MSCI는 미래 먹거리로 꼽히는 ESG(환경·사회·지배구조) 시장에 일찍 진출해

헨리 페르난데스 MSCI 최고경영자(CEO).

미래 성장 동력도 갖췄다. 자체 ESG 평가 기준을 개발해 기업에 ESG 등급을 부여하고 있고, ESG 지수를 내놓아 시장을 선점했다.

ESG 시장은 빠르게 성장 중이다. 미국 시장조사업체 블룸버그인텔리전스에 따르면 2025년까지 전체 ESG 자산은 50조달러에 달해 전 세계 금융 자산의 3분의 1 이상을 차지할 것으로 전망된다.

자연스레 ESG ETF에도 자금이 몰리고 있다. 블룸버그인텔리전스는 "ESG ETF의 자산 규모는 연말까지 1900억달러를 넘어설 것으로 예측된다"며 "앞으로 5년 동안 ESG ETF에 전 세계적으로 1조달러가 유입될 것"이라고 내다봤다.

금융정보업체 리피니티브에 따르면 MSCI의 ESG 지수는 2020년 ESG ETF들이 가장 많이 추종한 지수다. MSCI의 2021년 1분기 매출 4억7800만달러 가운데 61.1%는 지수 부문, 28%는 금융분석 부문, 7.3%는 ESG 부문에서 발생했다. 전체 매출에서 차지하는 비율은 아직 크지 않지만 성장세는 가장 빠르다는 평가가 나온다. 2021년 1분기 ESG 부문 매출은 작년 같은 기간보다 42% 늘어난 1억4700만달러로, 2010년 이후 연평균 30% 증가율을 기록하고 있다.

MSCI 2021년 1분기 매출
- 지수 **61.1%**
- 금융분석 **28%**
- ESG **7.3%**

시장 선도해 성장 궤도 안착

뱅크오브아메리카(BoA)는 2025년까지 전 세계 ETF 운용자산이 지금보다 세 배가량 증가해 25조달러에 달할 것이라고 예측했다. 우리 돈으로 2경9462조원에 육박하는 엄청난 규모다. ETF에 수수료를 받는 MSCI 역시 안정적으로 성장할 것이라는 얘기다. 게다가 지수업계는 후발주자가 쉽게 진입하기 어려워 선점 효과를 톡톡히 누리고 있다. 새로 지수를 개발하려면 엄청난 투자 비용이 들 뿐만 아니라 지수가 세계적으로 인정받으려면 오랜 기간 신뢰를 쌓아야 하기 때문이다. 파이낸셜타임스(FT)는 "지수업계는 빅3(MCSI, S&P, FTSE러셀)에 의해 지배되고 있다"며 "이들이 규모의 경제를 통해 수익을 내고 있다"고 했다.

여기에 신성장 동력인 ESG 사업까지 더해져 MSCI가 안정적인 성장을 이어갈 것이란 분석이 나온다. 미국 투자전문매체 모틀리풀은 "MSCI는 ESG 사업에서의 혁신도 멈추지 않아 앞으로 10년의 전망이 밝다"고 분석했다.

STOCK 루키주

15분이면 처방 끝, 보험의 혁신
오스카헬스

#56만 이용자

#오바마케어 대표 수혜 종목

#알파벳이 4417억원 투자

#인슈어테크(보험 + 정보기술) 기업

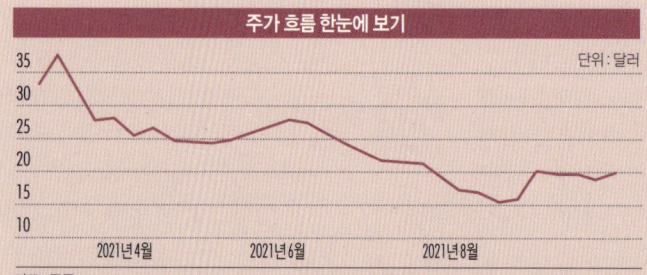

미국은 의료 불모지로 꼽힌다. 세계에서 가장 발달한 의료 기술을 갖고 있지만 천식으로도 사람이 죽어 나간다. 천문학적인 의료비 때문이다. 정부도 쉽게 해결하지 못한 미국의 의료 문제를 '기술'로 해결하겠다고 도전장을 내민 기업이 있다. 미국의 신생 의료보험사 오스카헬스(OSCR)다.

원격의료 통한 혁신

2012년 설립된 오스카헬스는 다른 신생 보험회사와 비슷하게 열악한 미국 의료 현실을 지적하며 업계에 출사표를 던졌다. 마리오 슐로서 오스카헬스 공동창업자는 부인이 출산할 당시 비용이 많이 드는 것은 물론 보험 청구 방식이 복잡하다는 문제를 느끼고 오스카헬스를 창업하기로 결심했다. 복잡한 보험 청구 방식을 간편하게 바꾸고 개인 맞춤형 의료 서비스를 제공하는 것을 목표로 삼았다.

여기까지는 일반 보험 회사와 크게 다르지 않다. 하지만 오스카헬스의 차별점은 '기술'에 있다. 오스카헬스는 단순 보험회사가 아니다. 보험에 정보기술(IT)을 결합한 인슈어테크기업이다.

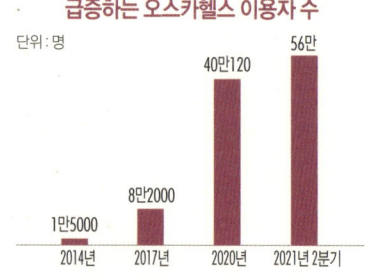

| 오스카헬스 SWOT | S 원격 의료 서비스 '닥터 온 콜' | W 매출 증가세임에도 적자 상태 | O 관리 비용이 적게 드는 젊은 세대가 주 고객층 | T 성장주 매도세에 하락한 주가 |

설립 초기부터 기술에 집중한 오스카헬스는 원격 의료 서비스인 '닥터 온 콜(Doctor on Call)'을 선보였다. 이 서비스를 이용하면 24시간 동안 언제든지 집에서 편리하게 15분 안에 진료를 받고 처방전까지 발급받을 수 있다. 보통 미국에서 의사를 만나려면 예약해야 하는 것은 물론 짧게는 몇 주에서 길게는 몇 달까지 기다려야 한다는 점을 감안하면 혁신적인 의료 서비스다.

원격의료의 또 다른 장점은 상대적으로 저렴한 비용이다. 오스카헬스에 따르면 원격의료 서비스를 이용하면 통상적으로 진료 비용이 50%가량 저렴하다. 예를 들어 천식 진료 비용은 대면 진료일 때 948달러에 달하지만, 원격의료 서비스를 이용하면 4분의 1 수준인 263달러에 불과하다.

원격의료 서비스를 통해 보험료 지급 비용도 줄일 수 있다. 보험회사가 수익을 내려면 이용자들이 타가는 보험금을 줄여야 한다. 방법은 간단하다. 이용자의 건강 상태를 자주 체크해 큰 병이 생기기 전에 잡아내면 된다. 오스카헬스는 싸고 간단한 원격의료 서비스를 통해 보험 손해율을 2017년 95% 수준에서 2021년 1분기 74%로 낮췄다.

이 같은 혁신으로 오스카헬스는 일찍이 구글의 모회사 알파벳으로부터 3억7500만 달러(약 4417억원)를 투자받았다. 오스카헬스는 도널드 트럼프 전 미국 대통령 사위 재러드 쿠슈너의 동생인 조시 쿠슈너가 공동창업한 것으로도 유명하다.

오바마케어 대표 수혜 종목

오스카헬스는 '오바마케어'의 수혜 종목으로 꼽힌다. 오바마케어는 전 국민 의료보험 가입 의무화를 골자로 한 법안이다. 오바마케어가 확대될수록 미국 보험 시장이 커진다는 의미다. 현재 1조달러 수준인 미국 의료보험 시장은 2027년까지 4조달러 규모로 확대될 것으로 예상된다.

오스카헬스는 오바마케어 상품을 내놓으며 빠르게 이용자 수를 늘려가고 있다. 그 결과 2014년 1만5000명에 불과하던 이용자가 2020년 40만 명에 달했고, 2021년 2분기에는 56만 명으로 증가했다.

코로나19 사태로 건강보험에 대한 수요가 늘어난 데다 조 바이든 행정부가 오바마케어를 확대하고 있다는 점도 긍정적이다. 바이든 행정부는 코로나19로 인해 미국 구조 계획을 발표하고 오바마케어 보조금을 늘렸다.

마리오 슐로서 오스카헬스 최고경영자(CEO)는 "바이든 행정부의 보조금 정책 덕분에 가입자가 12만 명이나 증가했다"며 "내년까지 서비스 지역을 22개 주로 확대해 점유율을 늘려갈 것"이라고 했다. 미국 경제 전문지 포브스는 "오스카헬스는 바이든 행정부가 내놓은 오바마케어 확대 정책의 수혜를 보고 있다"며 "이 같은 정책 기조로 앞으로 신규 가입자가 더 늘어날 것"이라고 전망했다.

저평가돼 성장 여지 충분

올 3월 미국 뉴욕증권거래소에 상장한 오스카헬스 주가는 지난 9월 기준 최고점 대비 50%가량 빠져 있는 상태다. 이에 미국 투자전문매체 모틀리풀은 "오스카헬스가 상장할 당시 미국은 밈 주식(개인투자자들의 유행 종목) 투자 열풍에 빠져 있었다"며 "크게 나쁜 뉴스가 없었음에도 성장주 매도세에 오스카헬스 주가도 하락했다"고 분석했다. 이어 "현재 19개 주에서만 운영되고 있어 운영을 확장할 여지가 많은 데다 주 고객층이 관리 비용이 적게 드는 젊은 세대이며 기술 활용도도 높아 장기적으로 성장할 여지가 충분하다"고 전망했다.

4조 달러
현재 1조달러 수준인 미국 의료보험 시장은 2027년까지 4조달러 규모로 확대될 것으로 예상된다.

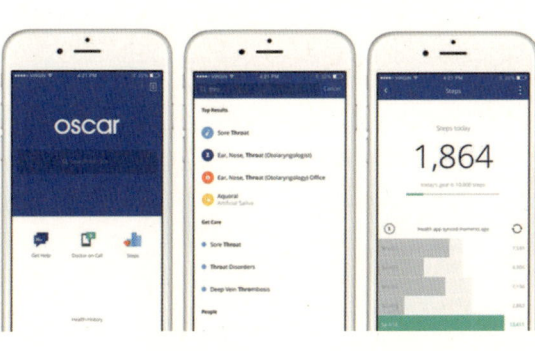

STOCK 루키주

메타버스 경제 생태계 확장성을 열다
로블록스

#메타버스 주도기업
#일일 활성 이용자 4660만 명
#소니, 구찌 등과 파트너십
#2분기 매출 127%↑

주가 흐름 한눈에 보기
단위: 달러

자료: 구글

눈여겨봐야 할 투자 지표

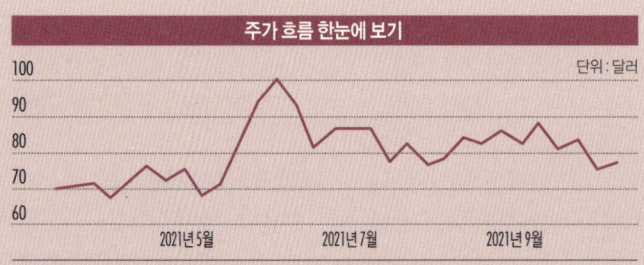

상장시장	뉴욕증권거래소
티커명	RBLX
업종	게임
투자의견	매수
목표주가	90
자기자본이익률(ROE)	−123.32%
주가수익비율(PER)	−111.14배

자료: 야후파이낸스·팁랭크 ※2021년 9월말 기준

미국 게임 플랫폼회사 로블록스(RBLX)는 '메타버스'의 선두주자 중 하나로 꼽힌다. 메타버스란 가상(메타·meta)과 현실 세계(유니버스·universe)의 합성어다. 미래에 가장 고성장할 산업 중 하나로 꼽는다. 왜 로블록스가 메타버스를 주도하는 기업으로 주목받고 있을까.

메타버스 수익성 확장이 관건

로블록스는 2004년 설립됐다. 사명은 로봇(robot)과 블록(blocks)을 합성해 지었다. 로블록스는 게임을 직접 개발하지 않는 게임 회사라는 특이한 사업 모델을 갖고 있다. 로블록스 이용자는 로블록스 플랫폼에서 직접 게임을 비롯한 디지털 콘텐츠를 개발할 수 있다. 본인이 제작한 게임이 인기를 끌면 발생하는 수익도 받을 수 있다.

로블록스는 코로나19를 계기로 고성장하며 투자자의 주목을 받았다. 2020년 로블록스의 하루 활성 이용자 수는 2019년보다 85% 급증한 3260만 명으로 급증했다. 코로나19 때문에 집에 머무르는 시간이 길어진 이용자들이 로블록스에서 게임을 즐기는 한편 다른 사람과 교류하는 장으로 로블록스 플랫폼을 활용하고 있기 때문이다.

로블록스는 메타버스 열풍을 적극적으로 활용하고 있다. 현실과 가상이 융합된 메타버스에서 개인은 아바타로 활동하며 다양한 활동을 한다. 게임 등 콘텐츠를 즐길 수도 있고 경제 활동까지 할 수도 있다.

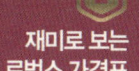

재미로 보는 로벅스 가격표	100 옷 2개나 상하의 한세트	300~500 악세서리나 게임패스	1000~2000 스킨 패키지나 애니메이션 패키지	10000~50000 리미티드 아이템이나 제일 비싼 게임패스

다양한 기업과 파트너십 맺어

로블록스는 여러 기업과 손잡고 메타버스에서의 수익 창출 사업을 시도하고 있다. 2021년 7월에는 소니뮤직과 전략적 제휴 관계를 맺었다. 소니뮤직 소속 아티스트들이 로블록스 플랫폼에서 가상 콘서트, 댄스파티 등을 열어 티켓과 가상 기획상품(굿즈)을 판매해 수익을 낼 수 있을 것으로 기대하고 있다. 소니뮤직 산하 컬럼비아레코드 소속 인기 래퍼인 릴 나스 엑스는 2020년 11월 로블록스 플랫폼에서 가상 콘서트를 열고 관객(접속자 수 기준) 3600만 명을 동원하기도 했다. 메타버스를 접목한 가상 콘서트 시장의 가능성을 입증했다는 평가가 나온다.

명품 브랜드 구찌와의 협업은 메타버스 내 경제 생태계의 확장성을 보여주기도 했다. 구찌는 로블록스의 메타버스 플랫폼에서만 착용할 수 있는 한정판 가방을 판매했다. 처음 판매 당시 구찌 가방 가격은 5달러 수준이었으나 이용자 사이에 재판매가 이뤄지며 무려 4000달러대까지 급등했다.

로블록스의 주요 수익원은 암호화폐 로벅스(Robux)다. 로블록스의 플랫

로블록스 내 가상 고객경험 공간 '현대 모빌리티 어드벤처'.

커지는 메타버스 시장

2021년 ― 1485억달러
2025년 ― 4764억달러
2030년 ― 1조5429억달러

자료: PwC

폼을 이용하는 것은 무료다. 대신 로블록스는 이용자에게 로벅스를 판매해 수익을 창출하고 이용자는 로벅스를 활용해 게임 내 아이템을 구매한다. 자체 제작한 게임을 로블록스에 출시한 개발자는 로벅스를 받아 수익을 올린다. 로벅스는 미국 달러로 환전할 수 있어 현금화도 가능하다.

높아진 투자자 눈높이 충족할까

로블록스가 지난 9월 16일 발표한 2분기 실적은 한껏 높아진 시장 눈높이에는 부족했다는 평가가 나온다. 회사는 2021년 2분기 매출이 지난해 같은 기간보다 127% 늘어난 4억5410만달러라고 발표했다. 7월 기준 하루 활성 이용자 수는 전달보다 8% 늘어난 4660만 명으로 늘었다. 하지만 하루 활성 이용자 1인당 로벅스 평균 구매액이 다소 줄어들면서 실적 발표 이후 주가가 하락했다.

로블록스의 이용자층이 다변화하고 있는 것은 기대 요인으로 꼽힌다. 이전에는 '미국 초등학생의 가상 놀이터'로 불릴 만큼 어린이 이용자가 많았으나 지난 2분기 기준으로 13세 이상 이용자가 전체의 절반을 넘겼다. 점점 이용자 연령층이 높아지고 있다는 분석이 나온다. 로블록스는 미국을 넘어 일본과 중국 등에서도 빠르게 성장하고 있다.

로블록스는 소셜미디어 기능을 강화하기 위해 화상채팅 등을 서비스하는 기업인 길디드를 인수했다.

로블록스는 2021년 상반기에 순손실 2억7435만달러를 내며 지난해 같은 기간보다 적자 폭이 커졌다. 시장에서는 로블록스가 공격적으로 사업 확장에 나서면서 당분간 적자를 이어갈 가능성이 높다고 전망하고 있다.

로블록스 창업자는 누구

데이비드 바주키 로블록스 최고경영자(CEO)는 미국 스탠퍼드대에서 전자공학과 컴퓨터공학을 전공했다. 2004년 로블록스를 공동 창업하고 2006년부터 본격적으로 서비스를 시작했다. 바주키 CEO는 로블록스 이용자들 사이에서 '빌더맨' 아바타로 유명하다. 바주키의 목표는 로블록스가 메타버스의 선두주자로 확고하게 자리매김하는 것이다.

Robux

로블록스의 주요 수익원은 암호화폐 로벅스(Robux)다. 로블록스의 플랫폼을 이용하는 것은 무료다. 대신 로블록스는 이용자에게 로벅스를 판매해 수익을 창출하고 이용자는 로벅스를 활용해 게임 내 아이템을 구매한다.

STOCK 루키주

학자금 대출에서 미래 은행으로
소파이

\# 회원 수 256만 명
\# 국제신용평가 AAA 등급
\# 약 3조원의 투자금 유치
\# 은행업 '조건부 허가' 상태

주가 흐름 한눈에 보기

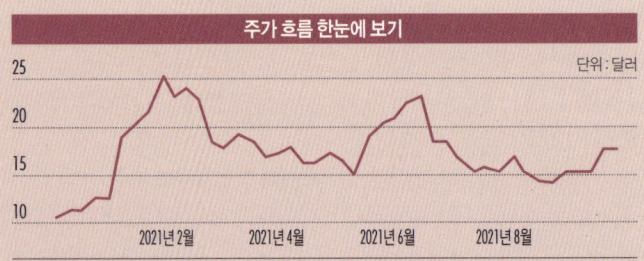

자료: 구글

눈여겨봐야 할 투자 지표

상장시장	나스닥
티커명	SOFI
업종	금융
투자의견	강력매수
목표주가	24.5
자기자본이익률(ROE)	N/A
주가수익비율(PER)	-63.21배

자료: 야후파이낸스·팁랭크 ※2021년 9월말 기준

대학에 합격하면 가장 먼저 마주하는 것이 '등록금 고지서'다. 합격의 기쁨은 잠시일 뿐이다. 등록금을 내야만 학교에 입학할 수 있다. 미국 명문대로 꼽히는 하버드대, 스탠퍼드대, 예일대 등을 다니는 데 4년간 25만달러(약 2억9500만원)가 든다. 학자금과 생활비를 위해 은행에 손을 벌리는 사람이 많은 이유다. 2020년 기준 미국의 학자금 대출 규모는 1조6900억달러에 달했다. 학자금 대출자 1인당 평균 3만7000달러의 빚을 갖고 있다. 미국 대표 핀테크 기업 소파이(SOFI)는 이런 문제의식에서 출발했다. '사회적 금융(Social Finance)'의 약자인 소파이는 2011년 스탠퍼드대 동문이 재학생에게 낮은 금리로 학자금을 빌려주는 서비스로 첫발을 내디뎠다. 스탠퍼드 경영대학원(MBA)에 재학 중이던 마이크 캐그니와 동문인 댄 매클린, 제임스 피니건, 이안 브래디 등이 의기투합해 만들었다.

대학 커뮤니티 기반
P2P 대출 네트워크 구축

설립자 캐그니는 40명의 동문으로부터 200만달러를 모아 스탠퍼드 재학생과 졸업생 100명에게 대출해 줬다. 투자한 동문은 수익률을 챙기고 대출자는 연방정부의 대출 프로그램보다 낮은 금리로 자금을 빌릴 수 있다. 이후 하버드대, 매사추세츠공대(MIT), 펜실베이니아주립대 등 아이비리그 대학을 중심으로 사업을 확장해 나갔다.

소파이의 성장가능성

- 국내 개인투자자가 가장 많이 순매수한 해외 주식 4위(2021년 8월 기준)
- 개인 매수액 4500만달러
- 미국 핀테크 스타트업 중 가장 많은 금액을 투자받은 회사
- 소프트뱅크, 피터 틸, 카타르투자청 등으로부터 3조원에 달하는 투자금 유치

학생을 대상으로 돈을 빌려주는 개인 간 금융(P2P) 대출인 만큼 소파이는 채무불이행에 민감할 수밖에 없다. 채무불이행률이 높을수록 소파이가 부실 위험에 빠질 확률이 크다. 소파이는 이를 '네트워크'로 해결했다. 크라우드 펀딩 형식으로 동문으로부터 자금을 모아 학생에게 대출해 준다. 전국 도시에서 졸업생과 학생 대출자가 만나는 행사도 개최했다. 대학 커뮤니티를 기반으로 P2P 대출 네트워크를 구축한 것이다. 대출금을 갚지 못할 경우 그 사람이 누군지 알게 될 가능성이 높기 때문에 채무를 불이행할 가능성이 줄어들었다.

엄격한 대출 기준도 더했다. 학력과 직장 경력을 주요 평가 지표로 삼는다. 대출 신청자의 학위와 신용등급뿐만 아니라 직장 경력, 승진 가능성, 업무 성과, 보유 자격증 등을 종합적으로 분석한다. 우량 고객이 많을 수밖에 없다. 신용도도 자연스레 높아졌다. 소파이는 2016년 5월 국제신용평가회사 무디스로부터 AAA 등급을 받은 최초의 P2P 금융 기업이 됐다.

소파이는 여기서 한 걸음 더 나아갔다. 단순히 대출만 제공해 주는 기업으로 남지 않았다. 대출자의 상황을 돕는 금융 프로그램 마련에 나섰다. 대출을 받은 학생이나 개인에게 무료로 컨설팅해 주면서 이들이 직접 경제력을 키울 수 있게 했다. 재취업 컨설팅, 창업 교육, 재무 상담 등을 통해 이들이 디폴트 늪에 빠지지 않도록 도왔다. 대출자와 소파이 모두 이득을

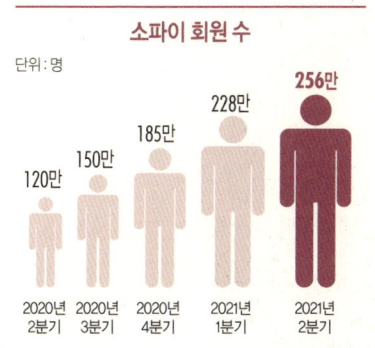

소파이 회원 수
단위: 명
120만 (2020년 2분기) / 150만 (2020년 3분기) / 185만 (2020년 4분기) / 228만 (2021년 1분기) / 256만 (2021년 2분기)
자료: 소파이

보는 구조를 마련한 것이다.

학자금 대출 서비스로 시작한 소파이는 투자 자문을 포함해 주택담보대출, 개인신용대출, 상장지수펀드(ETF), 암호화폐 투자 서비스, 직불카드 서비스 등도 내놨다. 2020년 5월에는 카드 발급 등과 관련된 솔루션을 제공하는 갈릴레오파이낸셜테크놀로지와 인수합병(M&A) 절차를 마무리하면서 미래 은행으로 발돋움하고 있다.

성장 가능성 높은 기업

소파이는 한국 개인투자자에게 많은 인기를 누리고 있는 회사 중 하나다. 한국예탁결제원이 발표한 자료에 따르면 소파이는 2021년 8월 국내 개인투자자가 가장 많이 순매수한 해외 주식 중 아마존, 알파벳(구글), 모더나에 이어 4위를 차지했다. 개인 매수액은 4500만달러에 달했다. 미국 핀테크 스타트업 중 가장 많은 금액을 투자받은 회사이기도 하다. 소프트뱅크, 피터 틸, 카타르투자청 등으로부터 3조원에 달하는 투자금을 유치했다.

하지만 소파이를 마냥 장밋빛으로 전망하기에는 무리라는 목소리도 있다. 최근 주가 흐름이 부진한 게 가장 큰 이유다. 지난 6월 18일 23.04달러를 기록한 뒤 주가가 하락하는 추세다. 흑자 전환하지 못한 것도 문제다. 2018년부터 2020년까지 3년간 적자를 냈다. 올 2분기 소파이의 순손실은 1억6530만달러에 달했다. 주당순손실도 0.48달러를 기록해 월가 예상치(-0.05달러)보다 아홉 배가량 높았다. 미국 정부가 연방 학자금 대출 상환을 유예한 것도 소파이에 악재로 작용했다. 미국 정부는 지난해부터 코로나19 확산으로 연방 학자금 대출의 상환과 이자 납부를 유예했다. 연방 학자금 대출보다 낮은 금리로 고객을 유치해온 소파이에는 좋지 못한 소식이었다.

소파이를 긍정적으로 보는 시각도 적지 않다. 올 2분기 기준 소파이의 회원 수는 256만 명에 달한다. 전년 동기(120만 명)에 비해 두 배 넘게 늘었다. 퍼시픽뱅코프와의 인수 계약이 최종 승인되면 추가 상승 여력도 생긴다. 소파이의 은행업은 현재 '조건부 허가' 상태다. 미국 통화감독청(OCC)이 소파이의 은행업을 최종 인허가할 경우 사업은 더 빠르게 확장될 수 있다.

미국 주식정보사이트 팁랭크도 소파이 주식 매수를 추천했다. 애널리스트 4명 중 3명이 '강력 매수' 등급을 매겼다. 이들이 제시한 소파이의 평균 목표주가는 24.38달러다.

STOCK 루키주

세계 유일 '앤드투앤드' 애드테크 기업
트레머인터내셔널

#DSP, SSP, DMP 모두 갖춰
#1450개 미디어에 서비스 제공
#CTV SSP 시장 점유율 2위
#일일 1000억 건의 광고 처리

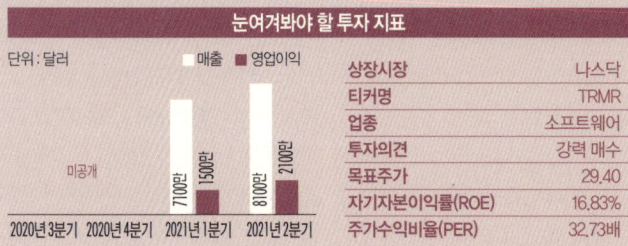

인터넷으로 기사를 보거나 인스타그램에서 지인의 근황을 확인할 때 절대 피할 수 없는 것이 하나 있다. 바로 '맞춤 광고'다. 과거 신문과 텔레비전이 유이한 매체였던 시대와 달리 미디어의 수가 기하급수적으로 증가하면서 광고시장의 판도도 달라지고 있다. 소비자가 관심 있는 상품만 골라 보여주는 맞춤 광고가 새로운 트렌드로 주목받고 있다.

맞춤 광고는 '애드테크'라는 기술의 결과물이다. 애드테크는 인공지능(AI)과 빅데이터, 딥러닝 등 최첨단 정보기술(IT)로 소비자의 성향을 분석해 맞춤형 광고를 제공하는 기법을 뜻한다. 온라인동영상서비스(OTT), 메타버스 등으로 디지털산업이 발전하면서 광고시장을 주도하는 애드테크 기업의 성장세도 가팔라지고 있다. 증권업계에서는 애드테크 기업 중 경쟁사 대비 저평가된 트레머인터내셔널(TRMR)을 눈여겨볼 만하다는 조언이 나온다.

'앤드 투 앤드' 애드테크 기업

트레머인터내셔널은 광고주와 미디어를 상호 연결해주는 애드테크 업체다. 공급 측 플랫폼(SSP), 수요 측 플랫폼(DSP), 데이터 관리 플랫폼(DMP)을 통합한 '앤드 투 앤드' 광고 플랫폼을 제공한다. SSP란 미디어(웹페이지)에 빈 광고 공간이 있을 때 해당 공간을 광고주에게 중개하는 플랫폼을 말한다. 반대로 광고주가 광고 공간을 찾을 때는 DSP가 효율이 좋은 미디어와 연결해준다. DMP는 광고 공간을 효

알아두면 쓸모있는 용어 풀이	■ SSP Supply Side Platform	미디어(웹페이지)에 빈 광고 공간이 있을 때 해당 공간을 광고주에게 중개하는 플랫폼
	■ DSP Demand Side Platform	광고주가 광고 공간을 찾을 때 효율이 좋은 미디어와 연결하는 플랫폼
	■ DMP Data Management Platform	광고 공간을 효과적으로 사고팔 수 있도록 데이터를 분석해 제공하는 플랫폼

과적으로 사고팔 수 있도록 데이터를 분석해 제공하는 플랫폼이다.

트레머인터내셔널은 SSP로서 월스트리트저널과 CBS 등 1450개 미디어에 서비스를 제공하고 있다. 동시에 DSP로서 맥도날드, 넷플릭스 등 1200개 이상의 브랜드와 400개 이상의 광고 대행사를 고객으로 두고 있다.

트레머인터내셔널은 공격적인 인수합병(M&A)을 통해 세계에서 유일한 앤드 투 앤드 광고 플랫폼으로 자리잡았다. 2017년 매그나이트로부터 DSP인 '트레머비디오'를 인수했다. 2019년과 2020년에는 SSP인 '리듬원'과 '언룰리'를 사들였다.

미래에셋증권은 '나만 알고 싶은 신흥 루키주'로 트레머인터내셔널을 꼽았다. 윤정한 미래에셋증권 연구원은 "하루에 약 1000억 건의 광고를 처리하며 업계 최고 수준의 기술력을 갖췄다"며 "밸류체인 통합으로 경쟁사 대비 트래픽 비용 측면에서 우위를 점하고 있다"고 말했다.

CTV 매출 증가율 280%

트레머인터내셔널은 앤드 투 앤드 플랫폼을 바탕으로 모바일, 데스크톱, 커넥티드 TV(CTV) 등 대부분의 광고 채널에서 수익을 내고 있다. CTV는 스마트TV, 게임 콘솔, 별도의 기기(스틱) 등을 통해 TV를 시청하는 것을 의미한다. 트레머인터내셔널은 CTV 시장을 차세대 먹거리로 주목하고 집중 투자하며 CTV SSP 시장 점유율 2

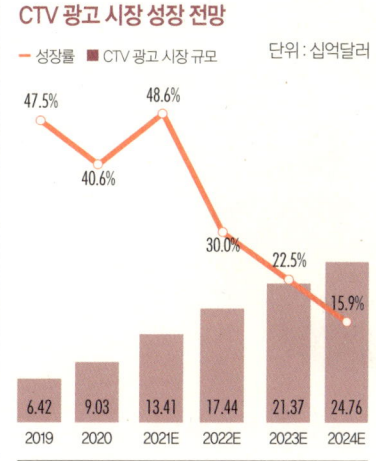

CTV 스마트TV, 게임 콘솔, 별도의 기기(스틱) 등을 통해 TV를 시청하는 것

위로 올라섰다.

최근 실적 흐름도 좋다. 트레머인터내셔널은 2021년 2분기 매출이 전년 동기 대비 128.0% 증가한 8100만달러를 기록했다. 이 중 CTV 매출은 2100만달러로 전년 동기 대비 280% 급증했다. 영업이익은 2100만달러로 전년 동기 대비 흑자 전환했다. 올해 상반기에만 총 3600만달러의 영업이익을 올리며 연간으로도 흑자 전환에 성공할 것으로 전망된다.

세부 지표를 보면 더 긍정적이다. 미래에셋증권에 따르면 기업이 영업활동으로 벌어들인 현금 창출 능력을 의미하는 연간 EBITDA 마진율(매출/EBITDA)이 2020년 29%에서 2021년 33.8%로 높아질 전망이다. 2023년에는 37.6%까지 상승할 것으로 보고 있다.

빠르게 성장하는 디지털 광고 시장을 등에 업고 실적 개선이 기대된다는 분석이다. 세계 디지털 광고 시장 규모는 2021년 4550억달러에서 2025년 7000억달러로 연 평균 11% 증가할 것으로 예상된다. 트레머인터내셔널이 주목하고 있는 미국 CTV 광고시장 규모는 2021년 130억달러에서 2025년 280억달러로 연 평균 20% 성장할 전망이다.

경쟁사 대비 저평가

트레머인터내셔널은 2014년 런던증권거래소에 상장했다. 영국에 상장돼 있어 미국에 상장된 기업보다 상대적으로 기업가치를 낮게 평가받았다. 이에 2021년 6월 18일 미국 나스닥시장에 미국주식예탁증서(ADR) 형태로 상장했다. 현 주가는 18.63달러(9월 28일 기준)로 상장일 대비 4.08% 상승했다. 시가총액은 14억달러(약 1조 7000억원) 수준이다.

여전히 경쟁사 대비 밸류에이션(실적 대비 주가 수준)이 낮아 매력이 있다는 평가다. 윤 연구원은 "트레머인터내셔널의 12개월 선행 주가매출비율(PSR)은 4.8배 수준"이라며 "동종업체 평균인 8배에 비해 저평가됐다"고 했다.

트레머인터내셔널을 향한 월가의 평가는 긍정적이다. 팁랭크에 따르면 최근 3개월간 17명의 애널리스트 중 13명이 트레머인터내셔널에 대해 매수를 추천했다. 4명은 중립이었다. 목표주가의 평균치는 29.40달러로 현 주가 대비 57.81% 상승 여력이 있다.

STOCK 루키주

자동화 시대 최대 수혜주
유아이패스

#RPA 시장 점유율 1위
#9100개 고객사 보유
#2020년 4분기 흑자 전환 성공
루마니아 기업 최초로 NYSE 상장

주가 흐름 한눈에 보기
단위:달러

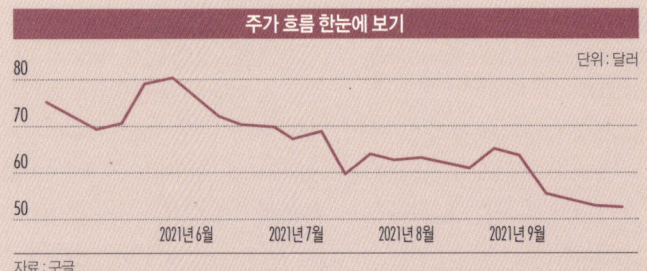

자료:구글

눈여겨봐야 할 투자 지표

상장시장	뉴욕증권거래소
티커명	PATH
업종	소프트웨어
투자의견	매수
목표주가	72.93
자기자본이익률(ROE)	N/A
주가수익비율(PER)	−1815.33배

자료 : 야후파이낸스·팀랭크 ※2021년 9월말 기준

"하루하루 업무량은 늘어만 갑니다. 대부분의 일이 반복적이고 시간도 많이 들죠. 이런 지루한 일을 로봇에게 주면 어떨까요? 더 이상 문서를 정리하면서 시간을 낭비할 필요가 없습니다. 원하는 것을 로봇에게 말씀만 하세요."

로봇 프로세스 자동화(RPA) 개발업체인 유아이패스(PATH)의 소개 영상에 나오는 문구다. 유아이패스의 미션은 '사람이 로봇처럼 일하지 않는 세상'이다. 4차 산업혁명으로 인간의 노동을 로봇이 대체하는 시대에 유아이패스가 최대 수혜주로 주목받는 이유다.

RPA 1인자

유아이패스는 RPA 시장 점유율 1위(27%) 업체다. RPA는 컴퓨터 사용자의 반복적인 행동을 감지해 절차를 자동화하고 업무 효율성을 높이는 프로그램을 의미한다. 대니얼 디네스 유아이패스 최고경영자(CEO)는 "마이크로소프트(MS), 구글이 없다면 업무가 불가능한 것처럼 RPA는 근로자에게 필수품이 될 것"이라며 "인간은 단순반복 업무 대신 가치 있는 일에만 몰두할 수 있다"고 말했다.

유아이패스를 창립한 디네스 CEO는 MS 프로그래머 출신이다. 그는 MS 창업자이자 CEO였던 빌 게이츠를 보며 창업의 꿈을 키웠다. 2005년에는 MS를 나와 고향인 루마니아로 돌아갔다. 그곳에서 유아이패스 전신인 '데스크오버'를 설립했다. 하지만 시작이 순탄치는 않았다. 얼마 안 가 경영난

유아이패스 서비스 특장점	1 시간과 노력 절감 프로세스 효율화	2 규정 준수 보장 기업의 표준에 맞는 프로세스 준수	3 고객 경험 향상 추가 서비스 제공	4 직원 만족도 향상 직원들의 업무효율성↑

으로 회사 폐업까지 고려해야 했다. 하지만 디네스 CEO는 RPA 시장의 성장성을 의심하지 않았다. 2013년 기회가 찾아왔다. 인도의 비즈니스 프로세스 아웃소싱(BPO) 기업과 RPA 사업 계약을 맺으며 성장 가도에 올랐다. 2015년 회사명도 유아이패스로 변경했다.

올해 4월 21일, 유아이패스는 루마니아 기업 최초로 미국 뉴욕증권거래소에 상장했다. 시가총액은 269억달러(9월 28일 기준)로 수십조원의 가치를 인정받았다. 영국 경제 주간지 이코노미스트는 유아이패스를 두고 "세계 최대 음원 플랫폼인 스포티파이 이후 유럽에서 가장 성공한 기술 수출 기업"이라고 평가했다.

2015년 10여 개에 불과하던 고객사는 현재 9100개까지 증가했다. 고객군의 면면도 화려하다. 도요타, 뱅크오브아메리카, 어도비 등 포천 글로벌 500 기업 중 60% 이상이 유아이패스 고객이다. 업종도 금융, 유통, 에너지, 제조업 등 다양하다.

아크인베스트 ETF 단골 종목

대신증권은 '나만 알고 싶은 신흥 루키주'로 유아이패스를 꼽았다. 대신증권은 "시장조사기관 및 소비자들이 뽑은 기술력 1위 RPA 기업으로 디지털 전환에 따른 수혜가 기대된다"고 말했다.

유아이패스는 성장주 중에서도 가장 두드러진 성장성을 보여주고 있다. 혁신 기업에 투자하는 아크인베스트의 상장지수펀드(ETF)에 빠지지 않고 포함되는 이유다. '아크 이노베이션 ETF(ARKK)'는 전체 자산의 2.97%를 유아이패스에 투자하고 있다.

4차 산업혁명과 함께 RPA 수요가 빠르게 증가하면서 성장이 가속화하고 있다는 분석이 나온다. RPA 시장 규모는 2020년 15억7000만달러에서 2025년 72억달러까지 성장할 것으로 전망된다. 연평균 성장률로 환산하면 32% 수준이다.

유아이패스의 성장세를 파악하기 위해선 연간반복매출(ARR)을 들여다볼 필요가 있다. ARR은 제품과 서비스를 일회성이 아니라 구독 형태로 제공함으로써 매년 반복적으로 발생하는 매출을 의미한다. 구독 모델을 채택한 서비스형 소프트웨어(SaaS) 기업의 성장성을 나타내는 대표적 지표다. 2020년 1분기부터 유아이패스의 ARR은 분기당 평균 79% 증가했다. ARR이 상승한다는 것은 신규 고객의 유입, 기존 고객의 신규 서비스 가입 등으로 매출이 증가했다는 것을 의미한다.

2021년 2분기(5~7월) 유아이패스의 매출은 전년 동기 대비 40.3% 증가한 1억9600만달러를 기록했다. 블룸버그에 따르면 유아이패스의 내년(2022년) 연간 매출은 올해보다 50% 이상 증가할 전망이다.

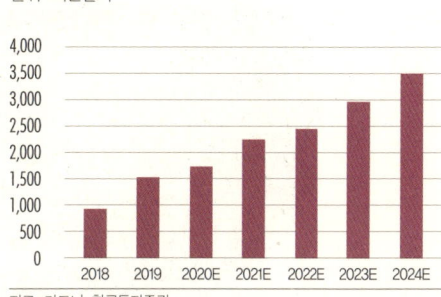

RPA 시장 전망
단위 : 백만달러
자료 : 가트너·한국투자증권

상장 이후 약세…저가 매수 기회?

빠른 성장에도 불구하고 유아이패스 주가는 상장 이후 하락세를 보였다. 지난 5월 고점(85.12달러)에 비해 38.50% 빠졌다. 2020년 4분기 흑자 전환에 성공했지만 올 들어 1분기와 2분기 모두 순손실을 기록하며 실적에 대한 우려가 커졌다. 2분기 영업손실은 9800만달러로 전년 동기(1700만달러)보다 7배 가까이 늘었다.

전문가들은 성장성이 훼손된 것은 아닌 만큼 저가 매수를 노릴 만하다고 조언했다. 강 연구원은 "경쟁사 대부분 적자를 보이기 때문에 금리 상승 국면에서 주가 변동성이 클 수 있다"며 "지난해 4분기 흑자 전환에 성공한 유아이패스가 다시 한 번 좋은 실적을 보여주면 안정성이 크게 부각될 수 있다"고 했다.

유아이패스를 향한 월가의 평가는 긍정적이다. 팁랭크에 따르면 최근 3개월간 16명의 애널리스트 중 6명이 유아이패스에 대해 매수를 추천했다. 9명은 중립, 1명은 매도였다.

STOCK 루키주

게임 관련주를 넘어 메타버스 관련주로 주목

유니티

메타버스 수혜주
2021년 2분기 매출 2억7400만달러
AR·VR 콘텐츠 60%↑ 유니티 엔진 활용
애플 IDFA 전략이 위험 요소

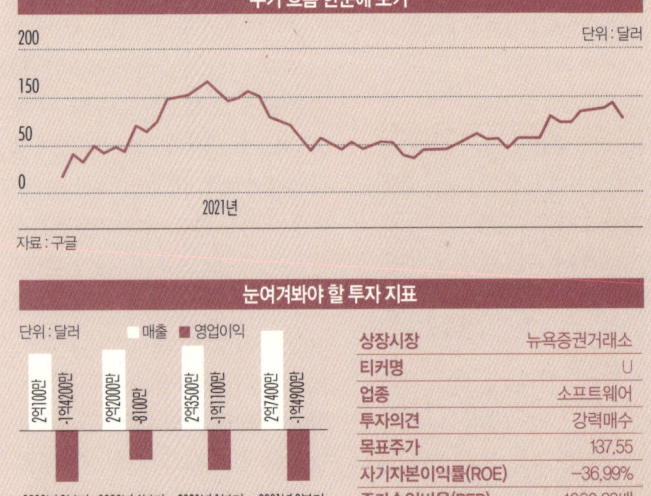

상장시장	뉴욕증권거래소
티커명	U
업종	소프트웨어
투자의견	강력매수
목표주가	137.55
자기자본이익률(ROE)	-36.99%
주가수익비율(PER)	-1060.23배

※2021년 9월말 기준

2021년 들어 주식시장에서 가장 뜨거운 테마를 꼽으라면 메타버스를 빼놓을 수 없다. 코로나19 이후 재택근무와 원격교육 등 비대면 활동이 증가하면서 메타버스가 주목받고 있다. 애플, 마이크로소프트, 페이스북, 엔비디아 등 미국의 주요 빅테크는 모두 메타버스에 집중 투자하고 있다. 마크 저커버그 페이스북 최고경영자(CEO)는 "우리가 지향하는 미래이자 페이스북의 다음 장(章)"이라며 메타버스를 차세대 인터넷으로 지목하기도 했다.

메타버스 관련주를 얘기할 때 빠지지 않는 종목이 있다. 메타버스 관련 상장지수펀드(ETF) 포트폴리오에는 항상 이 종목이 상단을 차지하고 있다. 메타버스 시대가 도래했을 때 최대 혜택을 받을 것이란 전망도 나온다. 게임을 넘어 증강현실(AR)과 가상현실(VR) 시장까지 넘보는 유니티 소프트웨어(U)가 그 주인공이다.

게임회사에서 게임엔진 개발 업체로

유니티의 역사는 2004년 덴마크 코펜하겐에서 시작됐다. 아이슬란드 출신인 데이비드 헬가슨, 독일 출신 요하임 안테, 덴마크 출신인 니콜라스 프란시스 세 사람이 힘을 합쳐 게임회사를 차렸다. 하지만 이들이 출시한 게임 '구볼(GooBall)'은 인기를 끌지 못했다. 세 사람은 상업 게임을 만들기보다 게임 제작에 필요한 게임엔진을 개발하기로 결심했다. 그렇게 2006년 '유니티 엔진'이라는 이름의

유니티 언리얼 엔진 활용 분야	■ 모바일 ■ 태블릿	■ PC ■ AR·VR 콘텐츠	■ 애니메이션(라이온킹) ■ 자동차(현대자동차·BMW)	■ 조선(삼성중공업)

글로벌 게임 시장 전망
— YoY 성장률(R) ■ Mobile ■ Console ■ PC
(십억USD)   (%)

자료: Newzoo, 미래에셋대우 리서치센터

게임엔진을 출시했다. 회사 이름도 협업과 상호 호환성의 의미를 담아 유니티 소프트웨어로 지었다.

이들의 성공 전략은 단순했다. '게임 개발의 민주화'를 비전으로 내걸고 가벼운 게임을 만드는 인디게임 개발자를 대상으로 삼았다. 유니티 이전까지만 해도 개발자들은 게임엔진 사용료로 많은 비용을 지급해야 했다. 유니티는 무료 체험 버전과 기본 버전(연 200달러), 풀 버전(1500달러)으로 상품을 다양화해 고객을 끌어모았다. 15년이 지난 현재 유니티는 명실상부한 세계 1위 게임엔진 개발 업체로 자리잡았다. 소니, 닌텐도, 액티비전 블리자드 등 매출 상위 100개 게임회사 중 94개사가 유니티 고객이다. 유니티 엔진으로 제작했거나 운영되는 콘텐츠를 소비하는 월간 이용자는 25억 명이 넘는다. 유니티 엔진을 통해 만들어진 대표적 게임으로는 '포켓몬고'와 '리그오브레전드' 등이 있다.

메타버스 대표 수혜주

게임엔진으로 출발했지만 유니티의 활용은 게임산업에만 국한되지 않는다. 모바일, 태블릿, PC, AR·VR 콘텐츠 제작에 폭넓게 사용된다. 최근 유니티는 애니메이션(라이온킹), 자동차(현대자동차·BMW), 조선(삼성중공업) 산업 등에도 진출하고 있다. 디즈니 영화 '코코'의 VR 콘텐츠, 다국적 건설회사 스칸스카의 VR 안전 교육 프로그램, 중국 전기차 바이톤의 차량 내 AR 헤드업 디스플레이 등이 유니티의 기술로 제작됐다.

유니티가 게임 관련주를 넘어 메타버스 관련주로 주목받는 이유다. 메타버스는 가공·추상을 의미하는 '메타(meta)'와 현실세계를 뜻하는 '유니버스(universe)'의 합성어다. 가상세계와 현실이 뒤섞여 시공간의 제약이 사라진 세상을 말한다. 메타버스가 현실화하기 위해선 가상세계를 현실에 가깝게 구현하는 기술이 필요하다. 시장에 출시된 AR·VR 콘텐츠의 60% 이상이 유니티 엔진을 이용해 개발됐다.

유니티는 공격적인 인수합병(M&A)을 통해 메타버스산업에서 외형을 넓히고 있다. 2021년 2분기에 3차원(3D) 데이터 최적화 소프트웨어 개발사인 메타버스테크놀로지와 식물 모델링 소프트웨어 개발사인 IDV를 인수했다. 9월에는 원격 데스크톱 접속 및 스트리밍 소프트웨어 개발사인 파섹을 3억2000만달러에 인수했다. 이승우 유진투자증권 연구원은 "3D 모델링, 실사 텍스처 렌더링, 원격 소프트웨어 등 메타버스 관련 핵심 유망 기술을 확보했다"며 "유니티가 메타버스 최고의 기술주로 성장할 것이라

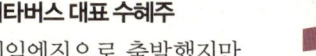

1위
유니티는 명실상부한 세계 1위 게임엔진 개발 업체로 자리잡았다. 소니, 닌텐도, 액티비전 블리자드 등 매출 상위 100개 게임회사 중 94개가 유니티 고객이다.

STOCK 루키주

는 기대를 더욱 높였다"고 말했다.
유니티 주가는 메타버스 테마 열풍을 타고 승승장구했다. 2020년 9월 18일 상장 이후 연말까지 석 달 만에 두 배 넘게 급등했다. 2021년 상반기 인플레이션 우려가 커지고 기술주가 약세를 보이면서 5월에는 주가가 고점 대비 반토막 났다. 하지만 5월 중순 이후 반등에 성공하며 1개월 수익률 0.66%(9월 28일 기준), 6개월 수익률 34.70%를 기록하고 있다.

서학개미 몰려들어
유니티는 메타버스에 투자하는 서학개미에게 익숙한 종목이다. 한국예탁결제원에 따르면 국내 투자자는 유니티 주식을 2억9600만달러어치 보유하고 있다. 전체 해외 주식 가운데 30위에 해당하는 수준이다.
ETF 등을 통한 간접 투자까지 감안하면 투자액은 더 많을 것으로 추정된다. 2020년부터 서학개미들이 집중적으로 사들인 '아크 이노베이션 ETF(ARKK)'는 유니티 한 종목을 5.14% 보유하고 있다. 하반기 들어 국내 투자자들이 3600만달러어치 순매수한 메타버스 ETF인 '라운드힐 볼 메타버스 ETF(META)'도 전체 자산의 3% 이상을 유니티에 투자한다.

구독·광고 사업 성장↑
유니티 매출은 크리에이트 솔루션(비중 30%), 오퍼레이드 솔루션(61%), 파트너십 및 기타(9%)로 구성된다. 크리에이트 솔루션은 개발자와 엔지니어

'유니티 메타캐스트'를 활용해 제작한 UFC 콘텐츠.

에게 게임엔진 서비스를 제공하고 매달 구독료를 받는 사업이다. 유니티는 맞춤형 스크립팅, 고화질 렌더 파이프라인, 그래픽, 애니메이션, 오디오 등 3D 콘텐츠를 편집할 수 있는 도구를 제공한다. 이를 통해 개발자는 손쉽게 3D 캐릭터, 건물, 자동차, 물체를 구현할 수 있다.
오퍼레이트 솔루션 사업의 핵심은 광고다. 유니티는 매달 230억 개의 광고를 제공하는 세계 최대 모바일 광고 네트워크다. 유니티 엔진으로 개발한 게임에 광고가 나오면 수익을 얻는다. 전체 매출의 약 20%가 게임 내 광고에서 발생한다.

유니티는 모든 사업에서 고성장을 이어가고 있다. 유니티의 2021년 2분기 매출은 2억7400만달러로 전년 동기 대비 48.9% 증가했다. 컨센서스(증권사 추정치 평균)인 2억4200만달러를 웃돌았다. 오퍼레이트 솔루션 부문의 매출은 전년 동기 대비 62.6% 급증했다.
팩트셋에 따르면 2021년 유니티의 연간 매출 추정치는 10억6000만달러다. 전년 대비 37.3% 증가할 것으로 증권업계는 보고 있다.
엄청난 매출 규모에도 불구하고 유니티는 여전히 적자 기업이다. 연구개발(R&D)과 M&A에 많은 투자를 하기

유니티 매출 비중
- 퍼레이트 솔루션 61%
- 크리에이트 솔루션 30%
- 파트너십 및 기타 9%

을 원활하게 구동하기 위해서는 가벼운 게임엔진이 필요한데 유니티 엔진이 이에 특화됐기 때문이다.

업계에서는 높은 진입장벽과 과점 구조를 바탕으로 안정적인 성장을 이어갈 것으로 보고 있다. 임지용 NH투자증권 연구원은 "개발자들은 시장에서 많이 쓰는 게임엔진을 선호하고, 게임사 입장에서도 개발자가 많이 쓰는 엔진에 의존할 수밖에 없다"며 "두 업체의 경쟁이 지속되면서 시장에 남아 있던 다른 엔진이 대부분 퇴출됐다"고 말했다.

게임산업의 구조적 성장도 실적 개선 기대를 높이고 있다. 유니티의 10만달러 이상 지출 고객 중 87%가 게임 관련 사업자로 분류된다. 글로벌 시장조사 업체 뉴주는 2023년 글로벌 게임 시장 규모를 2179억달러로 전망했다. 2018년 이후 연평균 9.4% 성장할 것이라는 분석이다.

게임 외 산업에서의 점유율 확대도 기대된다. 현재 게임 외 산업 부문의 매출이 전체 매출에서 차지하는 비중은 25% 수준이다. 유니티는 게임 외 산업의 총유효시장(TAM) 규모가 170억달러로 게임시장(120억달러)을 넘어설 것으로 보고 있다.

하지만 유니티의 앞날이 마냥 장밋빛인 것은 아니다. 최근 애플의 새로운 광고식별자(IDFA) 전략이 위험 요소로 떠올랐다. 애플은 iOS 14.5 버전부터 각 앱에서 사용자에게 IDFA 추적을 허용할지 묻는 대화창을 띄울 것이라고 밝혔다. 사용자가 동의하지 않으면 앱은 해당 기기에 접근할 수 없다. 사용자의 80% 이상이 추적을 거절한다는 통계가 나올 정도로 IDFA 전략은 모바일 광고업계에 불리하게 작용할 전망이다. 유니티 측은 애플의 전략 변경으로 2021년 매출이 약 3%(약 3000만달러) 감소할 것으로 예상했다.

현재 밸류에이션(실적 대비 주가 수준) 수준에 대해서도 의견이 엇갈린다. 2022년 예상 실적 기준 주가매출비율(PSR)은 23배로, 2020년(54배) 대비 절반 이상 낮아졌다. 2023년 예상 실적 기준 PSR은 18배까지 내려간다. 정용제 미래에셋증권 연구원은 "향후 M&A를 통한 추가 성장이 가능하다"며 "장기 성장성을 감안했을 때 현 주가는 저평가됐다고 판단한다"고 했다. 다만 "2023년 예상 실적 기준 주가수익비율(PER)이 627배에 달한다는 점이 부담스럽다"는 의견도 있다.

유니티를 향한 월가의 평가는 긍정적이다. 팁랭크에 따르면 최근 3개월간 12명의 애널리스트 중 10명이 유니티에 대해 매수를 추천했다. 2명은 중립이었다. 목표주가 평균치는 137.55달러로 현 주가 대비 8.15% 상승 여력이 있다.

때문이다. 2분기 영업손실은 1억 4900만달러로, 전년 동기(2500만달러)보다 6배 가까이 늘었다. 다만 일회성 비용을 제외한 비일반회계기준(non-GAAP) 주당순이익(EPS)은 −0.02달러로, 컨센서스(−0.12달러)를 웃돌았다.

"장기 성장성 주목"
유니티는 에픽게임즈의 '언리얼엔진'과 게임엔진 시장을 양분하고 있다. PC 시대에는 언리얼엔진이 개발 시장을 주도했다면 모바일 시대에 접어들면서 유니티의 게임엔진이 부각되고 있다. 낮은 사양의 기기에서 게임

STOCK 루키주

대출의 통념을 AI로 깨다
업스타트홀딩스

#AI 대출서비스
#자동차 대출 시장 진출
#매출 1018% 증가
#25개 은행과 협력

주가 흐름 한눈에 보기
단위: 달러

자료: 구글 *2020년 12월 16일 상장

눈여겨봐야 할 투자 지표

상장시장	나스닥
티커명	UPST
업종	금융
투자의견	강력매수
목표주가	261.29
자기자본이익률(ROE)	N/A
주가수익비율(PER)	193.02배

자료: 야후파이낸스·팁랭크 ※2021년 9월말 기준

대출을 받기 위해 가장 중요한 것은 무엇일까. 직업, 신용도 등 많은 답이 머릿속에 떠오를 수 있다. 하지만 그보다 더 중요한 것은 '시간'이다. 대부분 사람은 복잡한 서류를 마련해 제출한 뒤에도 은행이 대출심사를 완료하기까지 몇 달을 기다려야 한다.

이 같은 깐깐한 대출 장벽을 인공지능(AI)으로 해결한 회사가 있다. 나스닥시장에 상장된 업스타트홀딩스(UPST)다. 업스타트는 클라우드 기반 AI 대출 플랫폼 서비스를 제공한다. 대출 신청부터 심사, 승인, 실행까지 모든 과정을 자동화했다. 금융 소비자와 은행 사이에서 AI 기술로 '시간'이라는 장벽을 허물었다.

구글 출신이 만든 대출 서비스

미국 캘리포니아주 샌머테이오에 본사를 둔 업스타트는 정보기술(IT)업계 베테랑들이 세운 회사다. 공동 창업자 3명 중 2명이 구글 엔지니어 출신이다. 데이브 지로아드 업스타트 최고경영자(CEO)는 구글 엔터프라이즈 부문 사장을 지내면서 10억달러 규모의 클라우드 앱 사업을 주도하기도 했다.

공동 창업자들은 전통적인 대출 개념을 깨는 사업을 구상했다. 복잡한 서류 제출 후 오랜 검토 시간을 거치는 대출의 통념을 깼다. 업스타트는 대신 은행과 파트너 관계를 맺고, 금융 소비자에게 AI를 이용해 대출해준다. AI를 기반으로 대출을 신청한 사람을 즉시 분석해 고객에게 맞는 대출

| Upstart의 대출 과정 | **STEP 1** 한도 확인 — 양식 작성 후 한도 확인 | **STEP 2** 정보 확인 — 대부분의 대출자는 즉시 대출 승인 | **STEP 3** 대출 실행 — 대출 실행자에게 1영업일 안에 송금. |

자료: 업스타트홀딩스(UPST)

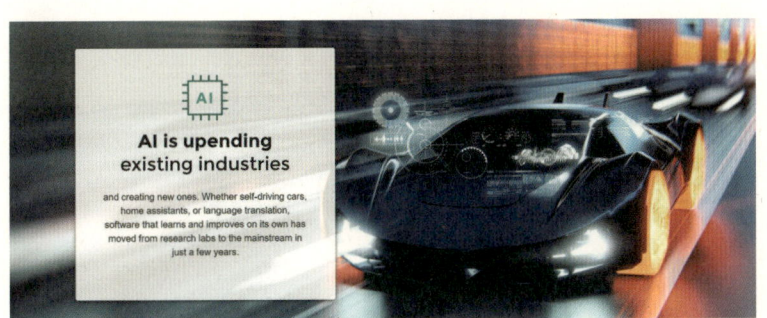

업스타트는 AI시대를 준비하고 있다.

서비스를 제공한다.

업스타트는 AI 시스템을 통해 대출과 관련한 1600여 개 변수를 따지고, 파트너 금융사들이 보유하고 있는 900만 건에 달하는 상환 사례에서 취합한 150억 개의 데이터를 분석한다. 2021년 6월 기준 업스타트는 전체 대출의 71%를 완전 자동화했다.

2019년 기준으로 미국인의 80%는 개인 파산 경험이 없다. 하지만 미국인의 48%만 은행에서 우대금리를 적용한 대출을 받을 수 있었다. 은행들이 대출할 때 적용하는 신용평가 점수가 급변하는 환경을 적절히 반영하고 있지 못해서다. 업스타트는 AI 알고리즘으로 이들을 위한 새로운 대출 생태계를 구축했다.

업스타트의 사업 모델은 이렇다. 소비자들이 웹사이트나 앱에 자신의 소득 정보, 금융 거래 내역을 입력하면 AI가 이들의 신용도와 개인 정보 등을 토대로 대출 상품을 추천한다. 업스타트는 은행으로부터 상품 추천과 AI 플랫폼 이용에 대한 수수료를 받는다. 수수료는 업스타트 전체 매출의 97%에 달한다.

업스타트가 각광받는 이유는 단순히 대출 과정을 단축시키는 것을 넘어 기존 대출 업체보다 여러 방면에서 좋은 성과를 내고 있기 때문이다. 다른 은행과 비교할 때 26% 더 많은 사람이 업스타트 시스템을 이용해 대출을 받는 데 성공할 수 있었다.

80%
2019년 기준으로 미국인의 80%는 개인 파산 경험이 없다. 하지만 미국인의 48%만 은행에서 우대금리를 적용한 대출을 받을 수 있었다.

자동차 대출 시장도 진출

업스타트는 개인신용 대출 시장 외에 자동차 대출 시장까지 적극적으로 사업을 확장 중이다. 소비자들이 손쉽게 자동차를 구입할 수 있게 도와주고 있다. 작년 9월부터 시작한 업스타트의 자동차 대출은 올해 3월 클라우드 기반 자동차 소프트웨어 업체 프로디지소프트웨어 인수를 발표한 뒤 본격화됐다. 업스타트는 앞으로 학자금 대출, 주택담보 대출 시장에도 진출할 계획이다.

1년 새 매출 10배 증가

업스타트는 2020년 12월 16일 나스닥에 상장됐다. 첫날 26달러로 거래를 시작한 업스타트 주가는 사흘 만에 약 47% 뛴 44.09달러까지 올랐다. 이후에도 주가가 꾸준히 우상향했다. 업스타트 주가는 9개월여 만에 12배나 뛰었다.

실적도 가파르게 성장하고 있다. 지난해 사상 첫 순이익 흑자전환에 성공했다. 수많은 기업이 적자를 기록하고 있는 것과 비교할 때 업스타트의 실적은 단연 돋보인다. 올해 2분기 업스타트 매출은 1억9400만달러에 달했다. 1700만달러였던 지난해 같은 기간보다 1018% 증가했다. 영업이익도 전년 동기 대비 3배 가까이 늘었다. 2분기 실적 발표 당시 주가는 하루 만에 135.68달러에서 171.20달러로 뛰며 약 26% 상승률을 보이기도 했다.

앞으로의 전망도 좋다. 파트너십을 맺은 금융사 숫자가 늘었기 때문이다. 2020년 9월 10개 은행과 제휴를 맺고 있던 업스타트는 이제 25개 은행과 협력하고 있다.

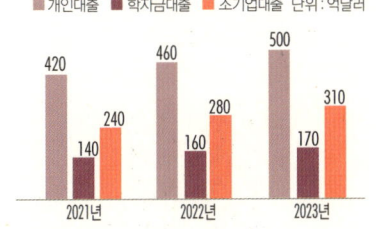

핀테크 대출 증가 전망 (개인대출, 학자금대출, 소기업대출 / 단위: 억달러)

연도	개인대출	학자금대출	소기업대출
2021년	420	140	240
2022년	460	160	280
2023년	500	170	310

자료: S&P글로벌

ETF 전성시대

세상의 변화와 발맞춰 ETF 시장도 빠르게 변화하고 있다. 기존 지수·업종형 및 스마트
알파형 외에 ESG(환경·사회·지배구조), 클라우드 컴퓨팅, 중국 전기차 등
사회의 구조적, 장기적 변화에 투자하는 테마형 등 다양한 형태로 진화하고 있다.
ETF란 무엇이고, 글로벌 시장에서 살아남기 위한 핵심 ETF는 어떻게 골라야 할 지 살펴본다.

*by*_ 윤재홍 미래에셋증권 디지털리서치팀 연구원
성균관대학교 정치외교학과를 졸업하고 현재 미래에셋증권 디지털리서치팀에서 ETF, 미국 배당 관련 콘텐츠 담당
저서: 미국주식 S&P 500 가이드북(2018.4), 잠든 사이 월급 버는 미국 배당주 투자(2019.4)

글로벌 운용자산 9조7330억달러(약 1경1192조원), 2021년 8월 21일 기준으로 종목 수 9302개.
코로나19 충격에도 아랑곳하지 않고 뜨겁게 불타오르고 있는 글로벌 상장지수펀드(ETF) 시장을 단적으로 보여주는 수치다. 매달 수십 종목의 ETF가 새롭게 상장되고 있으며 2021년 들어 8월까지 글로벌 ETF 시장에만 8342억달러의 자금이 순유입되는 등 성장을 지속하고 있다.
'20세기 최대 발명품'이라는 별명에 걸맞게 ETF 시장은 기존 지수·업종형 및 스마트 알파형 외에 ESG(환경·사회·지배구조), 클라우드 컴퓨팅, 중국 전기차 등 사회의 구조적, 장기적 변화에 투자하는 테마형까지 끊임없이 진화하며 초저금리 시대, 4차 산업혁명 시대를 살아가는 투자자에게 폭넓은 투자 수단을 제공하고 있다. 혁신은 여전히 현재 진행형이고, 발 빠른 투자자들은 이미 ETF를 통해 적극적으로 시대 변화의 흐름에 몸을 싣고 있다.

Part 1.
ETF가 무엇이길래 투자자들이 열광할까?

ETF란 무엇인가

ETF(exchange-traded fund)는 특정 지수(index) 또는 가격의 수익률을 추종하는 인덱스 펀드를 증권거래소에 상장시켜 주식처럼 거래하는 금융투자 상품이다. 마치 '바구니'에 비유할 수 있다. 여기서 지수는 일종의 규칙이다. 예를 들어 미국의 대표 대형주 500개 종목(가령 S&P500), 한국의 대표 기업 200개 종목(주로 KOSPI200), 중국에서 전기차 관련 매출 비중이 50% 이상인 종목(중국 전기차 테마)과 같이 사전에 정해진 규칙에 따라 기계적으로 종목을 포함(편입)하거나 제외(편출)한다.
일반적으로 ETF는 규칙(지수)에 따라 종목을 모아 바구니에 담고(펀드), 이를 거래소에 상장시켜 주식처럼 거래한다. 투자자에겐 한

"ETF, 넌 누구니?"
ETF 기초편'

주의 주식이지만 그 안에는 규칙에 맞게 편입된 종목이 골고루 담겨 있는 셈이다. 미국의 대표 지수인 S&P500을 추종하는 SPDR S&P500 ETF Trust(SPY US) 편입 종목을 살펴보면 S&P500지수와 거의 동일한 비중으로 종목들이 편입된 것을 확인할 수 있다. 가령 2021년 9월 16일 종가 기준 447.17달러를 주고 SPY ETF를 한 주를 매수하면 실제로 애플(AAPL)을 6.16%만큼, 마이크로소프트(MSFT)를 6.07%만큼, 아마존(AMZN)을 3.95%만큼 보유하는 효과가 있는 셈이다.

투자자들이 ETF에 환호하는 이유

ETF가 투자자를 끌어모으는 매력 포인트로는 어떤 것들이 있을까? 주요 장점으로는 손쉬운 분산투자, 저렴한 비용, 다양성, 유동성 등을 꼽을 수 있다. 장점에 대한 추가적인 세부 내용은 좌수에 QR코드로 첨부한 '[참고 영상] 추석특집 윤선생 ETF교실 "ETF, 넌 누구니?" ETF 기초편'을 참고하기 바란다.

현 시각, ETF는?

위와 같은 장점을 바탕으로 글로벌 ETF 시장은 빠르게 성장하고 있을 뿐만 아니라 글로벌 자산시장에서 ETF로의 전환도 활발하게 나타나고 있다. 2021년 8월 21일 기준 전 세계에서 ETF로 운용되는 자산은 9조7330억달러로 2004년 말 대비 2951.1% 급증했다. 종목 수는 9302개에 달한다.

하지만 이는 단순한 숫자상 증가는 아니며 펀드 등 기존 자산시장에서 ETF 시장으로 전환하는 움직임도 뚜렷하게 나타나고 있다. 최근 영국의 경제지 파이낸셜타임스

SPDR S&P 500 ETF Trust (SPY US) 보유 상위

비중(%)	기업명 (티커)	업종
6.16	Apple (AAPL US)	정보기술
6.07	Microsoft (MSFT US)	정보기술
3.95	Amazon.com (AMZN US)	경기소비재
2.36	Facebook, CL.A (FB US)	커뮤니케이션
2.28	Alphabet, CL.A (GOOGL US)	커뮤니케이션

자료 : STATE STREET Global Advisors SPDR, 미래에셋증권 디지털리서치팀
주 : 2021년 9월 16일 종가

ETF 주요 장점 정리

주요 장점	내용	세부 내용
손쉬운 분산투자	저렴한 금액으로 분산투자 가능	– KOSPI 200 추종 시 일반 주식으로 구성할 경우 최소 필요 금액 21억 원 vs KOSPI 200을 추종하는 ETF 1주로는 약 4만2000원이면 추종 가능
	편리한 접근성 제공	– 다양한 글로벌 지수, 업종 외에도 고배당/저변동 등 각종 전략, 중국 전기차/ 글로벌 풍력 등 테마, 브라질/ 인도 등 접근이 어려운 시장에 보다 편리하게 접근 가능 – ETF는 운용사에서 종목 편출입, 배당금 등에 대한 관리 일체 담당
저렴한 비용	펀드 대비 낮은 운용 보수	– ETF: 0.16% vs 펀드: 0.74% (ETF: 미국, 운용 자산 상위 100개 ETF, 펀드: 국내, 운용 자산 1,000억 원 이상 해외펀드 77개, 2021.9.6 기준) – 고비용은 장기투자에서 수익률을 훼손하는 요인. 펀드 대비 저렴한 보수로 기관 등 장기투자자 선호
다양성	다양한 자산에 대한 접근 가능	– 주식, 채권 및 부동산 등 다양한 자산을 대상으로 ETF, ETN 상장. 투자자의 투자 목적, 투자 성향에 맞는 접근
유동성	빠른 현금화 가능	– D+2 vs D+7, ETF의 결제일은 주식과 동일, 펀드 대비 빠른 현금화 가능 *TIGER일본TOPIX(합성H), 미래에셋다이와 일본밸류 중소형 증권자투자
	실시간 시장 대응	– 펀드와 다르게 ETF는 장중에 실시간으로 매수/매도 가능. 악재나 호재 발생 시 보다 빠르게 대응 가능

자료 : 미래에셋증권 디지털리서치팀

GLOBAL ETF 장기투자할 만한 해외 ETF

미국 ETF 유형별 분류

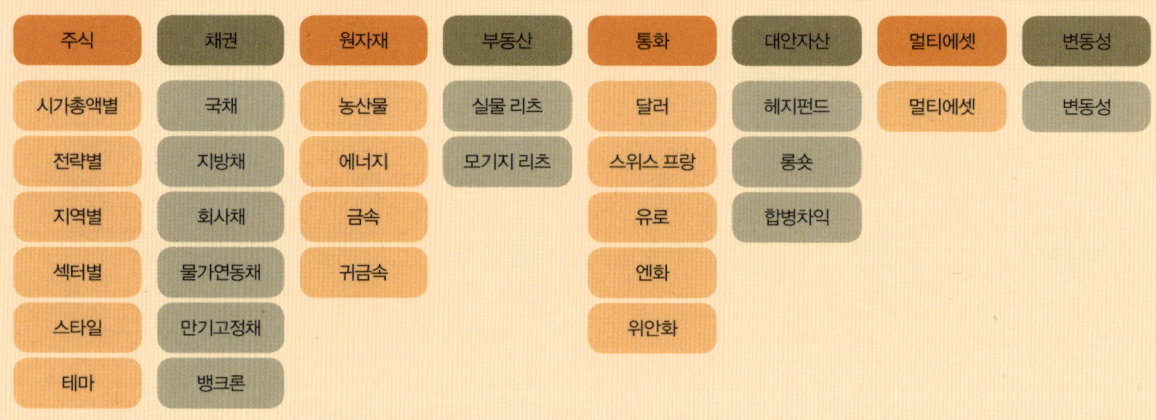

자료: 미래에셋증권 디지털리서치팀

글로벌 상장 ETF, ETN 운용 자산, 종목수 추이

자료: ETFGI.com, 미래에셋증권 디지털리서치팀, 주: 2021년 8월 21일 기준

한국 상장 ETF, ETN 운용 자산, 종목수 추이

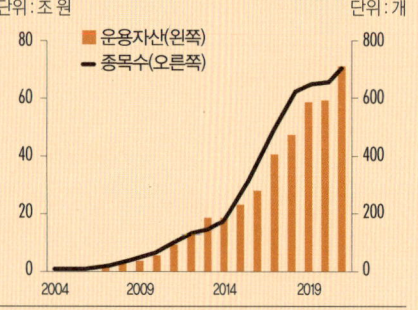

자료: 한국거래소(KRX), 미래에셋증권 디지털리서치팀, 주: 2021년 8월 31일 기준

500개 ↑
ETF 종목 수는 2021년 8월 미래에셋자산운용의 'TIGER 차이나반도체 FACTSET(396520)' 등 3개 종목 상장과 함께 500개 종목을 돌파했다.

(FT)는 '수동적(passive) 투자 수단으로서 ETF가 뮤츄얼 펀드를 추월했다'는 제목으로 미국에서는 이미 수동형 ETF 자금 규모가 인덱스에 기반한 뮤츄얼 펀드를 넘어섰으며 글로벌 전체로도 추월이 임박했음을 알렸다.

또한 Dimensional Fund Advisior(DFA), Nuveen 등 기존 뮤추얼 펀드 및 헤지 펀드 운용사도 신규 ETF를 상장하거나, 기존 펀드를 ETF로 상장하는 모습을 보이고 있다. 국내에서도 ETF에 대한 관심 증가, 다양한 형태의 글로벌·테마형 ETF 상장, 연금계좌에서의 투자 허용 등으로 인해 활용성이 높아지며 ETF 시장이 성장하고 있다. 2020년 잠시 주춤했던 ETF, 상장지수증권(ETN) 운용자산 규모는 2021년 8월 말 기준 71조 8000억원으로 2020년 말 대비 20.5% 증가했다. 2005년 말 운용자산이 채 1조원이 되지 않았음을 감안할 때 괄목할 만한 성장이 있었음을 알 수 있다. ETF 종목 수는 2021년 8월 미래에셋자산운용의 'TIGER 차이나

ETF는 진화 중

	1세대	2세대		3세대
유형	지수/업종형 대표 지수, 시장 전반, 업종 추종	스마트 알파형: 스타일 종목별 특성 중심. 유형별 +@ 추구	테마형 혁신 기술 등 사회의 근본적 변화 추종	액티브형 적극적인 자산 운용으로 +@ 추구
사례	SPY (S&P 500), QQQ (Nasdaq 100), DIA (다우), XLK (IT), XLF (Financials) 등	VIG (배당성장), MTUM (모멘텀), SPLV (저변동) 등	LIT (2차 전지), SKYY, CLOU (클라우드 컴퓨팅), ESGU (ESG) 등	ARKK (혁신기술), BLOK (블록체인), JPST (단기채권) 등

자료: 미래에셋증권 디지털리서치팀

반도체 FACTSET(396520)' 등 3개 종목 상장과 함께 500개 종목을 돌파했다.

Part 2.
글로벌 시장에서 살아남는 핵심 ETF

ETF는 진화 중

초기 ETF는 대다수가 S&P500과 같은 대표 지수와 정보기술(IT), 금융 등 업종을 추종하는 상품이었다. 이후 배당, 모멘텀, 저변동 등 종목별 특성, 즉 성격의 유사성에 중점을 둔 스타일형 ETF가 등장했다. 최근에는 전기차, 태양광, 친환경, 로봇 등 사회의 근본적인 트렌드 변화에서 혜택을 보는 종목을 묶어 투자하는 테마형 ETF, 규칙에 따라 기계적으로 종목을 편출입하는 방식의 기존 수동형에서 벗어나 운용자가 종목을 적극적으로 편출입하는 액티브형(active) ETF 시장이 빠르게 성장하고 있다.

ETF 시장의 진화는 초저금리, 4차 산업혁명이라는 시대적 배경과 그 속에서 시장 대비 초과 수익을 좀 더 적극적으로 달성하기 위해 시장 참여자들이 노력한 산물이라고 해도 과언이 아니다. 다만 이 같은 진화는 기존 유형을 대체하는 것이 아니라 '다양성의 확대'라는 측면에서 이뤄지고 있으며, 다양화와 함께 전체적인 시장 규모가 커지는 양상이 지속적으로 나타나고 있다. 관심을 갖고 살펴볼 주요 유형 및 유형별 ETF 예시는 위와 같다.

자본시장의 우상향에 투자하다.

전설적 투자자인 워런 버핏은 2013년 버크셔해서웨이 연례회의에서 일종의 유언 형태로, 본인이 남길 수 있는 최대의 조언은 "포트폴리오의 10%는 단기 국채에 투자하고, 90%는 매우 낮은 비용의 S&P500 인덱스 펀드에 투자하는 것"이라고 언급한 적이 있다. 일반 사람들이 할 수 있는 가장 마음 편하고 확실한 투자는 시장 전체의 상승에 투자하는 것이라는 점을 강조한 것이다.

S&P500지수는 1930년 이후 90여 년간 꾸준히 우상향해왔다. 물론 1930년대 경제대공황, 1970년대 오일쇼크, 2008년 미국발 금융위기, 2020년 코로나19 사태 등 굴곡이 있지만 이토록 장기적으로 우상향한 것은 자산시장 성장과 함께 '선수 교체'가 있었기 때문이다. 지수 내 업종 사이에도 굴곡이 존재하고 업종 내 개별 기업도 마찬가지다. 그러나 지수 전체적으로는 성장하는(시가총액이 증가하는) 기업은 포함(편입)하고, 그렇지

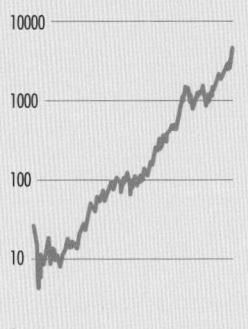

1930년 이후 90여 년간 S&P 500 지수 동향, 연평균(CAGR) +6.0%

자료: Bloomberg, 미래에셋증권 디지털리서치팀
주: 로그차트. 일반적으로 우상향 하는 차트에서 지수 차트는 최근의 변화가 더 크게 표현되는 경향이 있어 장기 추세선에서는 로그 차트가 보다 적합

못한 종목은 제외(편출)하면 지수가 우상향하게 된다. 2000년 이후 S&P500에서 시가총액 변동, 인수합병 등의 이유로 미국 대표 기업 500선 자리를 뺏긴 기업 수가 270여 개에 달하는 것은 S&P500 지수가 장기 우상향하게 한 밑거름이기도 하다.

미국의 3대 주가 지수에는 S&P500, 다우산업평균, 나스닥종합이 있다. 버핏이 언급한 S&P500은 시가총액 상위 기업 중 풍부한 유동성, 실적 등의 요건을 충족한 기업 505개(우선주 5개 포함)로 구성돼 있으며 업종별 구성, 시가총액 비중 등을 감안할 때 미국 대표 지수라고 해도 무방하다. S&P500을 추종하는 대표적 ETF인 SPDR S&P500 ETF Trust(SPY)는 운용자산 기준 글로벌 최대 ETF다. 운용자산이 삼성전자 시가총액과 맞먹는 3918억달러에 달한다. 다만 SPY US의 운용보수는 0.0945%로 상대적으로 높은 편이다. 이 때문에 최근엔 운용보수가 0.03%로 낮은 Vanguard S&P500 ETF(VOO)로의 자금 유입이 더 강하게 나타나고 있다.

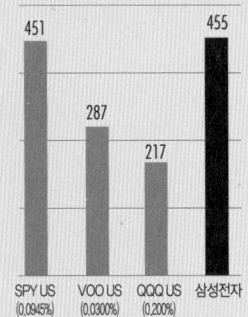

대표 지수형 ETF 및 삼성전자 비교
단위: 조 원

- SPY US (0.0945%): 451
- VOO US (0.0300%): 287
- QQQ US (0.200%): 217
- 삼성전자: 455

자료: Bloomberg, 미래에셋증권 디지털리서치팀
※괄호안은 운용보수

나스닥100 지수는 나스닥시장에 상장된 종목 중 대표 기업 100개를 편입하고 있는 지수다. BICS(블룸버그 산업 분류) 기준 정보기술(IT), 커뮤니케이션 서비스 업종 비중이 각각 44%, 30%가 넘는 기술주 위주의 지수로 2000년대 이후 IT혁명과 최근의 4차 산업혁명을 주도하는 지수로 평가된다. 나스닥100 지수를 추종하는 ETF로는 Invesco QQQ Trust(QQQ)가 있다. 최근 1년, 3년 성과는 각각 37.1%, 105.4%로 SPY의 36.6%, 61.0%보다 높게 나타나고 있다.

자산배분에 필수적으로 포함되는 채권 역시 미국 시장에서는 ETF를 통해 보다 편리하게 접근할 수 있다. 미국 ETF 포털 사이트인 ETFdb.com 기준으로 총 411개 종목의 채권형 ETF가 상장돼 있다. 이 중 운용자산이 가장 큰 ETF는 미국 내 일정 신용등급(S&P, 피치 기준 BBB, 무디스는 Baa) 이상을 충족하는 투자등급 채권을 포괄하는 iShares Core U.S. Aggregate Bond ETF(AGG)로 총 운용자산이 898억달러, 편입 종목 수는 9806개에 달한다.

주요 대표 지수형/채권형 ETF 및 유사/파생 ETF

분류	대상	티커	개요	유사/파생 ETF
대표 지수	S&P 500	VOO	미국 대표 기업 500종목	SPY, IVV: S&P 500 SPYG: S&P 500 내 성장주 SPYD: S&P 500 내 고배당주
	나스닥 100	QQQ	미국 대표 기술주 100종목	QQQM: 나스닥100, 낮은 주당 가격
채권형	채권 전반	AGG	미국 투자등급채 전반	-
	미국 국채	TLT	미국 장기 국채 (20년 이상)	IEF: 미국 중기 국채 (7~10년) SHY: 미국 단기 국채 (1~3년) SHV: 미국 초단기 국채 (1년 이하)
	물가연동국채	TIP	물가연동국채	-
	미국 회사채	LQD	미국 중기 투자등급 회사채	VCSH: 미국 단기 투자등급 회사채

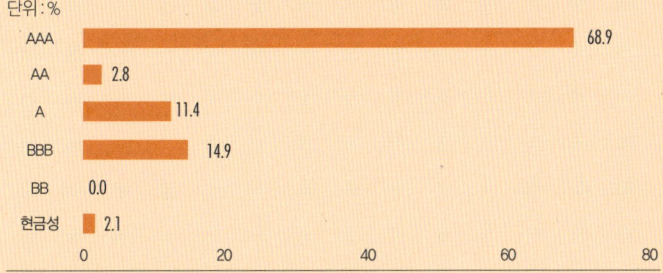

iShares Core U.S. Aggregate Bond ETF (AGG US) 보유 채권 신용도 분포
단위 : %
- AAA 68.9
- AA 2.8
- A 11.4
- BBB 14.9
- BB 0.0
- 현금성 2.1

자료 : iShares, 미래에셋증권 디지털리서치팀

Part 3.
테마형 ETF, 어디에 어떻게 투자할까?

사회의 근본적, 장기적 변화에 올라타다

최근 많이 언급되고 있는 테마형 ETF는 향후 예상되는 장기적인 사회, 경제적 트렌드 변화에 투자하는 ETF다. 주로 트렌드 변화로부터 혜택을 보는 기업 주식으로 이뤄진 주가 지수를 추종하는 ETF다. 테마형 ETF를 주로 운용하는 Global X의 'Thematic ETF 리포트'에 따르면 2021년 2분기 말 기준으로 미국 내 테마형 ETF 운용자산은 1423억달러(약 164조원)로 전년 동기 대비 246% 급증했다.

테마형 ETF 시장이 급격하게 성장하고 있는 이유는 간단하다. 기존 분류로는 구조적 혁신 기술, 소비 행동 및 인구 통계 변화, 환경 변화 등 우리가 직면하고 있는 정치, 사회, 경제의 근본적인 변화에 제대로 접근할 수 없기 때문이다. 예를 들어 각국 정부의 친환경 정책과 맞물려 폭발적으로 성장하고 있는 전기차 관련 산업은 ==GICS(글로벌 산업 분류 기준)==와 같은 기존 분류 방식으로는 정밀하게 접근하기 어렵다. 전기차는 자유소비재 섹터에 속하고, 전기차에서 가장 높은 비중을 차지하는 배터리는 에너지 업종에 속해 있다 보니 해당 산업에서 차지하는 비중이 낮기 때문이다. 보다 정밀하게 해당 테마에 속한 기업만을 골라 투자하기 위한 도구로서 테마형 ETF가 부각되는 이유다.

우리 삶 속 깊숙하게 영향을 미치고 있는 4차 산업혁명과 혁신 기술의 영향은 테마형 ETF 운용자산 추이에도 그대로 반영돼 있다. 뒤에 소개할 그림은 미국의 대표적 온라

이 외에도 고신용 채권인 미국 국채 역시 ETF로 상장돼 있다. iShares 20+ Year Treasury Bond ETF(TLT)는 잔여 만기 20년 이상의 장기 미국 국채를 편입하고 있다. 최근 화두가 되고 있는 물가 상승(인플레이션)에 대응하고 싶은 투자자는 물가연동국채 ETF인 iShares TIPS Bond ETF(TIP)로도 대응할 수 있다. 특히 미국 채권형 ETF의 경우 잔존 만기 기간에 따라 세분화돼 있어 투자자 성향에 맞춰 선택의 폭을 넓히는 데 도움을 준다. 또한 운용사 홈페이지에 신용도 분포 등을 투명하게 제공하고 있다는 것 역시 장점으로 꼽을 수 있다.

다시 정리하면 대표 지수형 ETF는 자본시장의 우상향에 투자하는 ETF로, 글로벌 최상위 기업들을 편입하고 있는 만큼 상대적으로 '마음 편한' 장기 투자가 가능하다. 한편 채권형 ETF는 자산배분의 한 축인 채권을 폭넓게 다루고 있으며, 미국 ETF 시장에 유형별, 기간별로 세분화돼 있어 손쉽게 접근이 가능하다는 장점이 있다. 주요 대표 지수형·채권형 ETF 및 유사·파생 ETF는 아래와 같다.

대표 지수형 ETF는 자본시장의 우상향에 투자하는 ETF로, 글로벌 최상위 기업들을 편입하고 있는 만큼 상대적으로 '마음 편한' 장기 투자가 가능하다.

글로벌 산업 분류 기준은 (Global Industry Classification Standard, GICS)은 1999년 MSCI 및 S&P가 개발한 산업 분류 체계이다.

GLOBAL ETF 장기투자할 만한 해외 ETF

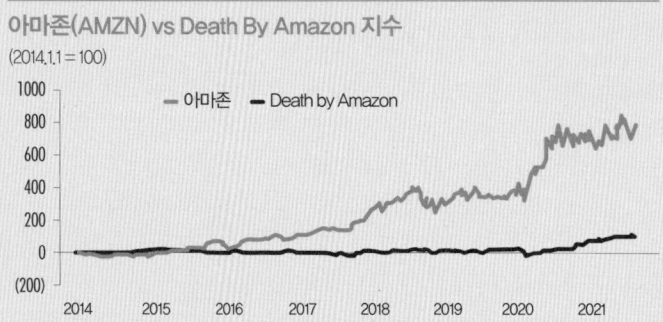

아마존(AMZN) vs Death By Amazon 지수
(2014.1.1 = 100)

자료 : Bloomberg, 미래에셋증권 디지털리서치팀
주 : Beaspoke의 'Death by Amazon Index' 내 주가 추적이 가능한 종목으로 재구성

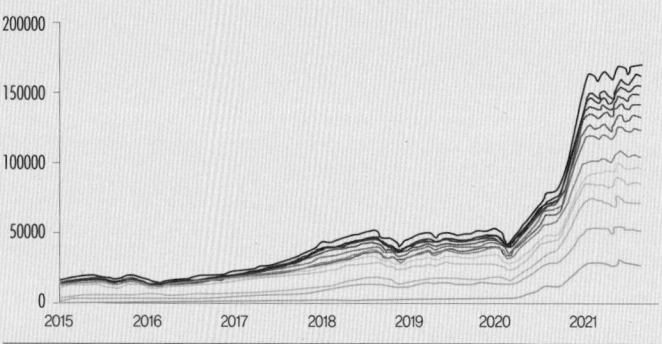

테마형 ETF 운용자산: 2016년, 2020년 기점으로 급증

자료 : Bloomberg, 미래에셋증권 디지털리서치팀

인 상거래 업체인 아마존(AMZN)과 '아마존에 의해 비즈니스 모델에 피해를 입은 기업'인 'Death By Amazon(Bespoke)' 지수를 재구성해 비교한 차트다. 이를 보면 2015년 말, 2020년 초를 기점으로 수익률이 급격하게 확대되는 것을 볼 수 있다. 즉 혁신기술 보유 여부에 따른 성장성 차이가 2015년 말부터 본격적으로 주가에 반영되기 시작했고, 2020년 3월 코로나19 상황에서는 아예 생존 여부에까지 영향을 미친 것이다.

발 빠른 투자자 역시 이 같은 사회 변화를 인식하고 테마형 ETF에 자금을 투입한 것이 테마형 ETF 운용자산 증가와 같은 궤적으로 이어졌다고 봐도 무방하다. 다만 테마 특성상 다양한 국가, 다양한 산업에 걸쳐 기업들이 존재한다는 특수성, 초기 성장산업이 다수인 만큼 개별 기업의 변동성, 상장폐지 위험성이 높다는 특성들을 감안하면서 접근하는 것이 필수다.

주요 테마 ❶
무시할 수 없는 대세 ESG

사회의 구조적 변화와 관련해 가장 주목받고 있는 주제 중 하나는 ESG다. ESG는 기업이 환경(environment), 사회공헌(social), 윤리경영(governance)에서 사회적 책임을 다하는 것을 의미하며, 기업의 지속적 성장을 평가하는 비재무적 성과 지표로 자리잡고 있다. 환경보호와 같은 구호가 최근 생겨난 개념은 아니다. 그러나 과거의 ESG 관련 노력이 실제 투자 수익이나 성과와는 다소 동떨어진 공허한 개념이었다면 기후변화 등 ESG의 실천 없이는 미래를 담보하기 어려운 절박한 상황에 직면하고 있는 현재 주식, 채권 모두에서 ESG가 실질적인 개념으로 자

ENVIRONMENT
SOCIAL
GOVERNANCE

ESG는 기업이 환경(environment), 사회공헌(social), 윤리경영(governance)에서 사회적 책임을 다하는 것을 의미하며, 기업의 지속적 성장을 평가하는 비재무적 성과 지표로 자리잡고 있다.

한국경제신문이 주최한 '글로벌ESG포럼 2021'

리잡고 있다.

대표적인 예가 그린본드(Green Bond·녹색채권)다. 최근 월마트(WMT US)는 미국 기업 중 사상 최대인 20억달러 규모의 그린본드를 발행했다. 국제금융협회(IIF) 보고서에 따르면 2021년 상반기 글로벌 그린본드 채권 발행액은 6800억달러로, 이미 2020년 발행액에 육박한 것으로 추정된다. 채권은 기업 입장에서 생명줄이다. 과거에는 환경을 오염시키거나 사회에 부정적 영향을 미치는 비즈니스를 하는 기업이라도 수익을 잘 내고 이자만 잘 갚으면 자금 조달에 문제가 없었다. 이제는 ESG 관련 규범을 잘 지키지 않으면 돈을 제대로 빌릴 수 없다.

주식 측면에서도 비슷한 현상이 나타나고 있다. ESG 점수가 높은 기업만 골라서 편입하는 펀드와 ETF가 속속 등장하는 가운데 기존 펀드 및 ETF에서도 ESG 관련 요소를 추가하는 사례가 늘어나고 있다.

기존에 종목을 편입하던 규칙이 '고배당을 주는 기업'이었다면 이제는 '고배당 기업 중 ESG 점수가 높은 기업'으로 바꾸는 식이다. ESG 점수가 높지 않은 기업은 당연히 수급상 부정적인 영향을 받을 수밖에 없다 보니 기업으로서도 ESG 규범을 의식하지 않을 수 없는 것이 하나의 추세로 자리잡고 있다. ESG 관련 ETF는 친환경(E) 관련 ETF가 다수를 차지하고 있는데 크게 ESG 점수가 높

글로벌 그린본드 발행액 추이
단위: 10억 달러

자료: Bloomberg, 미래에셋증권 디지털리서치팀

은 기업을 편입하는 ETF와 친환경 기술과 관련된 ETF가 있다. ESG 관련 ETF로는 iShares ESG Aware MSCI USA ETF (ESGU)가 대표적이다.

주요 편입 종목으로는 애플, 마이크로소프트, 아마존 등이 있다. ESG 규범에 어긋나는 것으로 판단되는 무기, 담배, 석탄 등 관련 기업을 배제하고 있다. 이외에 iShares Global Clean Energy ETF(ICLN), Global X CleanTech ETF(CTEC)는 주로 친환경 에너지, 친환경 기술 관련 기업을 편입하고 있다.

미국, 중국 등 주요국 정부의 친환경 정책과 맞물려 더욱 부각되고 있는 전기차 및 2차전지는 이제 낯선 테마가 아니다.

주요 테마 ❷
무궁무진한 확장성이 잠재된 전기차와 2차전지

또 하나 두각을 나타내고 있는 테마는 전기차 및 2차전지다. 미국, 중국 등 주요국 정부의 친환경 정책과 맞물려 더욱 부각되고 있는 전기차 및 2차전지는 이제 낯선 테마가 아니다. 우리 주변 곳곳에서 전기차를 보는 일은 더 이상 신기한 일이 아니며 각종 정부 정

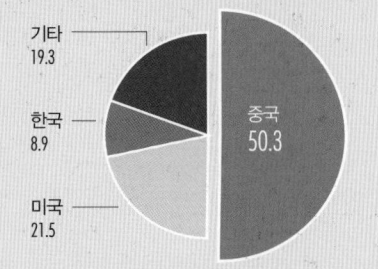

LIT US 편입 종목의 국가별 비중
단위: %
- 중국 50.3
- 미국 21.5
- 한국 8.9
- 기타 19.3

자료: Bloomberg, 미래에셋증권 디지털리서치팀

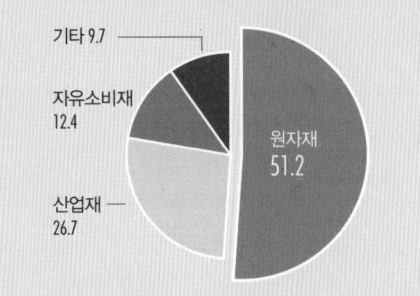

LIT US 편입 종목의 업종별 비중
단위: %
- 원자재 51.2
- 산업재 26.7
- 자유소비재 12.4
- 기타 9.7

자료: Bloomberg, 미래에셋증권 디지털리서치팀

주요 테마형 ETF 및 유사/파생 ETF (시가총액 상위, 테마 적합성 우선)

분류	테마	티커	개요	유사/파생 ETF
파괴적 기술	2차 전지	LIT	글로벌 리튬&2차 전지 산업 테마	BATT: 2차 전지 산업 2845 HK(홍콩): 중국 전기차 테마
파괴적 기술	클라우드 컴퓨팅	SKYY	클라우드 산업 테마	CLOU: 클라우드 컴퓨팅, SaaS 위주
파괴적 기술	혁신기술 전반	ARKK	파괴적 혁신 기업 테마 (액티브)	XT: 혁신 기술 전반
파괴적 기술	사이버 보안	CIBR	사이버 보안 기업 테마	HACK, BUG: 사이버 보안 기업 테마
물리적 환경	ESG	ESGU	ESG 테마	ICLN: 친환경 에너지 CTEC: 친환경 기술 TAN: 태양광 전반 2809 HK(홍콩): 중국 친환경
물리적 환경	미국 인프라	PAVE	미국 인프라 투자 테마	IFRA: 미국 인프라 투자 테마

책 수혜 및 테슬라의 기록적인 주가 수익률과 함께 투자자에게도 사회 변화를 주도하는 주요 테마로 깊숙하게 인식되고 있다.

내연기관 차량에서 전기차로의 변화는 단순히 동력원의 변화에 국한되지 않는다. 높은 에너지 효율성, 주요 제어 장치의 전자화, 부품 감소 등 관리의 용이성과도 맞물려 있다. 극대화한 공간 활용성 및 자율주행과 연계해 각종 인포테인먼트(정보+오락) 산업까지 무궁무진한 확장성을 잠재하고 있으며 전기차 관련 2차전지 산업 역시 빠르게 성장하고 있다.

2차전지와 관련한 대표적인 테마형 ETF로는 Global X Lithium & Battery Tech ETF(LIT)가 있다. 2차전지 생산에 필요한 리튬 채굴 및 배터리 생산까지 전 산업에 관련된 종목들을 편입하고 있으며, 국가별로는 중국 50.3%, 미국 21.5%, 한국 8.9% 외에 호주, 일본, 칠레 등도 포함돼 있다.

업종별로는 원자재, 산업재 등이 주요 업종을 차지하고 있으며, 앨버말(ALB), 간펑리튬(002460 CH), 비야디(01211 HK) 외에 테슬라 등과 같은 전기차 생산 업체까지 모두 포괄하고 있다.

테마형 ETF는 근본적인 사회, 경제적 변화에 투자할 수 있는 보다 정밀한 방법을 제공한다는 점에서 저금리 및 4차 산업혁명 시대에 보다 적극적으로 투자하고자 하는 투자자에게 적합하다. 사회, 경제 곳곳에서 기존 비즈니스 모델을 뒤흔들고 혁신적인 변화를 추구하는 움직임은 끊임없이 나타나고 있으며, 테마형 ETF는 이에 대응하는 효과적인 수단으로 지속적으로 다양화하고 발전해 나갈 것으로 전망된다. 주요 테마형 ETF는 위 그림과 같다.

미국 50년 이상 연속 배당증액 기업(배당왕)

티커	기업명	배당증액(년)	시가배당액(%)	배당주기
AWR	American States Water Co.	66	1.71	분기
DOV	Dover Corp.	66	1.57	분기
GPC	Genuine Parts Co.	65	3.53	분기
NWN	Northwest Natural Holding Co	65	1.58	분기
PG	Procter & Gamble Co.	65	2.19	분기
PH	Parker-Hannifin Corp.	65	2.33	분기
EMR	Emerson Electric Co.	64	1.53	분기
MMM	3M Co.	63	1.23	분기
CINF	Cincinnati Financial Corp.	60	2.16	분기
JNJ	Johnson & Johnson	59	1.67	분기
KO	Coca-Cola Co	59	3.64	분기
LOW	Lowe's Cos., Inc	59	2.67	분기
CL	Colgate-Palmolive Co.	58	2.34	분기
LANC	Lancaster Colony Corp.	58	2.52	분기
NDSN	Nordson Corp.	58	3.09	분기

자료: Suredividend.com, Bloomberg, 미래에셋증권 디지털리서치팀

배당 및 인컴형 ETF

ETF 시장의 발전은 현재 진행형

대표 지수형 및 채권형, 테마형 외에 투자자들이 많이 관심을 두고 있는 유형은 배당 및 인컴형 ETF다. 기본적으로 인컴(income) 투자는 배당이나 이자처럼 일정 기간 규칙적인 수익을 내는 자산에 우선 순위를 둔 투자 전략으로 정의된다. 부동산에 비유하면 오피스텔이나 상가에서 월세를 받는 형태와 비슷하다.

인컴 투자에 투자자들이 관심을 보이는 것은 저성장, 저금리 현상 때문이다. 저성장, 저금리가 지속되면서 투자자는 자연스럽게 앞서 언급한 테마형 ETF처럼 확실하게 성장하거나, 혹은 꾸준히 현금 흐름을 창출하는 자산에 관심을 가지게 된다. 여기서 꾸준하게 수익을 지급하는 자산이 곧 배당 및 인컴형이다.

특히 배당 및 인컴형처럼 현금흐름을 확보하

기업활동(영업, 투자, 재무활동 등)을 통해 나타나는 현금의 유입과 유출을 통틀어 현금흐름(cash flow)이라 한다

GLOBAL ETF
장기투자할 만한 해외 ETF

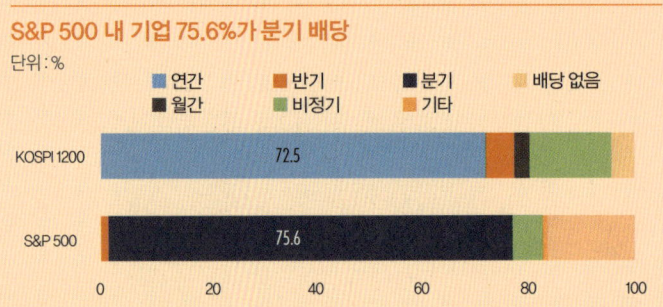

S&P 500 내 기업 75.6%가 분기 배당
자료 : Bloomberg, 미래에셋증권 디지털리서치팀

성장을 바탕으로 장기간 배당금을 늘려온 기업도 많다. 대표적인 예로 프록터앤드갬블(PG)은 65년째, 코카콜라는 59년째 배당금을 지속적으로 늘려오고 있다.

한편 배당의 다양성 측면에서도 미국은 분기 배당, 즉 3개월마다 배당을 주는 것이 활성화돼 있어 보다 예측 가능한 현금흐름을 확보할 수 있다는 장점이 있다. S&P500 편입 종목 중 75.6%가 분기 배당을 지급하고 있으며 이는 연간 배당이 대부분인 한국과 대조된다. 또한 우리가 흔히 접하는 고배당(high dividend) 외에 이익 성장과 함께 배당금을 늘려나가는 배당 성장(dividend growth), 주로 고정 배당을 지급하는 고정 배당 우선주 등의 접근이 가능하며 주요 전략들이 ETF로 상장돼 있어 투자자의 선택지를 넓히고 있다.

는 투자와 관련해 투자자들이 미국 및 미국 상장 배당 ETF에 관심을 두는 이유는 인컴 지급 자산으로서의 안정성과 다양성 때문이다. 현금흐름을 창출하려는 자산의 특성상 가장 중요한 것은 '일정한 현금흐름'을 '얼마나 꾸준히 지급하는지'다. 미국의 경우 절차상 이사회 결의만으로 배당이 가능하기 때문에 배당 절차가 신속하며, 안정적인 이익

ETF를 통해 배당·인컴 수익을 확보할 수 있

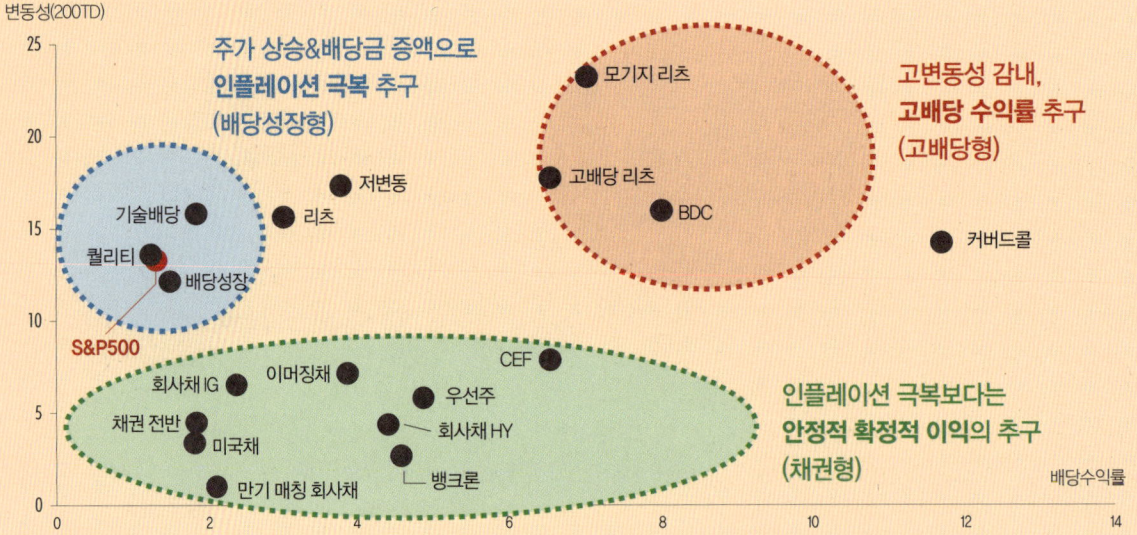

미국 인컴/배당 ETF 유형별 분류
자료 : 미래에셋증권 디지털리서치팀

주요 인컴/배당형 ETF 및 유사/파생 ETF (채권형 ETF는 제외)

분류	유형	티커	개요	유사/파생 ETF
주식	배당성장	VIG	장기간 배당금을 늘린 종목 편입 주가 상승 + 배당금 증가 추구 배당수익은 1~3% 내외	NOBL: S&P 500 내 배당성장 25년 이상 SCHD: 배당성장 10년 이상&재무 요건
	고배당&저변동	SPHD	고배당 종목 중 주가 변동성이 낮은 종목 낮은 이익 변동성으로 안정적 배당 추구 배당수익률은 약 4% 내외	-
	리츠	VNQ	실물 위주의 미국 부동산에 투자 배당수익률은 약 3~4% 내외	IYR: 미국 리츠
	은행	KBE	미국 중대형 은행주 편입 경기 개선 및 금리 상승 수혜 기대 배당수익률은 2~3% 내외	KRE: 미국 지방은행주
	우선주	PGX	주로 고정배당 우선주에 투자 채권과 유사한 성격으로 상대적 저변동 배당수익은 4~5% 내외, 월배당	PFF, PFFD: 미국 고정배당 우선주 VRP, PFFV: 변동금리부 고정배당주, 금리 변동 방어 추구
기타	커버드콜	QYLD	나스닥 100 지수 종목 매수+콜(Call) 옵션 매도 전략으로 매도 프리미엄을 배당 지급 전략 구조 상 지수 상승 시 추종하지 못하는 리스크 존재 배당수익률 11% 내외, 월배당	XYLD: S&P 500 커버드콜

는 것은 두 가지 중요한 의미를 가진다. 첫 번째로는 다양성이다. 고배당과 높은 주가 수익률을 동시에 달성하는 것은 어렵다. 보듯 전략 특성별로 배당수익률과 변동성, 주가가 긍정적으로 반응하는 시장 상황이 다른 만큼 배당·인컴 자산 내에서도 투자 성향 및 시장 상황에 맞는 전략을 추구할 수 있게 해준다.

두 번째는 인컴 및 배당의 안정성이다. ETF 내에 적게는 수십에서 많게는 수백, 수천 종목이 편입돼 있기 때문에 특정 한두 개 종목의 문제가 투자자의 전체 현금흐름에 미치는 영향을 줄여준다. 특히 편입돼 있는 종목들에서 지급받은 배당과 이자를 모아 주식형은 주로 분기 단위로, 채권형은 주로 월간 단위로 지급하는 만큼 배당의 안정성, 예측 가능성과 빠른 현금 확보를 하는 데 도움을 주

시대 흐름의 변화와 투자자의 요구를 충족시키기 위한 ETF 시장의 발전은 현재진행형이다.

고 있다. 참고할 만한 주요 인컴 및 배당 ETF는 위와 같다.

급성장하는 ETF 시장을 두고 시장에 대한 영향력 확대나, 특정 자산으로의 쏠림 현상 등을 우려하는 시선도 존재한다. 하지만 ETF는 어디까지나 다양한 전략과 자산을 담는 수단이며, ETF가 투자자에게 주는 손쉬운 분산투자, 저렴한 비용, 다양성, 유동성 등의 효용은 몰라서 놓쳐 버리기에는 너무 아까울 수밖에 없다. 자본시장의 우상향에 투자하는 대표 지수형 ETF부터 사회, 경제의 구조적인 변화에 투자하는 테마형 ETF, 보다 예측 가능하고 안정적인 현금흐름을 만들기 위한 인컴·배당형 ETF까지, 시대 흐름의 변화와 투자자의 요구를 충족시키기 위한 ETF 시장의 발전은 현재진행형이다.

EPILOGUE 해외주식 Q&A

해외주식 거래 Q&A

한국의 '서학개미'들은 연일 기록을 경신하고 있다. 한국예탁결제원에 따르면 2021년 1~9월 국내 투자자의 해외 주식 결제대금(매수+매도)은 2889억9580만달러(약 343조원)로 300조원을 돌파했다. 전년 1~9월보다 117% 늘어난 규모다. 하지만 여전히 해외 주식 투자는 국내 주식에 비해 진입장벽이 있는 게 사실이다. 초보 서학개미들이 궁금해하는 질문과 그 답을 정리했다.

Q1 해외 주식, 어떻게 시작하나요.

계좌 개설부터 해야 합니다. 신분증을 챙겨 증권사 영업점에 직접 방문하거나 증권사가 제공하는 스마트폰 앱을 설치하면 계좌를 만들 수 있습니다. 이미 계좌가 있다면 홈트레이딩시스템(HTS), 모바일트레이딩시스템(MTS)에서 해외 주식매매 서비스를 신청하면 됩니다. 이후 원하는 국가 통화로 돈을 환전하고 해외 주식 거래용 계좌에 돈을 입금하면 HTS, MTS를 통해 해외 주식을 매매할 수 있습니다.

Q2 증권사를 고를 때는 어떤 걸 살펴봐야 하나요.

거래 가능 국가를 따져봐야 합니다. 특히 대만, 베트남 등 신흥국 증시는 거래나 실시간 시세 서비스를 제공하는 증권사가 제한적입니다. 수수료도 선택 기준이 될 수 있습니다. 이때 비대면으로 만든 계좌는 거래·환전 수수료 추가 할인 혜택을 받을 수 있습니다. 증권사 간 경쟁이 치열해지면서 최근에는 해외 주식 계좌 개설 시 해외 우량주, 현금을 증정하는 이벤트도 진행하곤 합니다. 이 밖에 서버가 불안정해 거래에 자주 문제가 생기지 않는지, 질 좋은 해외 종목 리서치를 제공하는지 등도 살펴봐야 합니다.

Q3 A증권사에서 보유 중인 해외 주식을 B증권사로 옮길 수 있나요.

가능합니다. 평일 업무시간 중에 현재 거래하고 있는 증권사에서 다른 증권사로 '타사 대체 출고' 신청을 하면 됩니다. 종목당 2000원 안팎의 수수료가 발생합니다. 현재 이용 중인 증권사 영업점에 찾아가거나 해당 증권사 HTS, MTS에서 '타사 대체 출고' 메뉴를 찾아서, 이동하고자 하는 증권사와 계좌 번호를 적고 옮길 종목을 선택하면 됩니다. 증권사별로 영업점 방문 시에만 주식을 옮길 수 있는 곳도 있고 MTS, HTS 신청을 허용하는 곳도 있습니다. 대체 출고 완료 후에는 주식이 제대로 옮겨졌는지 확인해야 합니다.

Q4 해외 주식 투자 시 주의할 점은 뭔가요.

먼저 환율을 고려해야 합니다. 환율은 수익률에 영향을 미칩니다. 해외 주식 가격이 하락할 경우 이에 따른 매매 손실에다 추가로 통화가치 하락에 따른 손실도 발생할 수 있습니다.
또 국가별로 거래시간, 상·하한가 가격제한폭, 최소 매매수량, 결제일이 다릅니다. 일부 국가는 여름철에 표준시보다 1시간 시계를 앞당겨 놓는 '서머타임'이 적용됩니다. 가격제한폭의 경우 한국 증시는 상·하한가가 30%로 정해져 있지만 미국 증시엔 이런 규제가 없어 하루에도 30% 넘게 오르고 내리는 게 가능합니다. 해외는 국경일 등 증시 휴장일이 한국과 다르다는 점도 기억해야 합니다.

Q5 환전은 어떻게 하나요.
HTS, MTS 등을 통해 증권사별 고시환율에 따라 환전할 수 있습니다. 비대면 계좌 등은 환전 수수료를 우대받을 수 있습니다. 은행에 있는 외화예금을 증권 계좌에 입금하는 것도 가능합니다. 외화 가상계좌를 활용하면 됩니다. 증권사 해외 주식 서비스 신청 시 자동 발급된 외화 가상계좌 번호를 확인한 뒤 송금하면 증권 계좌로 입금됩니다. 원화 금액의 일정 부분을 주문 증거금으로 활용해 환전 없이 즉시 주문이 가능한 '해외주식 원화증거금' 서비스를 제공하는 증권사도 점차 늘어나는 추세입니다.

Q6 시차가 있어서 새벽에 매매하기 힘들어요.
이럴 때는 예약 주문 기능을 활용하면 됩니다. HTS나 MTS 등을 통해 예약 매수·매도를 걸어두면 해당 거래일 원하는 금액대에 도달했을 때 자동으로 주식을 사고팔 수 있습니다. 이때 주문 가능 금액과 잔액 수량을 미리 확인해둬야 합니다. 증권사에 따라 '기간예약주문'이 가능한 곳도 있는데, 일정 기간에 미체결 잔량에 대해 예약 주문이 살아있도록 하는 기능입니다.

Q7 해외 주식 기업정보는 어디서 얻을 수 있나요.
국내 증권사 리서치센터에서 해외 유망 종목에 대한 투자정보를 제공하고 있습니다. 이 밖에 신문, 유튜브 등을 통해서도 정보를 얻을 수 있습니다. 한국경제신문 글로벌마켓 사이트에서도 관련 정보를 모아 제공하고 있습니다.

Q8 해외 주식 투자로 돈을 벌면 세금은 얼마나 내나요.
해외 주식으로 연간 250만원 넘는 매매차익을 거뒀다면 소득세를 내야 합니다. 결제일 기준 1월 1일부터 12월 31일까지 발생한 이익과 손실을 합산한 금액이 과세표준이 됩니다. 과세표준에서 기본공제(연 250만원), 증권사 매매 수수료 등을 제외하고 남은 금액에 양도소득세 22%(지방소득세 2% 포함)가 부과됩니다. 양도소득은 다른 금융소득인 이자소득 및 배당소득과 달리 소득자가 매년 5월 국세청에 자진신고 후 납부해야 합니다.

국가별 주식 거래시간

국가		한국 기준 거래시간	결제금액 계좌반영일	국가		한국 기준 거래시간	결제금액 계좌반영일
미국		23:30 ~ 06:00 (22:30 ~ 05:00)	매수·매도 T+3	동남아	인도네시아	(월~목) 11:00 ~ 14:00 15:30 ~ 18:00 (금) 11:00 ~ 13:30 16:00 ~ 18:00	매수·매도 T+2
중국 홍콩	후강퉁(상해A)	10:30 ~ 12:30 14:00 ~ 16:00	매수·매도 T+1		베트남	(하노이) 11:00 ~ 13:30 15:00 ~ 16:30 (호치민) 11:15 ~ 13:30 15:00 ~ 16:30	매수·매도 T+3
	선강퉁(심천A)						
	상해B		매수·매도 T+2				
	심천B						
	홍콩	10:30 ~ 13:00 / 14:00 ~ 17:00	매수·매도 T+4				
일본		09:00 ~ 11:30/12:30 ~ 15:00	매수·매도 T+2	유럽	영국	17:00 ~ 익일 01:30 (16:00 ~ 익일 00:30)	매수 : T+3 매도 : T+4
동남아	싱가포르	10:00 ~ 13:00 / 14:00 ~ 18:00	매수 : T+3 매도 : T+4		독일		
					프랑스		매수 : T+3 매도 : T+5
	태국	12:00 ~ 14:30 16:30 ~ 18:30	매수 : T+3 매도 : T+4		스위스		

EPILOGUE Website 총정리

알아두면 쓸모있는
해외주식투자 정보 웹사이트

작년부터 국내 주식 투자를 시작한 30대 직장인 A씨는 미국 주식도 사볼까 생각 중이다. 올해 들어 국내 증시가 답답한 모습을 보이고 있는 것과 달리 뉴욕증시는 연일 신고가를 쓰고 있기 때문이다. 하지만 어떤 종목을 사야 할지 막막하다. 애플, 아마존 등 빅테크 기업 주가는 너무 비싸 보인다. 그렇다고 생소한 종목을 무턱대고 사기엔 겁이 난다. 미국 주식에 대한 정보를 어디서 찾아야 할지조차 막막하다. 잘 찾아보면 미국 주식에 대한 정보를 얻을 수 있는 곳은 무궁무진하다. 미국 주식 관련 정보를 무료로 잘 정리해 둔 웹사이트를 몇 군데 소개한다.

한경 '글로벌마켓'

www.hankyung.com/globalmarket

한경미디어그룹이 지난 9월 선보인 해외주식 포털 사이트다. 글로벌 증시 정보와 뉴스를 전해주던 한경닷컴의 기존 '해주라(해외주식라운지)' 서비스를 확대 개편한 것이다. 해외 주식 관련 뉴스는 물론 종목 및 시장에 대한 데이터 검색 기능을 대폭 보강했다.

실시간 투자 뉴스 가득

한경 글로벌마켓 사이트 콘텐츠는 크게 뉴스와 데이터로 양분된다. 뉴스 콘텐츠는 △뉴스 △핫스톡 △월스트리트나우 △글로벌마켓TV 메뉴에 담겨 있다. 미국의 뉴욕·워싱턴DC·실리콘밸리, 중국 베이징, 일본 도쿄, 싱가포르 등에 파견된 한경 특파원 10명, 국내 증권부와 국제부 기자 20여 명이 24시간 동안 쉬지 않고 쏟아내는 뉴스와 투자 정보가 실시간으로 업데이트된다.

뉴스 메뉴에선 세계 주요국 증시에서 발생하는 투자 관련 뉴스를 전한다. 특히 해외주식 투자자의 관심이 집중된 뉴욕 주식시장 및 종목 주가 시황, 시장 분석 및 전망 등을 현지에 파견된 네 명의 한경 특파원이 월가 전문가들의 분석까지 담아 빠르고 깊이 있게 전달한다. 월가 전문가와 상장기업 최고경영자(CEO) 인터뷰도 기사 및 동영상으로 제공된다.

글로벌마켓TV 코너에서는 알찬 투자 정보가 가득한 한국경제TV의 24시간 라이브, 한경의 글로벌마켓 유튜브 동영상 등이 제공된다. 뉴욕 시장 개장 전 한경TV의 '글로벌마켓'(한국시간 밤 10시30분), 장 마감 후 리뷰 방송 '투자의 아침'(오전 7시), 글로벌마켓 유튜브에서 매일 오전 7~8시 조재길 글로벌마켓부 부장과 김현석 뉴욕특파원이 진행하는 '월스트리트나우'를 비롯해 한경 특파원들이 만드는 '글로벌나우' 동영상을 볼 수 있다.

글로벌마켓 TV.

해외주식 데이터도 풍부

한경 글로벌마켓 사이트는 해외 주식에 대한 데이터 검색 기능을 대폭 보강했다. 실시간 뉴스를 보면서 알게 된 종목에 대한 상세한 데이터를 손쉽게 확인할 수 있도록 했다.

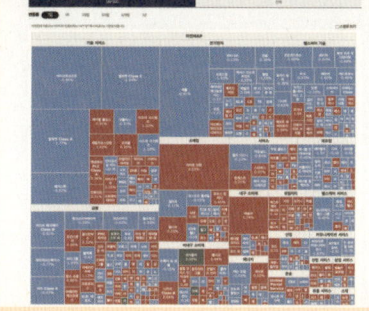
마켓맵.

미국 종목 시세 메뉴가 대표적이다. 이곳에선 시가총액, 일별 상승·하락률, 거래량, 거래대금, 배당금 기준 상위 종목을 검색할 수 있다. 검색된 개별 종목을 클릭하면 해당 종목의 상세 정보를 볼 수 있는 새로운 페이지로 넘어간다.

투자자들은 컨센서스(증권사 투자의견 평균) 기능을 활용하면 상승 잠재력이 높은 종목을 고르는 데 도움을 받을 수 있다. 미국 종목에 대한 증권사의 투자의견과 목표주가, 예상실적을 확인할 수 있기 때문이다. 컨센서스는 해당 종목에 대한 각 증권사의 의견을 종합해 등급을 제시한다. 등급은 1점(매수)에서 3점(매도) 사이의 숫자로 나타난다. 점수가 낮을수록 투자 매력이 높다는 것을 뜻한다.

6000개 종목 시장지도가 한눈에

데이터 검색 기능 중에서도 '마켓맵(MAP)'은 이용자들에게 가장 인기가 높은 메뉴다. 시가총액 비중을 사각형의 넓이로, 주가 등락을 색깔로 각각 나타내 일정 기간 업종 및 종목별 등락 현황을 한눈에 직관적으로 파악하도록 해주는 '시장지도'다. 마켓맵만 보면 미국 증시에서 특정 업종에 어떤 종목이 속해 있는지, 종목별 시가총액이 전체에서 얼마를 차지하고 있는지, 일정 기간 주가가 얼마나 상승했는지를 단번에 알 수 있다. 한경 글로벌마켓 사이트의 마켓맵은 'S&P500'과 '미국전체종목'으로 구분할 수 있다. S&P500 마켓맵은 미국의 500개 대형 종목을 대상으로 한다. 미국전체종목 마켓맵은 뉴욕증권거래소(NYSE) 상장 2216개, 나스닥 상장 3554개, 아메리칸증권거래소(AMEX) 상장 209개 등 총 5979개 종목을 포함한다.

뭘 살지 막막할때 '스크리너'로 종목검색

한경닷컴이 심혈을 기울여 개발한 스크리너는 자기가 투자하고 싶은 일정 조건을 설정한 후 클릭하면 해당 미국 종목들을 한번에 찾아준다. 국내 매체의 해외 주식 사이트 중 처음 도입한 서비스다. 스크리너 이용자는 총 21개 필터(조건)를 입력해 종목을 검색할 수 있다.

시가총액, 종가, 업종 같은 기본 정보는 물론 거래량, 거래대금, 배당 등 거래 정보도 필터를 활용할 수 있다. 매출·영업이익·순이익(손익계산서), 총자산·총부채·총자본(재무상태표) 등 재무제표 계정도 필터로 활용할 수 있다. 주당순이익(EPS), 주당순자산(BPS), 주가수익비율(PER), 주가순자산비율(PBR), 시가총액(EV)을 법인세·감가상각비 차감 전 순이익(EBITDA)으로 나눈 EV/EBITDA 등도 필터로 설정해 종목을 검색할 수 있다. 투자할 만하다고 느낀 관심 종목은 '마이스톡(My Stock)' 메뉴에 등록해 두면 된다. 매일 관심 종목의 거래량·등락률·시가총액 변화 등을 살펴볼 수 있도록 돕는 기능이다. 한경 현지 특파원들에게 궁금한 것을 질문하고, 의견도 제시할 수 있다.

EPILOGUE Website 총정리

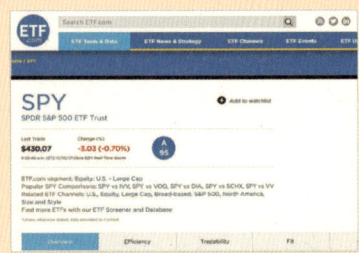

www.etf.com

ETF닷컴

ETF 투자자라면

ETF닷컴(ETF.com)에서는 미국 상장 ETF에 대한 각종 자료와 최근 기사들까지 모두 찾아볼 수 있다. ETF명을 검색하면 해당 ETF의 최근 수익률은 어땠는지, 많이 담고 있는 상위 10개 종목에는 어떤 것이 있는지, 운용사는 어디고 운용보수와 펀드 규모는 얼마인지 등을 모두 확인 가능하다. ETF닷컴의 특징 중 하나는 '경쟁 ETFs(Competing ETFs)'라는 탭에서 투자자들이 많이 비교했던 ETF를 함께 보여준다는 것이다. 예를 들어 S&P500지수를 추종하는 'SPDR S&P500 Trust ETF(SPY)'를 검색하면 같은 지수를 추종하는 'Vanguard 500 Index Fund ETF(IVV)', 혹은 다른 대표지수인 다우존스지수를 추종하는 'SPDR Dow Jones Industrial Average ETF Trust(DIA)' 등이 경쟁 ETF로 제시된다.

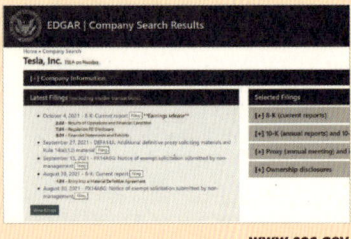

www.sec.gov

에드가

미국 공시의 기본

미국 상장사들은 전자공시시스템 에드가(EDGAR)에 관련 서류를 제출한다. 에드가에 접속해 본인이 알아보고 싶은 종목의 이름을 검색하면 해당 종목이 제출한 공시 서류를 볼 수 있다. 또 서류 유형에 아래에 적은 유형들을 따로 검색하면 해당 유형의 서류들만 검색된다.
매 분기 제출하는 분기보고서는 '10-Q', 매년 초 한 번 제출하는 사업보고서는 '10-K'라고 부른다. 실적에 대한 가장 기본적이고도 중요한 서류들이다.
'SC 13F'는 1억달러 이상 운용하는 기관투자가가 해당 종목의 주식을 거래한 현황을 나타낸다. 종종 워런 버핏이 운영하는 벅셔해서웨이의 포트폴리오 현황을 기사로 볼 수 있는데, 이 역시 기자들이 벅셔해서웨이 공시에서 SC 13F를 검색한 뒤 기사화하는 것이다.

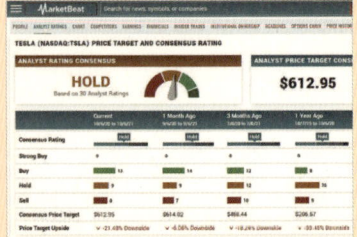

www.marketbeat.com

마켓비트

실적과 증권사 투자의견을 한눈에

마켓비트(MarketBeat)에서는 종목의 최근 실적이 어떤지, 증권가의 실적 추정치(컨센서스)는 어느 정도인지, 또 주요 증권사의 투자의견은 무엇인지를 직관적으로 파악할 수 있다. 검색창에 자신이 알아보고자 하는 종목의 이름만 검색하면 된다. '애널리스트 평가(Analyst Ratings)' 탭에서는 최근 12개월 동안 주요 증권사 애널리스트들이 제시한 투자의견과 목표주가의 평균치를 알 수 있다.
'실적(Earnings)' 탭에서는 현재까지 발표된 분기 실적과 당시 증권사의 실적 추정치를 한눈에 볼 수 있다. 또 분기 실적을 추정한 증권사가 몇 곳인지, 또 이들의 평균 추정치는 얼마인지도 알 수 있다.

릴레이셔널스톡

대가는 무엇을 샀을까

사이트 내의 '전문가/기관(Gurus/Institutions)' 탭을 선택하면 워런 버핏부터 조지 소로스, 짐 시몬스 등 투자의 대가들이 최근 어떤 업종을 중심으로 포트폴리오를 구성했는지, 또 가장 많이 들고 있는 종목 20개는 무엇인지 알 수 있다. 이 탭 안에서 '주요 기관(Major Institutions)'을 클릭하면 JP모건이나 골드만삭스가 보유 중인 주식을, '헤지펀드(Hedge Funds)'를 클릭하면 데이비드 아인혼이 이끄는 그린라이트캐피털 등 기관이 보유한 주식을 파악할 수 있다.

웨일위즈덤

고수의 포트폴리오가 궁금하다면

투자를 하다 막막할 때 누군가의 정답을 베끼고 싶은 마음이 들지 않는가? 이때 참고할 수 있는 사이트가 있다. 웨일위즈덤(Whale Wisdom)은 투자 대가들이 무엇을 사고팔았는지를 쉽게 파악할 수 있다. 에드가 공시에서 'SC 13F' 항목만 잘 정리해 놓은 사이트라고 보면 된다. 홈페이지에 접속해 투자기관의 이름을 검색하기만 하면 된다. '골드만삭스' '벅셔해서웨이' '사우디아라비아 국부펀드' 등을 검색하면 이들 기관이 각 분기 어떤 종목을 가장 많이 사고팔았는지를 볼 수 있다. 또 몇 년 새 어떤 업종의 비중을 줄였는지, 또는 늘렸는지도 그래픽으로 한눈에 볼 수 있다. '보유 주식 전부 보기' 탭에 들어가면 보유한 주식이 전체 포트폴리오에서 몇 퍼센트를 차지하는지, 평균 단가는 얼마로 추정되는지까지 알 수 있다.

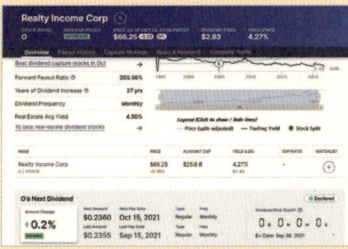

디비던드닷컴

배당 관련 정보는

배당주 투자를 주로 하는 투자자에겐 디비던드닷컴(Dividend.com)이 유용하다. 이 사이트에서 본인이 알아보고 싶은 종목 이름을 검색하면 된다.
배당정책(Dividend policy)이 최근 바뀌었는지부터 시작해 배당을 주는 날은 언제(Pay date)인지, 몇 달 간격(Dividend frequency)으로 주당 얼마의 배당(Amount)을 주는지 등을 한눈에 알 수 있다. 배당금이 최근 몇 달, 혹은 몇 년 동안 꾸준히 늘었는지(Consecutive Yrs of Div Increase)도 알 수 있다. 연간 배당금 및 배당률 추정치(Fwd Annualized Dividend/Yield)뿐만 아니라 최근 12개월 기준 확정 연간 배당금 및 배당률(LTM Dividend/Yield)도 파악이 가능하다.

8대 증권사 해외주식팀장에게 묻다
해외주식투자, 왜 해야 할까?

김세환
KB증권 리서치센터 해외주식포트폴리오팀장

"주주를 위한 시장, 미국에 투자하세요."
미국은 철저히 주주를 위한 시장입니다. 기업들은 투자와 주주환원을 통해 주주의 부를 늘리고 있습니다. 글로벌 금융위기 이후 선진국 중에 유일하게 자기자본이익률(ROE)이 상승하고 있는 점도 이를 증명합니다.
안정적인 미국 투자를 위해서는 사전에 몇 가지 사항은 반드시 체크해야 합니다. 투자할 기업의 ROE가 꾸준히 증가하고 있는지를 봐야 하며, 투자 또는 주주환원을 위한 넉넉한 현금을 보유하고 있는지도 체크해야 합니다. 위험 대비 보상 비율이 지나치게 낮지는 않은지, 그리고 부채를 감당할 수 있는 수준인지도 파악해야 합니다.
숫자를 파악하기 위해선 애널리스트 보고서나 외국의 포털 사이트를 참고하면 되고, 비즈니스 모델은 유튜브 등을 통해 파악이 가능합니다. 적어도 내가 투자하는 기업이 어떻게 수익을 창출하는지, 펀더멘털은 단단한지, 지속적으로 성장하는 전략을 취했는지를 데이터를 통해 파악해야 합니다.
좋은 종목을 선정했다면 장기투자를 하되, 수익률 재고를 위해 리밸런싱을 활용하는 것도 좋습니다. 한 종목을 교체해가며 투자하는 것보다는 여러 종목을 매수해 주기적으로 많이 오른 종목의 상승분만큼만 덜어내 부진한 종목에 넣어주는 것도 수익률 제고에 도움이 될 것으로 생각합니다.

문남중
대신증권 리서치센터 글로벌전략팀장

해외주식 투자는 위험하다고 생각하는 사람들이 많지만 진짜 위험한 것은 해외 투자를 하지 않는 것입니다. 한국의 경제와 기업 이익을 움직이는 동인에는 국내 이슈만 있는 게 아닙니다. 세계 경제 대국인 미국과 중국, 그리고 글로벌 이슈와 현상들의 영향을 직간접적으로 받으면서 경제와 기업 이익의 변화가 생깁니다.
한국 증시는 2012년부터 2016년까지 박스권에 갇혔습니다. 같은 기간 미국 증시는 우상향했다는 점을 감안하면 무작정 국내 투자에 머무르는 것이 현명한 대처일지 고민해 봐야 합니다.
해외 투자를 할 경우 우선적으로 관심 가져야 할 부문은 글로벌 이슈와 이벤트입니다. 미국의 경기, 기업 이익, 수급 상황, 밸류에이션, 정책을 살펴봐야 합니다. 특히 통화 및 재정 정책이 중요합니다. 미국이 위기를 맞게 되면 미 중앙은행(Fed)은 막대한 돈을 풉니다. 경기가 일정 수준 회복하면 그동안 풀었던 돈을 회수하는 출구전략으로 선회합니다. 2008년 글로벌 금융위기 이후 테이퍼링이 시행된 2014년 1월, 금리인상이 시작된 2015년 10월 미국 증시는 각각 3.6%, 1.8% 하락했습니다. 환율 흐름에 따라 환차익과 환차손이 결정된다는 점도 명심해야 합니다. 투자할 때는 원화 강세 구간에서 달러로 환전하고 투자 후 수익을 확정하고자 할 때는 원화 약세 구간에서 원화로 환전해야 환차익을 극대화할 수 있습니다.

박광남
미래에셋증권 디지털리서치팀장

해외주식 투자를 해야 하는 이유는 장기 성장성과 리스크 관리라는 두 토끼를 모두 잡을 수 있기 때문입니다. 자율주행, 클라우드, AI 등 혁신적인 기술을 활용해 시장을 이끌고 있는 글로벌 기업에 직접투자가 가능합니다. 데이터가 가장 중요한 자산으로 평가받는 시대에 무수히 많은 데이터를 확보했고 더욱 증가할 것으로 기대되는 거대 플랫폼 기업들은 대부분 미국과 중국 기업이라는 점에 주목할 필요가 있습니다.

예를 들어 최근 넷플릭스의 한국 드라마 '오징어 게임'이 세계적 히트를 치며 한국 콘텐츠에 대한 관심이 증가하고 국내 미디어 콘텐츠 기업들에게 수많은 기회가 생길 것으로 전망됩니다. 하지만 가장 큰 수혜는 글로벌 OTT 시장을 장악하고 있는 넷플릭스가 가져갈 것입니다.

리스크 관리라는 측면에서 자산배분 효과를 극대화할 수 있습니다. 해외 투자를 할 경우 지역적 분산뿐만 아니라 통화의 분산도 가져갈 수 있다는 장점이 있습니다. 한국 투자자는 대부분의 자산을 원화로 보유하고 있는데, 해외 투자를 통해 다른 통화로 자산을 분산시킬 수 있다는 것은 큰 장점입니다. 특히 미국 달러는 세계적으로 큰 문제가 발생했을 경우 안전자산으로 분류되기 때문에 투자자들의 소중한 자산을 지켜줄 수 있는 방패가 될 수 있습니다. 수많은 개인 투자자들이 해외 주식 투자를 통해 성공하길 기원합니다.

박석중
신한금융투자 해외주식팀장

코로나19 사태 이후 투기적 자금의 쏠림과 완화가 반복되면서 펀더멘털을 상회하는 가격 변동성이 반복되고 있습니다. 미국 금리가 상승하는 방향성은 정책과 펀더멘털에 부합하겠지만, 문제는 속도에 있습니다. 국제유가 추가 상승 여력까지 감안하면 스태그플레이션 우려는 가중될 가능성이 높고, 금리 상승세가 쉽사리 진정되기는 어려울 것 같습니다.

자산배분 전략의 방점을 금리 상승과 인플레이션에 두고 관련 헤지 자산을 적극적으로 편입하고 위험 관리를 해야 합니다. 인플레이션 헤지로 원자재(에너지, 농산품), 금융(은행)이 유망해 보이고 금리 상승 구간에도 리츠는 여전히 매력적인 자산으로 평가됩니다. 레버리지 론이나 금리 인버스 ETF를 통한 변동성 대응 전략도 필요합니다.

성장 기대를 감안해도 중소형 성장주의 가격 부담은 높아졌습니다. 과거 변동성 확대 구간에서 방어주, 배당주는 최적의 투자 대안이었지만 방어주는 가격 부담이 전가됐고 금리 상승으로 배당의 매력은 약화됐습니다. 반면 퀄리티주는 확정적 성장을 이어갈 테마로 엄선될 필요가 있습니다. 최고의 방어는 공격적 대응이라는 역발상이 필요할 수 있습니다. 단기 공급차질 우려에서 자유롭고 내년도 성장에 확신을 더할 수 있는 테마 선별이 필요합니다. 추가적인 조정 전개 시 리오프닝, 반도체, 기계, 신재생에너지에서 기회를 찾아야 합니다.

변종만
NH투자증권 해외기업팀장(NH WM마스터즈 전문위원)

글로벌 주식시장의 변동성이 커지고 있습니다. 코로나19 사태를 겪으면서 낮은 금리와 풍부한 유동성, 경기 부양에 힘입어 시장이 강한 상승을 보였지만, 미국의 테이퍼링 시점이 가까워지고 금리 상승과 인플레이션에 대한 우려가 커지면서 주식시장 참여자들의 경계감이 높아졌습니다. 중국의 부동산 규제와 헝다그룹 사태, 최근에는 전력난까지 글로벌 주식시장에 영향을 주고 있습니다. 해외 투자에서 중요한 변수인 환율 변동성도 커졌습니다. '연을 날릴 때는 실을 다 풀지 않아야 한다'는 투자 격언이 있습니다. 투자에 모든 자금을 다 쏟아붓지 말라는 의미인데, 지금의 상황에 적절합니다. 미국의 부채한도 협상이나 중국의 헝다그룹 사태 등은 장기화하지는 않을 것이나, 인플레이션과 금리 상승, 중국의 경기 둔화는 단시일 내에 마무리될 이슈가 아닙니다.

고려할 변수가 많아졌지만 해외주식 투자 기회는 남아 있습니다. 인플레이션 환경에서는 원자재 관련주나 가격 전가력이 높은 기업의 주식이 대안이 될 수 있습니다. 금리 상승기에는 이자율을 올리는 금융기업의 이익이 늘어날 것입니다.

국제사회의 노력이 집중되고 있는 환경문제는 장기 투자 관점에서 접근할 필요가 있습니다. 탄소 배출을 줄이기 위한 그린에너지로의 전환은 그 규모가 대단히 크고, 장기간 지속될 변화이기 때문입니다.

이동연
한국투자증권 해외주식팀장

해외주식 투자를 위해서는 충분한 공부를 통해 중장기적으로 성장할 수 있는 테마를 선정하는 것이 중요합니다. 그 이후에는 해당 테마 내에서 핵심 경쟁력(기술력, 트래픽 등)을 보유한 기업을 선정해 중장기 투자를 이어나가는 인내심이 필요합니다. 투자한 기업의 정보를 가장 잘 확인할 수 있는 이벤트는 분기 실적 발표입니다. 기업의 단기 현황에 대한 업데이트가 가능할 뿐만 아니라 회사가 나아가고자 하는 중장기적인 방향성이 변했는지 여부도 체크해 볼 수 있는 기회를 제공하기 때문입니다.

투자자는 단순히 기업이 공표한 분기 실적 자료를 보는 것에 그치지 말고, 분기 실적 콘퍼런스콜의 내용을 꼼꼼히 살펴봐야 합니다. 경영진이 발표한 내용 외에도 주요 투자은행(IB) 애널리스트들과의 Q&A를 통해 시장의 생각 또한 읽어낼 수 있습니다. 이렇게 투자한 기업에 대한 애정을 갖고 매 분기 정보를 업데이트해 나가면 어떠한 풍파를 겪더라도 올바르게 대응을 할 수 있는 체력이 형성될 것입니다.

이재만
하나금융투자 글로벌투자분석팀장

어떤 자산이든 투자를 할 때 기대수익률을 꼼꼼히 챙겨야 합니다. 위험은 어느 정도인지도 따져볼 필요가 있습니다.
보통 기대수익률은 다양한 수치(성장률, 배당 등)를 통해서 측정이 가능합니다. 하지만 위험은 정량화하기 어렵다는 단점이 있습니다. 수익률 분산이 아닌 위험 분산 측면에서 투자자산에서 필히 주식이든 채권이든 해외자산이 필요한 이유입니다.
주식시장만 봐도 쉽게 알 수 있습니다. 매년 주식시장은 국가별로 수익률 차이가 발생합니다. 각국 주가지수의 방향성에는 큰 차이가 없지만, 글로벌 증시 주도국가와 비(非)주도국 간의 수익률 차이는 큰 편입니다.
2021년 미국 S&P500지수와 인도 SENSEX지수는 각각 17%와 25% 상승했지만, 국내 투자자들의 주된 투자처인 중국 상하이종합지수와 코스피지수는 3% 상승에 불과했습니다.
글로벌 증시에서는 경제와 산업의 헤게모니를 쥐고 있는 국가가 주도주 역할을 합니다. 그 역할의 기간은 상당히 긴 편입니다. 2004~2007년 중국이 전 세계 산업구조 변화를 만들어냈고, 주도주 역할을 했습니다. 글로벌 금융위기 이후에는 미국이 세계 산업 구조 재편과 새로운 생태계를 만들면서 주도주 역할을 하고 있습니다.
주식시장은 주도주를 가지고 있어야 높은 수익률(낮은 위험)을 기록할 수 있습니다. 주도주 또는 주도국가는 한국 내부에서 만들어지는 것이 아니라 항상 해외에 있었다는 점을 기억할 필요가 있습니다.

장효선
삼성증권 글로벌주식팀장

코로나19 사태 이후 시중에 유동성이 넘쳐납니다. 하지만 어떤 자산군이든 투자 불확실성이 크고, 그렇다고 현금은 최악의 선택이다 보니 대피할 곳이 없습니다.
"인플레는 일시적이다"고 지속적으로 강조했던 제롬 파월 미 중앙은행(Fed) 의장은 최근 입장을 바꿔 "공급망 병목 현상의 영향으로 인플레가 언제까지 이어질지 모르겠다"고 고백했습니다. 이는 현재 상황이 그만큼 어렵다는 것을 뜻하고 있습니다.
시장의 방향성을 예측하는 것은 가능하지도 않고, 실익도 없습니다. 좋을 땐 모든 게 좋아 보이고, 나쁠 땐 모든 게 나빠 보이는 것이 인지상정입니다.
불확실성이 극대화될 때는 '매크로와 상관없이 구조적으로 성장하는 기업 찾기'라는 기본으로 돌아갈 필요가 있습니다.

해외 명품 주식 50선을 만든 스페셜리스트

Specialist...

한국경제신문 증권부

김용준 성균관대학교 정치외교학과 졸업.
산업부 경제부 유통부 정치부 등을 거침. 증권부장.

김동윤 서울대학교 경제학부 졸업.
국제부 경제부 중소기업부 등을 거쳐 증권부 차장으로 근무중

이태훈 연세대학교 불문학·사회학 전공.
사회부 경제부 정치부 등을 거침. 증권부 펀드팀장.

심성미 연세대학교 신문방송학·사회학과 졸업.
사회부 경제부 IT부 등을 거침. 증권부 시장팀장.

박재원 한양대학교 미디어커뮤니케이션학과 졸업.
산업부 중소기업부 등을 거침.

고재연 고려대학교 독어독문학과 졸업.
정치부 문화부 산업부 등을 거쳐 증권부 기자로 근무중.

고윤상 한국외국어대학교 언론정보학·영어학 전공.
사회부 법조팀 거쳐 증권부 기자로 근무중.

박의명 고려대학교 노어노문학과 졸업.
중소기업부 국제부 정치부 거쳐 증권부 기자로 근무중.

설지연 서강대학교 국어국문학·경제학 전공.
건설부동산부 국제부 거쳐 증권부 기자로 활동중

이슬기 일본 와세다대학교 문화구상학부 졸업.
사회부 경찰팀을 거쳐 증권부에서 근무중.

구은서 연세대학교 국어국문학과 졸업.
사회부 경제부를 거쳐 증권부 기자로 활동중.

서형교 서울대학교 사회복지학과 졸업.
증권부 기자로 근무중.

한국경제신문 국제부

강동균 서울대학교 정치학과 졸업.
산업부 사회부 정치부 금융부 등을 거침. 국제부장.

안정락 한국외국어대학교 신문방송학과 졸업.
실리콘밸리 특파원 등을 거쳐 국제부 차장으로 근무 중.

이고운 이화여자대학교 정치학과 졸업.
사회부 증권부 마켓인사이트부 등을 거침. 국제부 차장.

이지현 서울여자대학교 언론영상학과 졸업.
중소기업부, 바이오헬스부를 거쳐 국제부 기자로 근무 중.

김리안 연세대학교 법학과 졸업.
사회부, 마켓인사이트부를 거침. 국제부 기자.

박상용 성균관대학교 시스템경영공학과 졸업.
지식사회부, 산업부 등을 거쳐 국제부 기자로 근무 중.

허세민 성균관대학교 독어독문·경영학과 졸업.
국제부 기자.

박주연 연세대학교 국제·문화인류학 졸업.
국제부 기자.

맹진규 연세대학교 교육학과 졸업.
국제부 기자.

한경MOOK
8대 증권사 추천
해외 명품 주식 50선

펴낸 날 초판 1쇄 발행 2021년 10월 19일
          2쇄 발행 2021년 10월 26일

발행인 김정호
편집인 유근석
펴낸 곳 한국경제신문

편집 총괄 박해영
기획 총괄 김용준
제작 총괄 이선정
편집 강은영
글 강동균·고윤상·고재연·구은서·김동윤·김리안·맹진규·박상용·박의명·박재원
      박주연·서형교·설지연·심성미·안정락·이고운·이슬기·이지현·이태훈·허세민
디자인 박명규·권지혜·송영·천지영·배자영
판매유통 정갑철·선상헌
인쇄 Books 북스

등록 제 2006-000008호

주소 서울시 중구 청파로 463 한국경제신문
구입문의 02-360-4859
홈페이지 www.hankyung.com

값 20,000원
ISBN | 979-11-85272-69-6(93320)

〈8대 증권사 추천 한경무크 : 해외 명품 주식 50선〉은 국내에서 가장 많은 해외 주식 애널리스트가 활동하는 8개 증권사로부터 유망 종목을 추천받아 한국경제신문 증권부 및 국제부 기자들과 미국 현지 특파원이 이들 기업의 탄생, 성장, 미래 전망을 취재해 스토리로 엮은 해외 주식 투자 가이드북입니다.

● 잘못 만들어진 책은 구입하신 곳에서 교환해드립니다.
● 이 책은 저작권법에 따라 보호받는 저작물이므로 무단 전재와 복제를 금합니다.